# 中国农村信用社研究

（1951—2010）

The Research of China's Rural
Credit Cooperatives（1951-2010）

陈 俭 著

图书在版编目(CIP)数据

中国农村信用社研究：1951—2010/陈俭著. —北京：北京大学出版社，2016.8
ISBN 978-7-301-27466-8

Ⅰ.①中… Ⅱ.①陈… Ⅲ.①农村信用社—发展史—研究—中国—1951—2010 Ⅳ.①F832.35

中国版本图书馆 CIP 数据核字(2016)第 200313 号

| | |
|---|---|
| 书　　　名 | 中国农村信用社研究(1951—2010)<br>ZHONGGUO NONGCUN XINYONGSHE YANJIU(1951—2010) |
| 著作责任者 | 陈　俭　著 |
| 责 任 编 辑 | 孙　晔 |
| 标 准 书 号 | ISBN 978-7-301-27466-8 |
| 出 版 发 行 | 北京大学出版社 |
| 地　　　址 | 北京市海淀区成府路 205 号　100871 |
| 网　　　址 | http://www.pup.cn |
| 电 子 信 箱 | zpup@pup.cn |
| 新 浪 微 博 | @北京大学出版社 |
| 电　　　话 | 邮购部 62752015　发行部 62750672　编辑部 62752032 |
| 印 刷 者 | 北京大学印刷厂 |
| 经 销 者 | 新华书店 |
| | 730 毫米×1020 毫米　16 开本　14 印张　239 千字<br>2016 年 8 月第 1 版　2016 年 8 月第 1 次印刷 |
| 定　　　价 | 39.00 元 |

未经许可，不得以任何方式复制或抄袭本书之部分或全部内容。
版权所有，侵权必究
举报电话：010-62752024　电子信箱：fd@pup.pku.edu.cn
图书如有印装质量问题，请与出版部联系，电话：010-62756370

# 国家社科基金后期资助项目
# 出版说明

后期资助项目是国家社科基金设立的一类重要项目,旨在鼓励广大社科研究者潜心治学,支持基础研究多出优秀成果。它是经过严格评审,从接近完成的科研成果中遴选立项的。为扩大后期资助项目的影响,更好地推动学术发展,促进成果转化,全国哲学社会科学规划办公室按照"统一设计、统一标识、统一版式、形成系列"的总体要求,组织出版国家社科基金后期资助项目成果。

**全国哲学社会科学规划办公室**

# 摘　　要

　　本书主要从经济史学的视角,对新中国农村信用社发展演变的历史进行考察和专题性研究,探讨不同时期农村信用社变迁的动因、特征及经济绩效与不足,然后得出结论,并对农村信用社下一步改革发展提出一些建议。

　　新中国农村信用社发展演变的历史主要分四个阶段:

　　第一个阶段是从1951年到1957年,农村信用社按照合作制要求普遍建立时期。

　　中华人民共和国成立后,广大农民经过土地改革成为土地的主人,发展生产的积极性空前高涨,而资金缺乏是这一时期面临的一个普遍问题。如何把农村闲散资金组织起来,支持农业生产的恢复和发展? 在政府的组织和领导下,一方面努力将国家银行机构的触须向广大农村延伸,另一方面则开始在农村重点试办农村信用社。中国人民银行对推进农村信用社的建立起到了重要的作用,1951年5月该行召开第一届全国农村金融工作会议,要求各省进行重点试办信用社的工作,试点工作采取"典型试办、逐步推广"的办法,形式上实行三种模式:信用合作社、供销社的信用部、信用互助组。试点工作起到很好的效果,农村信用社发展比较迅速。随着"过渡时期总路线"的提出,1954年,农村信用社开始大发展,当年年底全国70%左右的乡建立了信用社,其中绝大部分信用社是当年秋后三个月内建立的,时间比较仓促,出现了一些问题,随后进行了整顿,到1956年基本实现了农村信用社的全国普及。

　　这一时期,农村信用社的建立体现了合作制特性。农村信用社在产权形式、民主管理和经营方式方面基本体现了"民有""民管"和"民享"等合作金融性质。虽然农村信用社是在政府的支持下建立起来的,政治色彩浓厚,但是农村信用社和国家银行在机构设置、业务划分、经营管理等方面分工明确,界限清晰,农村信用社是国家银行农村金融工作的有力助手。

　　这一时期,农村信用社组织农村闲散资金,为农民生产、生活发放大量贷款,打击了高利贷,支持了农业恢复和发展,也为国家工业化输送了大量农村资金剩余;但是,农村信用社普遍存在资金紧张且运用不合理的问题,有的对贫穷社员扶持不够。

第二个阶段是从1958年到1979年,农村信用社合作制遭到破坏时期。

从1958年开始,农村信用社管理体制进入了频繁变动的时期。"大跃进"和人民公社初期,随着财贸体制的变动,农村信用社下放给人民公社和生产大队管理;随后国民经济调整时期银行收回对农村信用社的管理权;"文化大革命"时期,农村信用社又被下放给贫下中农管理,随后又收归银行管理。这样农村信用社的管理权经过了两次下放、两次收回的起起伏伏,每收回一次,都使农村信用社向银行靠拢一步,呈现出自身"名义"与"实质"的背离。名义上农村信用社是集体所有的合作金融组织,实质成了国家银行的基层机构。农村信用社体制不断变动,主要源于对国情和经济发展规律认识不足,片面强调集体所有、全民所有的优势,苏联农村信用社先成立后取消的做法也对中国当时农村信用社的体制变动有很大的影响。农村信用社管理体制不断变动,实际上体现了中央政府与地方政府的博弈。

这一时期,农村信用社合作制遭到破坏,在产权形式、民主管理和经营方式方面背离了合作金融特性,完全成为政府的附属物。农村信用社与国家银行界限模糊,实际担当国家银行在农村基层机构的角色。一方面,大量资金投向社队集体,在农村集体经济中发挥重要作用;另一方面,业务发展缓慢,大量资金被挪用,许多贷款难以收回,社员的资金需求得不到满足。

第三个阶段是从1980年到2002年,农村信用社恢复合作制的改革时期。

农村经济体制的改革和农村商品经济的发展,使农村信用社服务对象、资金投向和业务内容都发生了很大的变化,原有"大一统"体制下的农村信用社已经不能满足农村经济发展的新形势,需要进行改革,改革的目标就是要恢复农村信用社的合作金融属性。改革分为两步:一是从1980年到1995年,主要是恢复体现农村信用社合作制的"三性"[①]特征。由于改革是在不改变农村信用社是国家银行基层机构的原有体制下进行的,改革未能达到预期目标。二是从1996年到2002年,以"合作制"要求来规范农村信用社,农村信用社与农业银行"脱钩"。但是,改革未能带来效率的提高,反而使农村信用社发生严重的亏损,农民贷款难的问题没有得到实质性解决。

这一时期,农村信用社恢复的合作金融制度发生异化[②]。异化的主要原因就是对合作金融的认识在理论和实践上存在误区,混淆合作金融与集体金融的区别,简单套用国际上流行的合作金融原则,缺乏与中国实际结合的基

---

① 农村信用社的"三性"是指组织上的群众性、管理上的民主性、经营上的灵活性。
② 这里的异化是指农村信用社在受到各种因素的共同作用下而发生的在结构、特征和机能等方面背离其原有宗旨和目标。

础,形式主义严重;在改革理论和政策出台上也出现了失误,如农村金融体系整体构建欠缺、农村信用社多重目标的困扰等;未能为合作金融发展创造必要的条件,包括社员广泛参与、政府的适当支持、合作金融立法、行业自律管理组织和中央银行的监管与扶持等;同时,农户的利益也没有受到保护,挫伤了他们对农村信用社恢复"合作制"改革参与的积极性。农村信用社制度异化,实质上是各相关利益方不断博弈的结果。

这一时期,农村信用社没有建立起体现社员所有的产权制度,实际上农村信用社的产权被中央政府控制。农村信用社由农业银行管理到人民银行管理,获得了一定的独立性,经历了由农业银行管理下的约束有余而激励不足到中国人民银行管理下的激励有余而约束不足。同时,农村信用社通过为农民、乡镇企业和其他经济组织提供大量资金,支持农业结构调整,调节农村货币流通规模和方向,在农村经济发展中起着举足轻重的作用,成为农村金融的主力军。但是,农村信用社资金大量外流,资金流向非农化严重。由于农村信用社资金来源成本高、回收率低以及资产质量差等原因造成了严重亏损。

第四个阶段是从 2003 年到 2010 年,农村信用社多元模式的改革深化时期。

由于农村信用社不良贷款比例高,整体出现严重亏损,农村信用社商业化严重,又加上我国存在地区经济发展的不平衡性,不同地区的农村信用社面临的经济环境迥异,客观上要求农村信用社改革采取不同的模式。改革从 2003 年开始试点,改革内容是以法人为单位改革农村信用社的产权制度,产权形式可采取股份制、股份合作制和合作制三种形式,组织形式可采取农村股份制商业银行、农村合作银行、以县为单位统一法人和县乡两级法人四种模式。同时,将农村信用社的管理交由省级政府负责,银监会承担农村信用社的金融监管责任。农村信用社多元模式改革取得了一定的成效:历史包袱得到有效化解,农村金融服务能力有所提高;产权制度和组织形式呈现多元化格局,基本建立起"三会一层"①的法人治理结构和新型监督管理体制。改革取得成效的主要原因是:中央政府和地方政府为农村信用社改革提供了政策支持和资金保障,农村经济发展和农民收入增加促进了农村信用社业务的发展和利润的增加,农村信用社在农村金融领域的垄断地位为其改革提供稳定的市场份额和高利差,农村金融信用环境的改善、农村信用社劳动用工制度的改进为农村信用社改革提供信用支持和可持续发展的动力等。

---

① "三会"指农村信用社的社员(股东)代表大会、理事会(董事会)、监事会,"一层"就是高级管理层。

这一时期，虽然农村信用社产权制度和组织形式实现了多元化格局，但在改革中，农村信用社的增资扩股行为异化，股金的合规性差；股权过于分散，股东缺乏参与意愿，使农村信用社"三会"形同虚设，权力相互制衡的法人治理结构没有完全形成；而且，农村信用社成为省联社的隶属机构，难以体现独立法人地位，"内部人控制"的状况没有根本改变，农村信用社金融创新能力弱化，农村贷款难问题依然严重。农村信用社的改革流于形式，其实质是各相关利益方博弈的短暂均衡。

这一时期，中央政府从退出对农村信用社的管理，农村信用社交由省级地方政府管理，银监会负责对农村信用社的金融监管；中国人民银行通过再贷款和票据贴现对农村信用社大力扶持。农村信用社贷款发放以小额和短期为主，以农业贷款为主，支农力量显著增强；但农村信用社股权过于分散，管理体制不顺，资产质量低，抗风险能力差，资金利用效率和管理水平低等问题制约着农村信用社的进一步发展。

通过对农村信用社发展演变60年的历史进行考察，可以得出以下结论：农村信用社发展演变是适应经济发展战略而制度不断异化的过程，也是有关各方的利益博弈的过程；农村信用社发展演变过程中存在明显的路径依赖特征；农村信用社发展演变中，政府处于制度变迁的主导地位，农村信用社缺乏自主发展和创新的能力。可以得到以下启示，即农村信用社改革必须注意的问题包括：明确农村信用社改革的理念和目标，农村信用社的产权改革要体现公平与效率的统一，正确处理政府与农村信用社的关系，完善农村信用社内部、外部治理结构。同时，还提出了农村信用社下一步改革发展的方向和措施：定位于农村社区型银行，以股份化为改革方向；积极引进战略投资者，保护中小股东的利益；改革省联社的功能，建立农村信用社新型外部治理构架；加快建立和完善存款保险制度，健全农村贷款风险的转移分摊机制；发挥政府支持作用，建立正向激励机制；建立适度竞争的农村金融市场，建立农村信用社退出机制。

**关键词**：中国农村信用社；合作制；合作金融；异化

# 目　录

## 第一章　导论 （1）
第一节　选题的背景、目的及意义 （1）
第二节　国内外研究现状述评 （3）
第三节　本书结构及几个需要说明的问题 （16）
第四节　研究的基本思路、方法与创新之处 （21）

## 第二章　新中国农村信用社按照合作制普遍建立时期（1951—1957年） （25）
第一节　旧中国农村信用社的简要回顾 （25）
第二节　新中国农村信用社的普遍建立 （30）
第三节　新中国农村信用社的建立体现了合作制特征 （40）
第四节　农村信用社与政府及国家银行之间的关系 （44）
第五节　农村信用社的经济绩效与不足 （49）

## 第三章　农村信用社合作制遭到破坏时期（1958—1979年） （59）
第一节　农村信用社管理体制的变动 （59）
第二节　农村信用社管理体制不断变动的主要原因与实质 （66）
第三节　农村信用社合作制遭到破坏 （71）
第四节　农村信用社与政府及国家银行之间的关系 （74）
第五节　农村信用社的经济绩效与不足 （78）

## 第四章　恢复农村信用社合作制的改革时期（1980—2002年） （89）
第一节　农村经济体制改革与农村信用社面临的新形势 （89）
第二节　恢复农村信用社合作制的改革 （94）
第三节　农村信用社恢复的合作金融制度异化 （104）
第四节　农村信用社与政府及国家银行之间的关系 （120）
第五节　农村信用社的经济绩效与不足 （124）

## 第五章　农村信用社多元模式的改革深化时期(2003—2010年) ……（141）
- 第一节　新世纪初农村信用社多元模式改革的原因 …………（141）
- 第二节　农村信用社多元模式的改革 ………………………（144）
- 第三节　农村信用社多元模式改革的评价及实质 ……………（156）
- 第四节　农村信用社与政府及国家银行之间的关系 …………（169）
- 第五节　农村信用社的经济绩效与不足 ………………………（173）

## 第六章　中国农村信用社发展演变的理论反思与前瞻 …………（181）
- 第一节　中国农村信用社发展演变的理论反思 ………………（181）
- 第二节　启示：农村信用社改革必须注意的问题 ……………（188）
- 第三节　前瞻：农村信用社下一步改革发展的方向及措施 …（193）

**参考文献** ……………………………………………………………（205）

**后记** …………………………………………………………………（215）

# 第一章 导 论

## 第一节 选题的背景、目的及意义

自20世纪70年代末80年代初实行家庭联产承包责任制以来,中国农村经济获得飞速发展。然而,农村经济的发展离不开农村金融的支持。在当前中国农村金融组织体系中,有被国家承认并得到国家支持的正式金融机构,如农业银行、农业发展银行、农村信用社和分布在广大农村地区的邮政储蓄机构;还有广泛存在的、没有获得国家承认和支持的非正式金融组织,如各种合会、当铺和民间借贷机构等。在正式金融制度安排中,农业银行是商业性金融机构,农业发展银行是政策性金融机构,农村信用社是合作性金融机构,它们各自在农村经济发展中发挥了重要作用。1997年亚洲金融危机爆发以后,为了规避金融风险,中国农业银行等四大国有商业银行撤销了大量分布在县以下农村地区的分支机构,使正式金融机构网点在农村地区大量减少;农业发展银行的业务仅囿于农产品收购和加工,不对农户贷款,资金封闭运行;而在农村地区的邮政储蓄机构只办理存款,不向农户办理贷款业务(自2008年年初起邮政储蓄机构开始在全国推广小额贷款)。这样,农村信用社开始成为支持农村金融的"主力军"。据统计,我国农村信用社提供了全国近80%的农户贷款,承担了近80%的金融机构空白乡镇的覆盖重任,[①]农村信用社在支持"三农"发展方面起着至关重要的作用。

然而,新中国农村信用社建立以来,经历了一个艰难曲折的发展道路。在农村信用社成立初期,按照合作金融组织原则建立,为农民生产和生活提供大量贷款,解决农民的生产、生活困难,结束了高利贷统治农村的历史,被农民亲切地称为自己的"小银行"。但是,随着中国经济体制的变化,农村信用社的管理体制屡受数次"折腾",逐步丧失了合作制性质,演变成为国家银行在农村的基层机构,其本来的优势和活力受到削弱。改革开放以来,农户成为市场的主体,生产积极性很高,因此农户对资金的需求很普遍、很强烈。但是,由于农村金融与农村经济发展的相去甚远,正规金融资金供给严重不

---

① 中国银监会主席尚福林2011年11月22日在"纪念新中国农村信用社成立60周年大会"上的讲话。

足,农村信用社资金实力有限及其商业性倾向,致使农村资金匮乏,"三农"问题更加突出,并成为制约农村经济发展的"瓶颈"。广大农民的贷款需求在不能从国家正式金融机构得到满足的情况下,只有求助于民间借贷甚至高利贷。

为解决农村资金供给不足,支持农村经济的发展,中国政府自20世纪80年代以来一直在对农村信用社进行改革。特别是1996年以来,按照合作制来规范农村信用社,试图让农村信用社承担农村金融的"主力军"的重任,发挥解决农村资金匮乏的主渠道作用,以支持农业、农民和农村经济的发展。由于改革没能解决农村信用社的产权问题,其法人治理机构还很不完善,资产质量较差,农村信用社经营困难,又片面追求盈利目标,以维持其正常的运转,这势必要忽视广大农民的利益。农村信用社未能实现农民互助融资的目标,致使农村信用社恢复合作制的改革在实践中一直没有取得实质性的进展,改革形式主义严重,绝大部分农户没有机会获得贷款。2003年,农村信用社开始了多元模式的改革。各地根据经济发展情况和农村信用社自身的状况选择不同的模式,但是,由于没有建立完善的产权制度和法人治理结构,农村信用社改革流于形式。2011年8月,银监会要求必须按照股份制原则重建农村信用社的产权制度,即农村信用社改革的方向由多元模式向一元模式——农村股份制商业银行转变,这意味着农村信用社合作制的彻底终结。

这些问题是如何产生的?原因是什么?农村信用社的改革将何去何从?对这些问题的研究,不得不考察农村信用社发展演变的历史。今天是昨天的继续和发展,任何现实问题我们都理应从其历史发展脉络中寻求合理的解释。因此对农村信用社发展演变的历史进行研究和分析,揭示其历史演变的动因,总结其成败的经验和教训,对农村信用社的改革与发展以及推动农村金融体制改革具有重大的现实意义。

同时,研究农村信用社发展演变史还有一定的理论意义。农村信用社的历史属于农村金融史的范畴,而相对于整个金融史来说,对中国农村金融史的研究特别是对当代农村金融史的研究还是相当薄弱的;而在农村金融史领域中,相对于农业银行来说,对农村信用社历史的研究是最为薄弱的。因此,通过对农村信用社发展演变的历史进行考察并进行专题研究,有极强的学术理论价值。

## 第二节 国内外研究现状述评

### 一、国外研究现状

国外对合作金融的研究，主要受合作经济思想的影响，而国外对合作经济的系统研究，早在19世纪末和20世纪初就已有这方面的专著，如1891年英国学者波特（Beatrice Potter）的《英国合作运动》（*The Cooperative Movement in Great Britain*）、1904年霍利约克（George Jacob Holyoake）的《合作史》（*The History of Cooperation*）。二十世纪二三十年代，又出现了一批专门研究合作经济问题的著作，主要有法国学者查尔斯·季特（Charles Gide）的《英国合作运动史》（*La Coopération en Angleterre*）、《合作原理比较研究》（*Le Programme Coopératiste*）等。第二次世界大战以后，随着政府对经济的干预不断加大，一些国家还设立了专门研究合作经济的机构，从而对合作经济的研究更加系统和深入，出现了许多关于合作金融的成果，代表性的内容和观点主要表现在以下几个方面。

#### （一）关于合作金融的内涵

国外一些学者认为合作金融是合作经济的组成部分，主张从合作社的角度来认识合作金融，他们根据合作社的相关法律来规范信用合作社的含义。格罗斯费尔德、阿尔德约翰认为信用合作社是一个通过共同的经营管理来资助和促进其社员各自的经济活动的属于私法范畴的合伙组织和服务性企业。[①] 可总结出合作金融（具体表现形式为信用合作社、合作银行等）的结构特征是：(1) 合作金融的主体是参加信用合作的社员，(2) 社员共同参与管理的企业，(3) 目的是为促进社员各自的经济活动。

也有一些学者从组织的业务特征和运行机理角度来定义合作金融。如Sonnich Sen认为合作金融组织是多数人自愿结合起来聚集其储蓄，以期排除银行业或放债人之营利目的，而其盈余则平均分配于借款人或存款人。[②] Strick Land认为合作金融组织是一种具有平等地位的人的结合[③]，其组织特征：人的自愿联合、社员地位平等、盈余平均分配、抵抗高利息等。N. Barou

---

① 〔德〕贝·格罗斯费尔德、马·阿尔德约翰：《德国合作社制度的基本特征》，王延风译，《中德经济法研究所年刊(1990)》，南京大学出版社1990年版，第61页。
② Sonnich Sen, *Consumer's Cooperation*, Elsvier Science Publishing Company, New York, 1980: 182—183.
③ 赖南冈：《合作经济研究集》，三民书局1982年版，第161页。

认为,合作金融组织的业务主要面向社员,社员民主管理其资产共有的合作金融组织,并负有连带责任。① 思拉恩·埃格特森从产权经济学的视角将合作金融界定为一种赋予其客户可重新赎回剩余索取权的资金互助组织,②客户(社员)是合作金融组织的剩余索取者。

还有一些学者,将合作金融置于农村金融或农村经济体系中,视合作金融为农村合作经济体系的一部分,进而从合作经济的角度来研究合作金融。如韩国和日本两个国家的合作金融组织,其产生和发展及其运行均是依托于农业经济,是整个农村合作经济组织体系的组成部分。

(二) 关于合作金融组织的组织目标和法人治理基本模式

西方合作金融理论认为,合作金融组织的目标是为社员提供融资服务,但是也要考虑在借贷双方之间寻找利益平衡点。实际上,在信用发生过程中会有所侧重,如 McKillop and Ferguson 发现英国信用社主要是侧重借款者,③Leggett and Stewart 则认为美国信用社主要侧重储蓄者。④ 西方学者也注意到,随着发达国家放松了金融管制,很多信用社开始把资金投向效益高的部门获取利润,向商业化发展。如 Benoit Tremblay Daniel Côté 认为,信用合作社是采取"合作制"还是"商业化"取决于社员的需求,当弱质产业逐渐消失或社员的需求发生变化,信用合作社自身也可能发生质变。⑤

而在分析合作金融组织的法人治理模式时,西方学者的研究对象主要集中在合作金融组织发达的国家。如 Pieter W. Moerland 通过对西方发达国家的合作金融组织模式的研究,认为合作金融组织的法人治理模式有两种类型:市场导向型(market-oriented)和网络导向型(network-oriented)。其中,市场导向型模式的典型代表是美国和英国,该模式的最突出特点就是股权高度分散、流动性强,其法人治理结构主要依赖于公司的信息透明以及完善的法律制度,能够对管理者进行有效的约束。网络导向型模式的典型代表是德国和日本,这种模式的最突出的特点是股权相对集中且稳定,公司治理结构主

---

① N. Barou, *Cooperative Banking*. London:London Press,1932.
② 〔冰〕思拉恩·埃格特森:《新制度经济学》,吴经帮等译,商务印书馆 1996 年版,第 162 页。
③ McKillop, D. G. and C. Ferguson. 1998. An examination of borrower orientation and scale effects in UK credit unions. Annals of Public and Cooperative Economics.
④ Leggett, K. J. and Y. H. Stewart. Multiple common bond credit unions and the allocation of benefits [J]. Journal of Economics and Finance,1999,vol. 23,issue3.
⑤ Benoit Tremblay Daniel Côté:《合作制还是商业化:信用合作社资本结构创新的实证分析》,陆磊编译,《金融研究》2002 年第 1 期。

要依赖于公司内部的协调与合作。①

（三）关于合作金融组织的效率

主要比较合作金融组织与股份制商业银行哪个效率高。Nicols 通过研究这两种不同类型的金融模式，认为"合作银行具有成本高、效率低的劣势"。② 但是，多数学者提出了相反的意见。如 Mester 则认为合作制产权结构比股份制产权结构更有效。③ Westman 在分析合作银行比商业银行具有更高效率的同时，也对其原因进行分析，认为合作金融组织效率更高主要在于其资产结构和经营特征的优势。④ Rober P. King 认为合作金融组织最大的优势就是这种合作组织模式能随着条件的改变不断推动制度创新。⑤ 一些学者在研究合作金融组织具有更高效率的原因时，还从制度经济学的视角对合作金融组织进行分析，如 Holger Bonus 认为合作金融组织在各国农村金融体系中发挥主导地位的根本原因就在于合作金融组织具有交易费用低的优势。⑥ 可见，合作金融组织并不比其他金融组织（包括股份制商业银行）的效率低，不能简单地在效率上否定合作金融组织。

## 二、国内研究现状

1978 年 12 月中共十一届三中全会以前，对新中国农村信用社发展演变历史的研究得不到应有的重视，在"大一统"的金融体制中，"以农业为基础"的口号震天响，农村金融实际上并不受关注。因而，学术界中有关中国农村信用社的研究中可圈可点的成果微乎其微。改革开放以来，特别是 20 世纪 90 年代后期，随着"三农"问题的日益凸显，农村信用社的问题逐渐成为经济学界、金融学界、史学界关注的热点，并取得了很多有见地、发人深思的成果。客观地看，从一个很重要的角度如金融史、经济史的角度去研究新中国农村

---

① Pieter W. Moerland. Alternative disciplinary mechanisms in different corporate systems. Journal of Economic Behavior & Organization, 1995, vol. 26, issue 1.
② Nicols, Alfred. Stock versus Mutual savings and loan Associations: Some Evidence of Differences in Behavior[J]. Journal of the American Economic Review. 1967, vol. 57, issue 2.
③ Mester, L. J. Efficiency in the savings and loan industry[J]. Journal of Banking and Finance. 1993, Volume 17, Issues 2—3.
④ Westman, H. Corporate Governance in European Banks—Essays on Bank Ownership [M]. Publications of Hanken School of Economics, Helsinki. 2009.
⑤ Rober P. King. Future of Agricultural Cooperatives in North America Discussion[J]. Journal of Agricultural Economics. 1995, vol. 77, issue 5.
⑥ Holger Bonus. The Cooperative Association as a Business Enterprise: A Study in the Economics of Transactions. Journal of Institutional and Theoretical Economics JITE, 1986, vol. 142, issue 2.

信用社发展演变历史的成果寥寥无几,专著更是付诸阙如。以下将与本书有关的研究成果作一简单综述,以作为本书研究的基础和出发点。

(一) 关于新中国农村信用社的文献资料

20世纪80年代以来,关于新中国成立以来农村信用社的研究取得了丰硕的成果。除了大量公开发表的论文外,主要表现在以下几个方面:

第一,整理和公布了不少档案史料和统计资料。如中华人民共和国国家农业委员会办公厅编《农业集体化重要文件汇编(上、下)》(1981),史敬棠等编《中国农业合作化运动史料》(1957),当代中国农业合作化编辑室编《中国农业合作史资料》,杜润生主编《当代中国的农业合作制》(2003),卢汉川主编《中国农村金融历史资料(1949—1985)》和《中国农村金融历史资料(1949—1985大事记)》,武力编《1949—1952年中华人民共和国经济档案资料选编(金融卷)》(1995),中国社科院、中央档案馆编《1953—1957年中华人民共和国经济档案资料汇编(金融卷)》(1998),中国银行业监督管理委员会合作金融机构监管部编《农村信用合作社文件汇编》(2004),中国农业银行编《中国农村金融统计年鉴》,段晓兴、黄巍主编《中国农村金融统计(1979—1989)》(1991),苏宁主编《中国金融统计:1949—2005年》(2007)(上下册),中国人民银行统计司编《中国金融统计:1997—1999》(2000),中国人民银行、中共中央文献研究室编《金融工作文献选编:一九七八—二〇〇五》(2007),中国银行监督管理委员会编《中国商业银行统计年鉴(2007—2012)》(2014),中国金融学会编的《中国金融年鉴》(1986—2013年),等等。这些重要的档案史料和统计资料收录了新中国成立以来农村信用社的大量历史资料和统计数据,既是编者们付出辛勤劳动的血汗结晶,也是我们探索和研究中国农村信用合作问题的重要基础。

第二,出版了不少有关新中国金融史类著作。如卢汉川、王福珍编著《我国银行工作四十年》(1992),尚明《当代中国的金融事业》(1989)和《新中国金融50年》(2000),杨希天等编著《中国金融通史·第六卷——中华人民共和国时期(1949—1996)》(2002),伍成基主编《农业银行史》(2000),赵学军著《中国金融业发展研究(1949—1957年)》(2008),中国农村金融学会著《中国农村金融改革发展三十年的历程》(2008),李扬等著《中国金融改革开放30年研究》(2008),刘鸿儒《变革——中国金融体制六十年的发展》(2009)等。这些著作对中国金融业产生、发展和演变的不同历史时期作具体分析的同时,都辟有专门章节来论述农村信用社的历史及发展,为我们了解农村信用社的历史演变提供了很好的线索,不足的是论述较简洁,因为不是关于中国农村信用社的专门著作,他们对农村信用社的论述只是兼及,尚停留在一般的叙述层面上。

第三,与农村信用社有关的著作,主要有以下几种情况:

1. 以"信用合作"冠名的著作。主要有路建祥的《新中国信用合作发展简史》(1981),这是新中国专门研究农村信用社历史的拓荒之作,叙述了中国农村信用社自成立至改革开放前二十多年的历史。由于受时代的局限,有些观点陈旧与现实不相适应。但是作为第一部有关新中国农村信用社的著作,其地位和价值还是不可磨灭的。还有卢汉川、吴碧霞和李怡农编著的《社会主义初级阶段的信用合作》(1990)和卢汉川主编的《当代中国的信用合作事业》(2001),这些著作对农村信用社的历史及一些重大问题作了难能可贵的研究和探讨,为研究农村信用社提供了不少历史启示,为后人的研究提供了基础。尹志超著的《信用合作组织:理论与实践》(2007),通过对信用合作原则进行考察,深刻分析了农村信用社的治理结构和运行效率,而没有对农村信用社发展历史进行全面深入分析。

2. 以"信用社""农村信用社"或"农村信用合作社"冠名的著作。主要有中国人民银行中南区行农村金融处编《农村信用社讲话》(1953),提供了中南区农村信用社发展的史料;路建祥著《农村信用社在改革中发展》(1985),对改革开放初期农村信用社各方面的改革进行叙述;以及吴安民编著《信用社管理体制》(1986),张功平著《农村信用社贷款五级分类》(2004)和李明贤、李学文著《农村信用社贷款定价问题研究》(2008),都本伟著《农村信用社法人治理研究》(2009),穆争社著《农村信用社法人治理与管理体制改革研究》(2011),这些著作从农村信用社的管理体制、贷款定价或治理机构进行分析的同时,也对农村信用社发展演变的历史做了简要的回顾,而没有深入分析。陈雪飞著《农村信用社制度:理论与实践》(2005),对农村信用合作理论进行分析和对农村信用合作实践进行考察,并对农村信用社历史演进过程和制度环境进行分析,给人以有益的启示。周脉伏著《农村信用社制度变迁与创新》(2006),对农村信用社的制度变迁进行实证研究,并用新制度经济学的理论对农村信用社及其制度变迁进行解释,使人开阔了视野。脱明忠、李煦燕著的《再造信用社》(2009)对农村信用社的改革方向作了充分的论述。

3. 以"合作金融"或"农村合作金融"冠名的著作。主要有方庆、尤行超主编《中国农村合作金融概论》(1990),孙宝祥主编《合作金融概论》(1995),商荣根、王文良著《农村合作金融概论》(1999),张功平主编《合作金融概论》(2000),马忠富著《中国农村合作金融发展研究》(2001),何广文著《合作金融发展模式及运行机制研究》(2001),张贵乐、于左著《合作金融概论》(2001),

岳志著《现代合作金融制度研究》(2002),李树生著《合作金融》(2004),张乐柱著《农村合作金融制度研究》(2005),宋海、任兆璋著《合作金融》(2006),曾赛红、郭福春主编《合作金融概论》(2007),宋文瑄著《农村合作金融改革论丛》(2007),郭家万主编《中国农村合作金融》(2009),陈荣文著《农村合作金融的法制创新》(2011),李洁著《农村合作金融组织法律问题研究》(2013),程恩江著《农业合作社融资与农村合作金融组织发展》(2013),等等。这些著作都论述了现代合作金融的理论,有的还对照国际合作金融原则和合作金融制度来研究中国农村信用社,并对农村信用社的改革提出了不同的看法,其中不乏有一些著作对农村信用社发展演变的历史做出重要的介绍与论述。

4. 以"农村金融"冠名的著作。主要有路建祥、丁非皆编《农村金融体制改革研究》(1987),卢汉川等编《中国农村金融四十年》(1991),温伟胜编著《WTO与农村金融改革》(2003),陈永跃主编《农村金融》(2005),成思危著《改革与发展:推进中国的农村金融》(2005),刘锡良等著《转型期农村金融体系研究》(2006),张晓山、何安耐著《走向多元化、竞争性的农村金融市场》(2006),王曙光等著《农村金融与新农村建设》(2006),王群琳著《中国农村金融制度——缺陷与创新》(2006),王永龙著《中国农村金融资源配置研究》(2007),谢玉梅著《农村金融深化:政策与路径》(2007),李建英著《转轨期农村金融体系研究》(2007),祝健著《中国农村金融体系重构研究》(2008),汪小亚著《农村金融体制改革研究》(2009),杨小玲著《中国农村金融改革的制度变迁》(2011),祝健著《农村金融改革发展若干问题》(2011),江能著《中国金融改革与发展问题研究》(2012),谢平、徐忠著《新世纪以来农村金融改革研究》(2013),汪小亚著《农村金融改革:重点领域和基本途径》(2014)等。这些著作的大部分研究着眼于中国农村金融的整体性研究,对农村信用社也有大量涉及,有的对农村信用社发展的历史作了简要的描述和分析,但是这些著作的主要篇幅还是集中在对农村金融体系的构建或农村金融体制改革方向的研究,缺乏对农村信用社发展演变历史的系统专门研究。

(二)关于农村信用社性质的主要观点

1. 农村信用社的合作性质问题

一种观点认为,中国历史上不存在真正的合作制。持这种观点的人认为,农村信用社的建立是靠"行政力量强制捏合而成"的、名义上的合作金融组织,后来发展成为国家银行在农村的基层机构,农村信用社与社员之间的贷款程序与商业银行基本相同,农民从来不认可它是自己的资金互助组织,而把它当作政府部门或国家银行的附属机构。如曾康霖通过从理论上和实践上的考察认为,由于条件不具备,中国农村信用合作组织都是理想化的产物。① 谢平通过对国外农村合作金融的基本经济特征进行分析并认为,中国近五十年不存在合作制生存的条件,正规合作金融从来就没有存在过。② 但是,对合作制在中国需要哪些条件,中国为什么不具备存在合作制的条件并没有给出明确说明。

另一种观点认为,农村信用社是合作制性质的金融组织。国内一部分学者认为,农村信用社是合作制性质的金融组织,特别是在成立初期,其合作性得到了充分的体现。如尚明认为,农村信用社建立初期,尽管当时条件下农村信用社规模小,管理水平不高,但农村信用社的合作性还是得到了比较充分的体现,发展也比较健康。③ 张贵乐、于左认为,农村信用社建立初期,是当时在小农经济条件下发展起来的,基本体现了合作制原则。④ 何广文认为,1951—1959 年信用社的资本由农民入股,管理者由社员选举,信贷为社员提供,合作制性质明显。⑤ 尹志超认为,1951—1957 年信用社发展健康,比较完整地体现了群众自有、自助、自享的合作性质。⑥ 易棉阳、陈俭认为,1949—1957 年的农村信用社是按照合作制建立起来的。⑦ 这些观点对信用社初建时期的合作性给予了肯定,但是,也没有具体地论证这种合作性。

对于 1980 年以来恢复农村信用社合作制的改革,石会文等对恢复合作制的提法提出商榷,因为农村信用社一直都是以合作金融组织的性质存在的,虽然很多信用社没有坚持民主管理制度,社员股金大多蜕化为"名义存款",但农村信用社主要为农民(包括务工经商的广义农民)服务的业务宗旨并没有变,⑧农村信用社从本质上说并没有失去合作性质。虽然这种说法有一定的道理,但是,由于长期受政府控制,农村信用社成为政府在农村的基层机构,合作制早已被破坏。改革开放以来恢复合作制改革中,又受到"内部人控制",农村信用社的趋利性目标明显,而且农村信用社恢复的"合作"性质已经发生一定程度的异化,广大农民不能通过信用社互助融资,农村信用社的合作性根本无法体现。

---

① 曾康霖:《我国农村金融模式的选择》,《金融研究》2001 年第 10 期。
② 谢平:《中国农村信用合作社体制改革的争论》,《金融研究》2001 年第 1 期。
③ 尚明:《新中国金融五十年》,中国财政经济出版社 2000 年版,第 202 页。
④ 张贵乐、于左:《合作金融论》,东北财经大学出版社 2001 年版,第 277 页。
⑤ 何广文:《农信社制度变异及其动因》,《银行家》2006 年第 2 期。
⑥ 尹志超:《信用合作组织理论与实践》,西南财经大学出版社 2007 年版,第 97 页。
⑦ 易棉阳、陈俭:《中国农村信用社的发展路径与制度反思》,《中国经济史研究》2011 年第 2 期。
⑧ 石会文、潘典洲、郑克志:《改革过渡时期农村信用社面临的矛盾及其化解》,《金融研究》1997 年第 1 期。

## 2. 农村信用社是否具有社会主义性质

1951年农村信用社在重点试办时期,就明确了其半社会主义性质。1953年,党和政府提出了过渡时期的总路线,并对全国人民进行总路线的学习,当时发生了关于信用社是社会主义性质还是半社会主义性质的争论。一种观点认为,农村信用社是建立在小农经济基础上的,从属于小农生产,是半社会主义性质的。另一种观点认为,农村信用社是社会主义性质的。理由是:第一,农村信用社的股金、公积金及盈余为全体社员所有,是社会主义公有制的一种形式;第二,农村信用社执行国家金融政策,是社会主义农村金融体系的组成部分,属于社会主义性质。在学习总路线后,第二种观点为大多数人所接受,即农村信用社是社会主义性质。

1956年农业实现了合作化,农村信用社是应该"继续保持合作金融性质",还是"过渡到全民所有制的国家银行"? 又引起了争论。赞成者认为,实行股金分红,农村信用社属于半社会主义性质,在农业已经实现了合作化,过渡到社会主义的高级社后,应该由国家银行来取代它。[1] 反对者认为,在农业合作化后,农村生产力仍然落后,在每个农业社之间以及农业社的社员之间,经济发展水平和资金需求很不平衡,还存在互助融资的需求,因此农村信用社在农业合作化以后仍有存在的客观经济基础;虽然农村信用社实行股金分红,但是分红受到限制,占利润的比例很小,不能以此来断定其为半社会主义性质。[2] 同时,农村信用社的信用形式最方便群众,最容易为群众所接受,是国家银行所不能替代的。农业合作化以后,农村信用社的这些优势并没有消失。因此,1957年的《农村信用合作社示范章程(草案)》重申:农村信用社是社会主义性质的资金互助组织。

## 3. 农村信用社是否是集体所有制

按照国际公认的合作经济的含义,合作经济是集合产权(体现个人所有),而非集体产权(体现集体公有),集合产权可以量化到每个所有者,而集体产权不可分割量化到每个所有者身上,否认私人所有。由于对马克思合作经济理论的误解,中国长期以来混淆了合作经济与集体经济的区别,把合作经济等同于集体经济。在官方的文件中可以见到,如1954年的《宪法》明确指出:"合作社经济是劳动群众集体所有制的社会主义经济,或者是劳动群众部分集体所有制的半社会主义经济"。此后修改的《宪法》也都把合作经济称为集体所有制经济;同样把作为合作金融的农村信用社与集体金融视为一

---

[1] 卢汉川、吴碧霞、李怡农:《社会主义初级阶段的信用合作》,中国金融出版社1990年版,第80页。

[2] 同上书,第80—81页。

体,一直把农村信用社定义为"集体所有的合作金融组织"。

徐永健认为,在中国,集体经济属于以国家所有为特征的社会主义生产方式,在集体范围内劳动力同生产资料的直接联系被割断,而合作经济所体现的生产方式与此不同,它是劳动力和生产资料的统一,这种生产方式有着明晰的产权关系,劳动者始终是私人财产的最终所有者。因此,合作金融和集体金融属于两种不同的生产方式。① 韩俊认为,合作经济不是"集体经济"而应该是"民有经济",②以"合作金融"著称的农村信用社自然也就不属于集体所有制的范畴了。郭晓鸣认为,信用社在国家控制下的发展过程实际上已否定了其集体所有制的性质,农村信用社实际上处于所有者缺位的状态。③ 周脉伏认为,在历史上,政府数次对农村信用社的经营亏损进行补贴,社员的股金才得以保全,其人事管理甚至包括工资制度仍受政府的管理和支配,所以农村信用社终极所有者只能是政府(中央政府)。④ 也就是说,如果农村信用社定义为"合作金融",那么就不能看作是集体金融组织了,二者是两个不同的概念。

(三)关于农村信用社改革方向的主要观点

从20世纪80年代开始恢复农村信用社合作性质的改革并没有取得成功,这是国内学者一致的看法。关于农村信用社的改革方向,目前认识上仍然存在很大的分歧。

一种观点认为农村信用社的改革应该坚持合作制。持这种观点的人认为,广大农村一直存在千百万个个体农户和中小经济组织的融资需求,在信贷市场上都受到差别化对待,他们普遍对融资层面的互助合作有着现实的需求。如郑良芳从当前中国农村的实际出发指出,当前城乡居民均存在很大比重的弱势群体和城乡高利贷泛滥的情况,这些都是合作金融存在的决定性因素。⑤ 而陈雪飞认为,合作制的农村信用社存在的必要性在于它兼顾效率与公平,是唯一能与农村经济小额、分散和农村社会偏僻、闭塞的特征相适应的金融组织。⑥ 对于农村信用社的改革,温铁军通过调研提出,任何正规商业

---

① 徐永健:《论合作金融的基本特征》,《财贸经济》1998年第1期。
② 韩俊:《关于农村集体经济与合作经济的若干理论与政策问题》,《中国农村经济》1998年第12期。
③ 郭晓鸣:《中国农村金融体制改革与评价》,《经济学家》1998年第5期。
④ 周脉伏:《农村信用社制度变迁与创新》,中国金融出版社2006年版,第113—114页。
⑤ 郑良芳:《社会主义初级阶段决定必须发展合作金融》,《金融研究》2002年第3期。
⑥ 陈雪飞:《合作制与股份制:不同经济背景下农村信用社的制度选择》,《金融研究》2003年第6期。

化金融对于小农经济是不可能对接的,只有合作金融才能解决小农经济。①阎庆民、向恒指出,对农村分散而经济实力弱小的农户来说,通过自愿的联合实现互助是一种必然选择,完全商业化的金融运作对大多数农村地区是不合适的。② 温伟胜认为,农村信用社的改革主要是对合作制的完善,而不是否定。③ 刘民权、徐忠从服务"三农"的角度出发,认为农村信用社改革应坚持合作制,坚持为社员服务的原则。④ 张功平从农村信用社自身生存发展的要求出发,认为走合作制之路是其必然选择。⑤ 在面对农村合作金融发展的困境,岳志认为,中国农村信用社制度安排不符合合作制原则,只表明制度供给失败,并不能证明合作制在中国没有生存发展的条件。农村金融改革与发展的重点应该是创造条件实现合作金融组织的制度绩效,而不是转向组建和发展股份制商业银行。⑥ 针对很多地方的农村信用社纷纷改建成社区商业银行,魏子力认为无论名称怎样改变,都不应该丢掉其合作性质。⑦ 这种观点坚持合作制改革农村信用社是必要的,但是中国农村信用社在不同地区发展状况是不同的,不能忽视建立合作制的主客观条件,农村信用社改革决不能"一刀切"。

  第二种观点认为合作制的农村信用社商业化是历史的必然。石会文认为,农村信用社走商业化道路是市场经济及金融竞争环境迫使其做出的经营策略调整,具有一定的商业化特征,并不掩盖其合作金融的本来属性,合作制与商业经营完全是统一的而不是对立的。⑧ 李恩慈认为,合作制是一种产权形式,追求利润是一种经营原则,合作制与商业化不是矛盾的。⑨ 严谷军基于金融需求的视角,认为经济发达地区的农村信用社从合作制走向商业化经营是一种理性的选择。⑩ 张乐柱通过对中国合作金融异化的原因进行考察,指出商业化与合作制并不矛盾,合作制是产权的结合形式,商业化是可持续发展的要求。⑪ 张贵乐、于左认为,作为金融企业,追求盈利是其生存发展的

---

① 温铁军:《深化农村金融体制改革如何破题》,《金融时报》2004 年 11 月 18 日。
② 阎庆民、向恒:《农村合作金融产权制度改革研究》,《金融研究》2001 年第 7 期。
③ 温伟胜:《WTO 与农村金融改革》,中山大学出版社 2003 年版,第 199 页。
④ 刘民权、徐忠:《农村信用社改革与政府职能》,《经济学(季刊)》2003 年第 3 期。
⑤ 张功平:《合作金融概论》,西南财经大学出版社 2000 年版,第 211 页。
⑥ 岳志:《现代合作金融制度研究》,中国金融出版社 2002 年版,第 306 页。
⑦ 魏子力:《我国农村信用社的改革与发展方向探讨》,《商场现代化》2011 年第 3 期。
⑧ 石会文、潘典洲、郑克志:《改革过渡时期农村信用社面临的矛盾及其化解》,《金融研究》1997 年第 1 期。
⑨ 李恩慈:《合作金融概论》,西南财经大学出版社 1999 年版,第 339 页。
⑩ 严谷军:《经济发达地区农村信用社的体制创新——基于金融需求视角的分析》,《商业研究》2004 年第 17 期。
⑪ 张乐柱:《农村合作金融制度研究》,中国农业出版社 2005 年版,第 101 页。

客观前提,但是讲盈利不能忽视对广大农村、农民和农业的资金支持,所以合作金融机构追求盈利的目标与为社员服务的宗旨并不矛盾,二者存在辩证的关系。① 李树生认为,在社会主义市场经济中,合作金融追求比过去更多利润的行为,并不违背合作金融原则,也是在新形势下维护和发展合作金融事业的出发点和归宿点。② 骆阳认为我国农村信用社商业化改革模式是现实的客观要求与理论探析相结合的产物,具有鲜明的可行性与实践意义。③ 这种观点并不是把合作制与商业化对立起来,而是把二者统一起来,这是农村信用社今后改革应该注意的问题。

第三种观点主张农村信用社改革应采取多种模式。这种观点认为,中国经济发展不均衡,各地农村信用社面临的经济形势不同,采取的发展模式也不相同,农村信用社的改革也不应该固守合作制模式,而应顺应商业化的趋势,采取多种发展模式。如何广文认为,农村信用社制度创新没有最优模式,合作制和股份制等多种模式可以同时存在。④ 全英华、赵忠平认为,农村信用社的产权改革应因地制宜,实行不同的产权模式。⑤ 陈学建认为,农村信用社的产权改革应该与农村信用社发展实际相适应,因地制宜,多种模式并存。⑥ 童元保认为,地区的差异性决定了农村信用社改革要坚持多种模式,各种模式都有其存在的必要性和比较优势。⑦ 刘锡良等认为,农村信用社改革采取何种产权模式要根据农村经济的特征,⑧而不是采取"一刀切"的单一模式。

第四种观点认为合作制在中国行不通,农村信用社必须走股份制商业银行的道路。这种观点认为,20世纪80年代开始的恢复农村信用社合作制的改革不是正确的选择,农村信用社的改革应向股份制商业银行转变。如谢平认为,中国不存在合作制金融的条件,所以农村信用社的改革应选择股份制的产权形式。成思危认为,中国农村信用社的发展趋向是股份制商业银行,因为股份制是最有效率的经济制度,而且也是社会经济的主流形态,关键是农村信用社实际上已经商业化经营,不可能走合作制之路,按合作制对农村

---

① 张贵乐、于左:《合作金融论》,东北财经大学出版社2001年版,第302页。
② 李树生:《合作金融》,中国经济出版社2003年版,第227页。
③ 骆阳:《农村信用社商业化之路的前景》,《改革与开放》2009年第3期。
④ 何广文:《农村信用社制度创新不存在最优模式》,《金融时报》2003年6月9日。
⑤ 全英华、赵忠平:《我国农村信用社产权制度改革建议》,《中国农业银行武汉培训学院学报》2011年第2期。
⑥ 陈学建:《农村信用社改革面临的挑战及政策建议》,《农村金融》2012年第3期。
⑦ 童元保:《农村信用社改革模式选择影响机制研究》,《农业经济问题》2013年第6期。
⑧ 刘锡良等:《农信社股份制改革绩效评价:农商行案例分析》,《财经科学》2013年第8期。

信用社加以规范是不理性的政策。① 蔡友才等认为,"合作制争论误导了改革,农村信用社在结构、特征、机制等方面早已完全背离了合作制的宗旨,改革方向股份制"。② 张业民也支持这种观点,认为实行股份制产权改革是解决农村信用社深层次问题的根本途径。③ 蓝虹、穆争社认为,农村信用社改革应该坚持股份制改革方向,引进战略投资者。④ 这种观点在当前甚是流行,但是,完全采取股份制商业化经营是不是完全适合每一个地区？在中国还有一些贫困地区,完全商业化经营会不会使这些金融机构放弃为"三农"服务,这些问题还需要进一步的观察和研究。

### 三、简要的评论

从国外的研究看,研究合作金融组织的文献比较多,但是由于各国的合作组织模式不尽相同,对合作金融组织的研究重点也不尽相同。国外研究的领域主要集中在合作金融的内涵及目标、合作金融组织的运行机制及绩效、合作金融的治理结构,大量的研究是实证性,而专门对合作金融史的研究成果还比较少。而从国内的研究来看,对农村信用社的研究大多局限在对农村信用社的性质和改革方向的研究。如对农村信用社性质的争论,从农村信用社产生就开始了,到现在仍然是焦点问题,特别是对农村信用社的"合作制"性质的研究,仍然存在很大分歧;再如对农村信用社改革方向的研究大多集中在对农村信用社产权制度改革（包含合作制类型的产权和股份制类型的产权）和管理体制改革方面。而对农村信用社发展演变历史的研究还处在薄弱环节,尚未形成对新中国农村信用社进行历史与现实的、系统而不破碎的、深层次而不肤浅的研究。在已有的研究中,还存在很多值得商榷之处,主要表现在:

1. 很多观点陈旧、过时,与现在农村信用社的改革和农村经济的发展不适应。新中国六十多年的发展历程中,社会主义事业不断前进,经济体制和经济环境也不断变化。因此,早期得出的一些结论,必然与之后的形势不相适应,甚至用现在的观点来证明是错误的。最早的一些有关新中国农村信用社发展历史的著作,也是在20世纪80年代和90年代初期,这些著作有其局限性也是在所难免的。如有些著作还在用阶级斗争和计划经济的观点分析

---

① 成思危：《改革与发展：推进中国的农村合作金融》,经济科学出版社2005年版,第297页。
② 蔡友才、蔡则祥：《中国农村信用社体制改革六十年反思》,《金融教学与研究》2010年第5期。
③ 张业民：《浅析农村信用社股份合作制产权制度改革》,《经济师》2011年第5期。
④ 蓝虹、穆争社：《中国农村信用社改革的全景式回顾、评价与思考》,《上海金融》2012年第11期。

问题,还把农村信用社的性质看作是"集体所有的金融组织",提出的改革措施是要"农业银行加强对农村信用社的领导"等等。从今天的农村金融改革的角度和农村经济发展的要求来看,这些观点过时了,与现在农村信用社改革和农村经济发展不相适应,需要后来者进行修正。

2. 对农村信用社发展演变的研究缺乏全局性、整体性。新中国农村信用社发展演变历程中,其管理体制在政府的主导下不断变动,走上了不断自我否定的曲折道路,造成了人们对农村信用社合作制性质的模糊认识,也使国内部分学者在研究农村信用社时,全局性、整体性认识不足。如有的学者对照国际合作原则认为农村信用社从来就不存在真正的合作制,而没有对农村信用社产生的历史环境进行全面的、深入的考察。也有一些学者认识到早期农村信用社合作制性质,但是并没有对农村信用社的合作制性质如何得到体现进行证明;还有的学者认为,农村信用社一直是作为合作金融组织而存在,等等。总之,这些结论都有失偏颇,没有对农村信用社发展演变的历史进程进行长时期的、全面的、系统的研究,得出的结论不免失之偏颇,其科学性和可行性值得怀疑。

3. 定性分析多、定量分析少。早期的学者及相关著作多从历史学的角度出发,运用史学分析方法,对农村信用社的发展历史进行叙述,侧重于定性分析,定量分析的少。定性分析是对研究对象的性质、特点、发展变化规律作出判断的一种方法,可以指明事物发展方向及趋势,只适合在数据资料不足的情况下运用,但是对事物的深度和广度研究不够。定量分析则可以弥补定性分析的不足,特别是对研究事物规模、比例和水平,在分析中国农村信用社问题时,应取二者之长,把二者有效地结合起来,对事物的分析才能取得更好的效果。

诺斯在其经典名著《制度、制度变迁与经济绩效》的前言中说:"历史是至关重要的。它的重要性不仅仅在于我们可以向过去取经,而且还因为现在和未来是通过一个社会制度的连续性与过去连接起来的。今天和明天的选择是由过去决定的。"同样,农村信用社的过去对农村信用社今天的改革也是至关重要的。农村信用社在初创时期虽然资金实力小,规模不大,但能较好地体现合作制特征,群众亲切地称其为自己的"小银行",为什么现在农民不认可农村信用社是自己的合作金融组织?为什么农村信用社恢复合作制未能取得成功?为什么农村信用社需要多元模式的改革?为什么农村信用社要向单一的股份制商业银行转变?这一切问题都必须以史为鉴才能得到合理的解释。因此,我们认为,从经济史的角度对农村信用社发展演变进行分析和研究,可以为今天的农村信用社的改革提供有益的借鉴或启示。

## 第三节 本书结构及几个需要说明的问题

### 一、本 书 结 构

本书主要从经济史学的视角,对新中国成立以来农村信用社发展演变的历史进行考察和专题性研究,力图探讨在社会发展和经济体制改革不同阶段,中国农村信用社变迁的动因和社会经济历史背景以及农村信用社的经济绩效与不足,在此基础上总结农村信用社发展演变的特征和性质,为当前中国农村信用社的改革提供借鉴,本书共分六大部分。

**第一章 导论** 阐述本书写作的背景、目的及意义;本书文献综述;农村信用社的断限与分期;农村信用社与农村金融、农村合作金融的区别与联系。

**第二章 新中国农村信用社按照合作制普遍建立时期(1951—1957年)** 本章分五节:第一节,旧中国农村信用社的简要回顾。第二节,新中国农村信用社的普遍建立。农村信用社建立的必要性和可行性;农村信用社的试点与普及。第三节,新中国农村信用社的建立体现了合作制特征。第四节,农村信用社与政府及国家银行之间的关系。农村信用社是在政府的支持和帮助下建立起来的,农村信用社和国家银行界限清晰,是国家银行的助手。第五节,农村信用社的经济绩效与不足。

**第三章 农村信用社合作制遭到破坏时期(1958—1979年)**

具体分五节:第一节,农村信用社管理体制的变动。两次下放给社队管理,又两次收归国家银行管理,最后成为国家银行的基层机构。第二节,农村信用社管理体制变动的原因与实质。对国情和经济发展规律认识不足、苏联模式的影响和对信用合作理论认识不清;实质是中央政府与地方政府的不断博弈。第三节,农村信用社合作制遭到破坏。社员对农村信用社的私人产权遭到了剥夺,社员民主管理的"三会"制度被废止,社员的贷款优先权没有得到体现。第四节,农村信用社与政府及国家银行之间的关系。农村信用社失去独立性,完全成为政府的附属机构;农村信用社与国家银行界限模糊,扮演国家银行基层机构的角色。第五节,农村信用社的经济绩效与不足。

**第四章 恢复农村信用社合作制的改革时期(1980—2002年)**

具体分为五节:第一节,农村经济体制改革与农村信用社面临的新形势。第二节,恢复农村信用社合作制的改革。1980—1995年,恢复农村信用社"三性";1996—2002年,以"合作制"规范农村信用社。第三节,农村信用社恢复的合作金融制度异化。农村信用社制度异化表现在产权形式、民主管理和经营管理方面;异化的原因包括合作金融的认识存在误区、改革理论和政策上的失误、农村合作金融的发展缺乏必要的条件;异化的实质是各相关利益方不断博弈的结果。第四节,农村信用社与政府及国家银行之间的关系。农村信用社的产权实际上属于中央政府所有;从农业银行管理到人民银行管理;约束有余而激励不足到激励有余而约束不足。第五节,农村信用社的经济绩效与不足。

**第五章　农村信用社多元模式的改革深化时期(2003—2010 年)**

具体分为五节:第一节,农村信用社采取多元模式改革的原因。第二节,农村信用社多元模式的改革。农村信用社改革历程;多元模式改革取得的成效及原因。第三节,农村信用社多元模式改革的评价以及实质。多元模式改革的评价;农村信用社多元模式改革的实质:各相关利益方博弈的短暂均衡。第四节,农村信用社与政府及国家银行之间的关系。中央政府退出对农村信用社的管理:由信誉担保到隐性担保,农村信用社交由省级地方政府管理;激励性与约束性并存,中国人民银行的政策扶持:农村信用社的改革顺利进行的必要条件。第五节,农村信用社的经济绩效与不足。

**第六章　中国农村信用社发展演变的理论反思与前瞻**

具体分为三节:第一节,农村信用社发展演变的理论反思。农村信用社发展演变是适应经济发展战略而制度不断异化的过程;农村信用社发展演变过程是有关各方的利益博弈的过程,且存在明显的路径依赖特征;政府处于制度变迁的主导地位,农村信用社缺乏自主发展和创新能力。第二节,启示:农村信用社改革必须注意的问题。要明确农村信用社改革的目标和理念;产权改革要体现公平与效率的统一;正确处理政府与农村信用社的关系;完善农村信用社内部、外部治理结构。第三节,前瞻:农村信用社下一步改革发展的方向及措施。定位于农村社区型银行,以股份化为改革方向;积极引进战略投资者,保护中小股东的利益;改革省联社的功能,建立农村信用社新型外部治理构架;加快建立和完善存款保险制度,健全农村贷款风险的转移分摊机制;发挥政府支持作用,建立正向激励机制;建立适度竞争的农村金融市场,完善农村信用社退出机制。

## 二、几个需要说明的问题

(一)什么是正式金融?什么是非正式金融?

新制度经济学关于制度的划分,有正式制度和非正式制度。正式制度是人们有意识地建立起来的并以正式方式加以确认的各种制度安排,包括国家宪法、法律和规定等。① 非正式制度是与法律等正式制度相对的概念,是指人们在长期的社会生活中逐步形成的风俗习惯、伦理道德、文化传统和价值观念等对人们行为产生非正式约束的规则。②

那么,金融制度也有正式与非正式之分。所谓正式金融,指通过依照国家法律设立的金融机构来融通资金的融资活动。正式金融一般得到国家认可和支持,并且其资金活动受到国家金融监管机构的监管。在农村地区的正式金融主要有中国农业银行、中国农业发展银行、农村信用社、农村商业银行、农村合作银行和邮政储蓄机构等。所谓非正式金融,是相对于正式金融而言,指不是依照国家法律设立的金融机构来融通资金的融资活动,或利用超出现有法律规范的方式来融通资金的融资活动的总和。非正式金融的资金活动一般游离于国家金融监管机构的监管之外,存在较大的金融风险。因此,非正式金融虽然较广泛地存在,但一般得不到国家的支持。在中国农村,非正式金融一般指各种合会、典当行、钱庄、民间借贷和农村合作基金会等。

无论是正式金融还是非正式金融,都是中国金融体系中不可缺少的组成部分。二者相互补充,共同支撑着中国金融体系,并在经济发展中发挥各自的优势,为经济发展做出贡献。

(二)什么是农村金融?什么是农村合作金融?什么是农村信用社?三者之间关系怎样?

农村金融是从事农村货币流通和信用活动的统称,它与农村经济发展的融资需求相对应,具有促进农村经济发展的功能。它包含一系列涉农金融产品与服务,如储蓄、信贷、结算、投资、保险、信托等,以及与之相对应的金融组织体系。

农村合作金融是合作金融的一种,合作金融是合作经济中一种特定的经济活动形式,是劳动者为改善生产和生活条件,获取低成本融资,以入股资本联合为基础,由出资者实现民主管理,主要为合作者提供互助性服务的一种信用活动形式。其特征与合作经济相同,主要体现在:合作金融组织是以承认合作者个人财产所有权为基础,体现合作者主体信用的民主管理体制,其业务服务贯彻主要面向合作者优先提供的原则。③ 农村合作金融作为合作金融的一种形式,是相对应城市合作金融而言的,主要包括农村正式合作金融和农村非正式合作金融。农村正式合作金融主要是指农村信用社,农村非

---

① 卢现祥:《新制度经济学》,武汉大学出版社 2004 年版,第 118 页。
② 同上书,第 115 页。
③ 徐永健:《论合作金融的基本特征》,《财贸经济》1998 年第 1 期。

正式合作金融主要指各种合会、拔会、民间借贷和农村合作基金会等。

农村信用社是农村信用合作社的简称,是农村合作金融的一种形式,主要是由农民入股,实行社员民主管理,是为社员服务的农村正式合作金融组织。

农村金融、农村合作金融和农村信用社三者之间是包含与被包含的关系。具体来说,农村信用社包含于农村合作金融,农村合作金融又包含于农村金融,如果用字母A表示农村金融,用字母B表示农村合作金融,用字母C表示农村信用社,则三者之间关系可用图1.1表示。

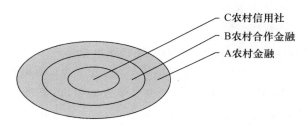

**图 1.1 农村金融、农村合作金融和农村信用社三者之间的关系**

### (三) 农村信用社的断限与分期

为了便于对新中国农村信用社发展演变的历史进行分析和研究,本书根据农村信用社组织形式和管理体制的演变为自然分期,把这一时段细分为四个阶段,并把1951—1957年、1958—1979年、1980—2002年、2003—2010年分别称为农村信用社按照合作制普遍建立时期、农村信用社合作制遭到破坏时期、恢复农村信用社合作制的改革时期和农村信用社多元模式的改革深化时期。

当然,由于采用的依据不同,对此阶段的划分也存在不同的观点。例如,马忠富把1949—1959年称作中国农村信用合作事业的普及发展阶段,把1959—1980年称作农村信用社发展"反复"阶段,把1980—1996年称作农村信用社改革和发展阶段,把1996年到现在称为农村信用社飞速发展阶段。① 李树生从中国经济社会发展变化的角度,把农村信用社的发展划分为以下几个阶段:1949—1956年为过渡时期,1957—1978年为传统计划经济体制时期,1979年以后为社会主义市场经济时期。② 尚明把1949—1957年、1958—1977年、1977—1984年、1984—1996年称为农村信用社普遍建立和发展时

---

① 马忠富:《中国农村合作金融发展研究》,中国金融出版社2001年版,第87—89页。
② 李树生:《合作金融》,中国金融出版社2004年版,第141—155页。

期、受到严重挫折时期、业务开始恢复时期、改革时期。① 尹志超认为，1951—1957年是农村信用社发展比较健康时期，1958—1978年是农村信用社管理体制变动时期，1978—1982年是成为农业银行基层机构时期，1983—1996年是恢复农村信用社"三性"的改革时期，1996年以后是按合作制完善时期，②2003年开始进行多元模式的改革，等等。

本书把农村信用社发展演变的历史划分为这四个阶段，主要依据是：

第一，把1951年作为研究新中国农村信用社按照合作制要求普遍建立时期的起点或"起始年"，把1957年作为这一时期的终点或"结束年"。本书之所以把1951年作为本书研究的起点，是因为1951年开始试点的农村信用社，是按照中国人民银行颁布的《农村信用合作社章程准则（草案）》和《农村信用互助小组公约（草案）》等设立的，能体现合作制要求；而试点前的农村信用社即1949—1950年间成立的农村信用社（或信用部），其组织和章程多是解放区农村信用社的延续，所以不是本书研究的范围，本书研究的起点是1951年。这个时期农村信用社发展比较健康，其合作制基本得到体现。争议的地方是这一时期的下限即"结束年"，有的学者把1956年作为这一时期的结束年，理由是1956年中国实现了信用合作化，并且社会主义制度建立起来了。本书之所以选择把1957年作为初建时期的结束年，主要是因为1957年政府关于农村信用社的政策并没有变化，如1957年1月，中国人民银行召开全国信用合作会议要求继续保持农村信用社的独立性，并要求长期办社、民主办社，而且这一年通过了《农村信用合作社示范章程（草案）》，再次强调农村信用社的合作性质不变。

第二，将1958年、1979年作为第二个阶段的起点和终点，主要原因是：1958年，中国开始了"大跃进"和人民公社化运动，农村信用社被下放给人民公社管理，从此农村信用社失去了独立性，管理体制不断变动，最后成为国家银行的基层机构。在1979年2月，中国农业银行成立后，农村信用社成为中国农业银行的基层机构得到了国家的强化与确认。因此，1958年应是这一阶段的起点，1979年应是这一阶段的终点。

第三，1980年作为第三个阶段的起点，主要标志是：1980年8月，中央财经小组在讨论银行、信用社工作时指出："把信用社下放给公社办不对，搞成'官办'也不对，这都不是把信用社办成真正集体的金融组织。信用社应当在银行的领导下，实行独立核算，自负盈亏。它要办得灵活一些，不一定受银行一套规定的约束，要起民间借贷作用。"这种讨论实际上是对第二个阶段的

---

① 尚明：《新中国金融50年》，中国财政经济出版社2000年版，第202—203页。
② 尹志超：《信用合作组织理论与实践》，西南财经大学出版社2007年版，第97—100页。

否定,从而拉开了农村信用社改革的序幕,改革的目标主要是恢复农村信用社的合作制性质,让农村信用社成为农民互助融资的工具。

第四,2002 年作为第三个阶段的终点,主要原因是:2003 年,中国政府对农村信用社又开始了新一轮改革,这次改革允许农村信用社采取多种产权形式,这样在政策上就突破了 1980 年以来恢复农村信用社合作制改革的单一模式。因此,2003 年可以作为农村信用社新一轮改革的起点,但是不能作为前一轮改革的终点,前一轮改革的终点只能是 2002 年。

第五,2003 年作为第四个阶段的起点,把 2010 年作为终点,也是本书研究的下限。因为 2003 年,对农村信用社开始实行多元模式的改革,直到 2011 年银监会要求必须按照股份制原则重建农村信用社的产权制度,这意味着多元模式的终结,因此 2011 年是改革的转折年,作为下一阶段改革的起点,但不能作为这一阶段改革的终点,这一阶段研究的下限只能是 2010 年。

## 第四节 研究的基本思路、方法与创新之处

### 一、研究的基本思路、方法

本书在前人研究的基础上,以新中国农村信用社发展演变为主线,以其组织形式和管理体制的演变为自然分期,从经济史学的视角,将新中国成立以来农村信用社发展演变分为四个阶段,即按合作制普遍建立时期、合作制遭到破坏时期、恢复合作制的改革时期和多元模式改革的深化时期进行考察和研究。因此,特别注重经济学基本理论与历史学方法相结合的分析方法,这也是进行经济史学研究的基本方法。在运用经济学理论方面,以马克思主义政治经济学为指导,综合运用了西方经济学、农村经济学、管理学、金融学和农村金融学以及新制度经济学理论对中国农村信用社发展变迁进行分析和阐释。在采用历史学方法方面,本书用史学方法广泛收集文献资料,如中华人民共和国经济档案资料(金融卷)、农村金融历史资料和金融机构的文献、统计资料及各种报纸杂志,以这些资料为基础进行分析,并按照历史与逻辑相一致的原则研究农村信用社发展演变的轨迹。

在具体研究方法上,本书还采用了动态的或进化的方法、定性分析与定量分析相结合、实证分析与理论分析相结合的方法等。

动态的或进化的方法,就是把一事物放在一个动态的而不是凝固不变的背景和过程中去考察,并力求从中把握住事物所呈现出来的特征和规律,只有这样才能全面把握事物的发展规律。在采用该方法时,本书把农村信用社

置于当代中国社会经济发展和农村金融体制改革的全局来考察和把握,力图探讨在经济发展和体制改革不同阶段,农村信用社发展演变的动因和社会经济历史背景、特点及农村信用社在历史上所处的地位和作用,这样才能对农村信用社全面把握,揭示其产生和发展过程中的所呈现出的历史规律及其内在逻辑,得出一些有意义的结论,为今后农村信用社改革发展提供借鉴。

定性分析和定量分析相结合的方法。定性分析方法是对分析对象的性质、特点、发展变化规律作出判断的一种方法,可以指明事物发展方向及趋势,在数据资料不够充分或分析者数学基础较为薄弱时比较适用,但是却不能表明事物发展的广度和深度;定量分析恰好弥补了定性分析的缺陷,它可以深入细致研究事物规模大小、事物内部的构成比例以及水平的高低;本书的研究也尽量做到定性分析和定量分析的结合,对农村信用社发展演变不同时期的特点、绩效与不足等一系列问题做出了定性判断,也注重定量分析,给定性分析结论提供数量支持,使结论更有说服力。

实证分析与理论分析相结合的方法。实证分析要解决"是什么"的问题,即揭示经济现象的客观规律和内在逻辑;理论分析主要是运用所掌握的理论来分析经济现象的客观规律,得出结论。本书的研究对象决定了既要实证性地对中国农村信用社发展演变的进程、特点、绩效等方面进行较为客观的描述,同时,也要对实证分析的内容进行理论分析,得出结论,才能对农村信用社产生系统化认识。

## 二、本书的创新之处

关于经济史学研究的创新,史学界前辈严中平先生曾经提出了著名的"四新"论,即新问题、新观点、新材料和新方法,要想做到这几点的确不容易,但我们应以此作为努力的方向。本书创新之处主要有以下三点。

1. 视角创新。无论是在史学界还是在金融领域,对中国农村信用社发展演变历史的研究,还处在薄弱环节,尚未形成对新中国农村信用社进行历史与现实的、系统而不破碎的、深层次而不肤浅的研究。本书从经济史的视角,通过对相关资料的梳理和分析,拾遗补阙地为新中国历史研究书写了"农村信用社发展史"这一重要篇章;而且丰富了新中国农村合作金融研究的成果,推动和促进农村金融学科以及其他相关学科理论的发展。

2. 方法创新。本书除了运用历史学和经济学相结合的方法,还尝试用新制度经济学和农村金融学的有关理论和方法,跨学科地对中国农村信用社发展演变的历史进行考察研究,分析了其变迁过程、原因、特点、经济绩效与不足,提出农村信用社进一步发展的方向与措施。这在一定程度上丰富了经济史学研究的内容。

3. 提出新的观点。本书通过对农村信用社发展演变的历史进行研究和分析,对以往学者关于农村信用社历史的阶段划分进行了修正,提出了本书阶段划分及其依据;提出:农村信用社发展演变是适应经济发展战略而制度不断异化的过程;农村信用社发展演变过程是有关各方的利益博弈的过程;政府处于制度变迁的主导地位,形成了中国农村信用社发展的被动,缺乏自主发展的能力;等等。

# 第二章 新中国农村信用社按照合作制普遍建立时期(1951—1957年)

1951年至1957年是新中国农村信用社按照合作制要求普遍建立时期。在这一时期,经过土地改革,广大农民分得了土地,压迫农民几千年的封建剥削制度被废除了,极大地解放和发展了生产力,个体农民发展生产的积极性空前高涨。但是,由于受到资金、技术和生产工具等条件的限制,广大农民又有互助合作的愿望。如何把农民组织起来走互助合作的道路,实现农业合作化?这是新政府所要解决的重大问题。实现农业合作化主要有三种途径:在生产领域里建立农业生产合作社,在商业领域里建立供销合作社和在金融领域里建立信用合作社。它们之间是相互联系、相互促进的,其中,农业生产合作社和供销合作社离不开信用合作社的资金支持。然而,资金缺乏是新中国初期面临的一个普遍问题,在国家资金供给不足的情况下,如何把农村闲散资金组织起来,支持农业生产的恢复和发展?在政府的组织和领导下,一方面努力将国家银行机构的触须向广大农村延伸,另一方面在广大农村地区组建农村信用合作社,通过吸收农民存款为农民发放贷款,支持了农业生产的恢复和发展,结束了高利贷统治农村金融市场的历史,而且推动了农业互助合作运动的发展和农业合作化的实现。

## 第一节 旧中国农村信用社的简要回顾

### 一、中国早期的农村信用社

农村金融领域内的信用合作,在中国古代就已经存在,如民间借贷、合会等,这种借贷关系一般都含有互助性质的,属于传统意义上的农村合作金融。而农村信用合作社则属于现代意义上的农村合作金融组织,这种合作金融组织的合作思想是从国外引进的,可以说它是舶来品。中国最早的农村信用社创立于河北香河县,1923年6月由华洋义赈救灾会创办,它的成立标志着中国现代意义的农村合作金融的开始。

1920年全国许多省份遭受旱灾。其中,华北各省旱灾最为严重,各地义赈救灾团体纷纷成立,以中外合办的"华洋义赈会"影响最大。1922年秋,华北灾情解除后,还有200～300万元余资。如何更好地利用这笔余资？北京华洋义赈会发起召开各地义赈会联席会。会议认为应将工作重点由救灾转向防灾,以帮助农民发展生产,并成立了"中国华洋义赈救灾总会"来实施会议的决定；其中,最重要的决定就是将赈灾剩余的资金用于农村合作事业,并在河北香河县创建了中国第一个农村信用社。该社是仿照德国雷发异式信用合作社,草拟了信用社章程,发放贷款,其目的是通过信用社解决农民的生产生活困难。香河县信用社的成立,拉开了近代农村信用合作的序幕。随后,河北唐县、涞水县和定县先后成立了农村信用社,很快就发展到华北地区和长江一带。截止到1927年,被"义赈救灾总会"承认的信用社达到430个,还有许多未被承认的。凡经义赈救灾总会认可的合作社,可获得该会拨予的低息贷款。具体做法是向被他们承认的信用社发放利息为0.6%～0.7%的低息贷款,再由信用社以1%～1.2%的利息贷给社员,①允许信用社获得一定的利差,以利于信用社的发展。相对于无资金可贷或高利贷而言,农民还是得到了一定的实惠,所以信用合作运动已经如星星之火呈现燎原之势。

这一时期,农村信用社的基本特点有：第一,处于自发阶段,还没有得到政府的支持,基本上由民间团体组织推动而建立,提倡平等互助,合作经济特征能够得到体现,农民也得到一定的实惠。第二,由于农村经济枯竭,农村信用社股金和存款均很少。② 其资金主要来源于一些救灾团体的借款,利息也较低,从而使信用社也具有一定的救济性。第三,农村信用社是社会团体建立的,虽然信用社的领导权基本掌握在地主阶级及其代理人手中,农民也能获得一定的利益。

## 二、国民党统治地区的农村信用社

国民党取得政权以后,为了抵制共产党领导的农民运动,防止农村的合作运动转变为群众性的革命运动,维护和巩固其统治,开始重视合作社的作用,并对农村合作金融进行扶持和管制。

1928年,国民党中央提出议案,认为"应该提倡合作运动,应把合作运动切实研究起来,宣传起来,然后实行起来",并提出建议,设立专门研究宣传及指导合作运动的合作委员会,每年至少有5万元的宣传费用。1928年2月,国民党中央又颁布《合作运动纲要》,并在国民党"三大"提出要举办信用合作社。1931年5月,国民党召开三届中央第一次临时全会,通过《中华民国训

---

① 中央银行经济研究处：《中国农业金融概要(1935年)》,《抗战前国家建设史料》卷48。
② 张贵乐、于左：《合作金融论》,东北财经大学出版社2001年版,第87页。

政时期约法草案》,把"设立农业金融机关,奖励农村合作事业"作为国家发展农村经济、改善农民生活而应该积极实施的事项。可见国民党中央已经将发展合作社作为发展农村经济的一项政策确定下来了,同时国民党也重视民间社会团体的力量,鼓励民间团体兴办合作社,这对促进农村信用社建立和发展起到了重要作用。至此,合作组织已经遍及苏、浙、冀、鲁、豫、鄂、皖、甘、晋、绥、赣、陕、湘、蜀、黔、闽各省,呈蓬勃进展之势。据统计,1933年,信用社达到5720家,占全部合作社的82.3%。①

为了指导合作社的发展和统一合作运动,南京国民政府不仅进行了合作社的立法工作,而且还成立了领导合作社的行政机构。1934年颁布《中华民国合作社法》,1935年公布《合作社法施行细则》,逐步强化对信用社的管理;同时,还成立相关政府机构,专办合作事务,并设立地方合作行政机构,把民间团体建立的信用社也纳入了国民党的管理体系之中,农村信用社也逐渐走向规范化。抗战爆发后,为实施战时的经济政策,国民政府开始对合作事业强化管理,并实施了统制政策。1939年国民党五届五中全会提出创立全国合作事业管理局,统筹全国合作事业的推动和改进;1941年颁布了省合作事业管理处组织大纲,统一省市合作行政机关;1942年公布县合作指导室组织暂行办法,统一县市合作行政机关;1947年成立中央合作指导委员会,通过有关合作的组织、业务、教育及经费等决议。1949年2月,国统区的合作社共有17万个,信用社有5万多个,占近30%。②

在建立合作社的过程中,国民政府还成立了各种联合组织和资金调剂组织。1934年2月,首个县级合作联社在河北省深泽县成立,这种县联社是以信用社为中心,促进了农村信用社的发展。1949年国统区共有区联社604个,县联社855个,省联社27个。③ 1932年,农村金融救济处成立,翌年被改作鄂、豫、皖和赣四省的农民银行,1935年又改为中国农民银行,主要为农村信用社及联合社提供融资支持。1936年,各银行在国民政府实业部的牵引下成立了农本局,向合作社发放抵押贷款和保证贷款,由于资金困难,该局于1939年结束。为了充分发挥调剂合作金融之效能,统一调度资金,国民党还组建了合作金库,并颁布了关于合作金库的章程,在当时共有12个省475个县成立了省、县级地方合作金库。④ 但是,合作金库系统并不完整,各金库互不相联,都是独立的,资金不能相互调剂,不能吸收更多资金供给信用社。抗

---

① 章有义:《中国近代农业史资料》第三辑,三联书店1957年版,第213页。
② 马忠富:《中国农村合作金融发展研究》,中国金融出版社2001年版,第84页。
③ 张功平:《合作金融概论》,西南财经大学出版社2000年版,第189页。
④ 李恩慈:《合作金融概论》,西南财经大学出版社1999年版,第148页。

日战争开始后由于资金来源无保障,又加上物价上涨,合作金库难以生存。鉴于此,1942年5月成立了中央合作金库筹备委员会,制定《合作金库条例(草案)》,1944年3月公布条例实施细则。1946年11月合作金库在南京正式开业,1948年总库在山东、上海等地建立15个分库、22个支库、56个分理处、30个工作站,分布全国40个省市。① 合作金库的基础是信用社和各种联社,主要职责是为信用社贷款。

综上所述,国民党时期实行的合作运动主要是以农村信用合作为主要内容的,是国民党为了挽救濒临崩溃的农村经济、维护其统治而做出的经济变革。从总体上看,农村信用社为农村提供了一定数量的资金,这对缓解农村资金枯竭、促进农村经济发展起到了一定的积极作用。特别是信用合作社提供的低息贷款缓解了农民所受的高利贷剥削,受到农民的欢迎。据当时对江浙、两广、两湖等15个省市332家信用社的调查发现,对农户实行8厘以下贷款的有29家,8厘~1分贷款的有75家,1~1.2分的有108家,1.2~1.5分以上的有50家。可见信用社的贷款利率比高利贷低得多。但是,农村信用社覆盖率低、资金薄弱、贷款数量有限,也必然使其作用的发挥受到限制。据1933年实业部中央农业实验所抽查22个省850个县农民借贷情况,借贷来源于信用社的占1.3%,河北省所占比例最大,仅为10.5%。② 而且国统区入社农户比例低,大多数农户未能入社而不能享受到低息贷款;由于农村信用社自有资金少,其贷款来自银行或其他放款机构,加重了利息负担,必然限制了其资金供给能力,因此农村信用社的作用是有限的,农民的贷款还主要来自地主、富农和商人。

在国民党统治区,农村信用社的特点主要有:第一,资金主要来源于银行或其他金融机构的贷款,而不是社员的存款,贷款不具有可持续性。第二,农村信用社管理者和把持者多是国民政府的金融当局及大量的乡镇保甲长。③ 其贷款需要提供抵押品,农民不能提供,这样银行贷给农村信用社的资金被金融当局及大量的乡镇保甲长等地主豪绅把持,他们再转贷给农民,从中赚取利差,加重了对农民的剥削。第三,建立了许多资金调剂组织,但是作用有限,大多流于形式。第四,国民政府制定了合作社的有关法律规则,但法律规则并没有规定农村信用社最高权力机构是社员代表大会,而规定政府有罢免理事会、监事会的权力,社员的民主权利无法得到保障,违反了国际通行的合

---

① 李恩慈:《合作金融概论》,西南财经大学出版社1999年版,第148页。
② 宓公干:《典当业·广东之典当业》,上海书店1936年版,第401页。
③ 刘光辉、张凤琴:《中国农村信用社改革的路径选择分析》,《新乡学院学报(社会科学版)》2010年第3期。

作社原则,在当时合作金融特征也无法得以体现。

### 三、革命根据地的农村信用社

自中国共产党建立起第一个革命根据地以来,为了巩固革命根据地政权和发展经济,共产党和根据地政府一直重视在农村借贷领域的斗争,根据地的信用社,就是在同高利贷的斗争中建立和发展起来的。

早在土地革命战争时期,为了摧毁反动的金融体系,建立革命的金融体系,中华苏维埃政府在革命根据地不仅建立人民的银行,而且还积极支持农村信用合作组织的建立。1929年2月,红军在江西省吉安县成立了东古贫民借贷所,这是根据地第一家农村信用社。到1931年6月,在永定一带的农村信用社就有9家,长汀有6家。为了指导农村信用社的发展,1932年中华苏维埃政府颁布《合作社暂行组织条例》,并制定了《信用合作社章程》,规定信用社办社宗旨,对社员资格作了限制:"以工农劳苦群众为限,富农、资本家、商人及其剥削者不得加入";对社员的民主管理权力也做了规定:"社员均有选举权、被选举权、表决权,每一社员不论入股多少,均以一票为限"。1932年中华苏维埃政府在《合作社工作纲要》中规定农村信用社贷款范围"一是农业生产,发放肥料、种子贷款;二是解决农民生活困难;三是医疗卫生方面的贷款",[①]并对社员贷款数额和贷款期限都有比较明确的规定。苏维埃政府还在资金上和政策性对农村信用社进行扶持。1933年,中央苏区政府发行了经济建设公债,大约有300万元,而对农村信用社拨款20万元以帮助其解决资金不足的问题;在资金有剩余的情况下,有的信用社还向银行入股,所得利润为全体社员共有;在政府的支持下,中央苏区的信用社有了初步的发展。但是,1934年10月红军长征以后,苏区被国民党军占领,新生的信用社也被扼杀。

抗日战争时期,农村信用合作运动在革命根据地得到快速发展。1943年毛泽东发表《论合作社》《组织起来》的讲话,推动了农村合作运动的发展,农村信用社在合作运动中发展起来。1943年边区第一个信用社——延安沟门信用社成立后,到1944年陕甘宁边区共有86个信用社,资产达5亿元(边区货币,下同),到1945年资产已经增加到15亿元,[②]新的农村借贷关系在这些地区初步建立了。

解放战争时期,农村信用合作运动继续发展。1946年年底晋冀鲁豫边区的信用合作组织有56个,其中大部分是供销社办的信用部。到1947年,

---

[①] 李恩慈:《合作金融概论》,西南财经大学出版社1999年版,第153页。
[②] 卢汉川:《当代中国的信用合作事业》,当代中国出版社2001年版,第42页。

据太行、太岳两个地区的统计,共建立信用社 526 个,有的县 50% 左右的行政村有信用合作组织。同年,全国解放区已有信用社 880 多个。[①] 但是,随着战争的进行,物价飞涨,货币贬值,很多信用社都停止了业务。

综上所述,根据地的农村信用社是农民群众的资金互助组织,在当地吸收农民存款,又把这些资金贷给农民,打击高利贷对农民的剥削,缓解了农民的生产和生活资金紧张,促进了农村经济的发展。农村信用社还代理银行的部分业务,成为银行的助手,有利于在根据地建立新的借贷关系;同时,也有利于团结和教育农民,对支持革命战争起到了积极作用。革命根据地农村信用社的特点主要有:第一,"民办公助"性质。革命根据地的信用社是农民群众的资金互助组织,根据地政府不仅从法律、制度上,而且从资金上给以大力支持。第二,农村信用社与各方面关系处理得比较好。银行支持和帮助信用社发展,信用社帮助银行开展业务,银行是通过县联社对信用社的领导;信用分社与中心社、基层社和联合社之间业务和会计相互独立,是合作关系而不是上下级关系;政府支持并指导信用社的发展,但不干涉其业务,信用社按照政府总体方针确定其业务计划。第三,基本上体现了合作经济的特征。农村信用社不以盈利为目的,是为抵制高利贷剥削而建立起来的互助合作组织,社员可以获得低息贷款服务,而且可以分红、民主管理信用社的事务。第四,农村信用社是在党和根据地政府发动下建立起来的,不可避免地体现了我党的意志。如在土地革命战争时期,国内矛盾是主要矛盾,除地主外,还规定富农、资本家、商人及其他剥削者不得加入信用社,使农村信用社成为阶级斗争的工具;抗日战争时期,民族矛盾上升为主要矛盾,又规定地主、资本家都可以参加,使信用社具有统战性质,革命根据地的信用社为新中国农村信用社的建立提供了宝贵的经验。

## 第二节　新中国农村信用社的普遍建立

### 一、农村信用社建立的必要性和可行性

(一)农村信用社建立的必要性

在无产阶级取得革命胜利以后,怎样把农民引向社会主义道路?这是每个马克思主义者必须要思考的问题。马克思、恩格斯认为,要改造小农经济必须采取合作社的形式,通过合作社引导农民走上社会主义道路。恩格斯明

---

[①] 张贵乐、于左:《合作金融论》,东北财经大学出版社 2001 年版,第 88 页。

确指出:"至于向完全的共产主义经济过渡时,我们必须大规模地采用合作生产作为中间环节,这一点马克思和我从来没有怀疑过。"① 列宁在"十月革命"胜利后,认为无产阶级夺取国家政权之后就有了可靠的政治保障,可以直接实施所谓的"共耕制""农业公社"等合作社,他说:"目前我们应该特别加以支持的社会制度就是合作社制度,这一点我们现在必须认识到而且必须付诸行动"。② 中国共产党也继承了这些思想,毛泽东在1949年3月举行的中共七届二中全会上指出:"占国民经济总产值百分之九十的分散的个体的农业经济和手工业经济,是可能和必须谨慎地、逐步地而又积极地引导它们向着现代化和集体化的方向发展的,任其自流的观点是错误的。必须组织生产的、消费的和信用的合作社,和中央、省、市、县、区的合作社的领导机关。这种合作社是以私有制为基础的在无产阶级领导的国家政权管理下的劳动人民群众的集体经济组织。中国人民的文化落后和没有合作社传统,可能使得我们遇到困难;但是可以组织,必须组织,必须推广和发展。单有国营经济没有合作社经济,我们就不能领导劳动人民的个体经济逐步走向集体化,就不可能由新民主主义社会发展到将来的社会主义社会,就不可能巩固无产阶级在国家政权中的领导权。谁要是忽视或轻视了这一点,谁也就要犯绝大的错误"。③ 可见,中国共产党把组织合作社作为实现由个体经济向集体经济转变的途径,是巩固无产阶级在国家政权中的领导权的一种手段。

中国共产党关于建立合作社的思想,在1949年9月中国人民政治协商会议第一届全体会议通过的起临时宪法作用的《中国人民政治协商会议共同纲领》(简称《共同纲领》)中得到确认。《共同纲领》第二十九条规定:"合作社经济为半社会主义性质的经济,为整个人民经济的一个重要组成部分。人民政府应扶助其发展,并给以优待。"第三十八条特别指出,"关于合作社:鼓励和扶助广大劳动人民根据自愿原则,发展合作事业。在城镇中和乡村中组织供销合作社、消费合作社、信用合作社、生产合作社和运输合作社"。

中华人民共和国成立后,开始由新民主主义向社会主义过渡。在农村,这种过渡就是建立合作社,组织个体经济向集体经济转变。农村个体经济向集体经济转变的合作社形式主要有三种:在生产领域建立的农业合作社、在商业领域建立的供销合作社和在金融领域里建立的信用合作社。因此,建立农村信用合作社是实现由个体经济向集体经济转变的手段之一,也是巩固无产阶级在国家政权中的领导权的一种手段。在新中国成立初期,通过土地改

---

① 《马克思恩格斯全集》第36卷,人民出版社1974年版,第416页。
② 《列宁选集》第4卷,人民出版社1995年版,第769页。
③ 《毛泽东选集》第4卷,人民出版社1991年版,第1432—1433页。

革,摧毁了旧中国的封建土地所有制,农民分得了土地,摆脱了封建地主剥削,开始当家作主,潜在的劳动积极性得到了极大的释放。但多数农民在当时还很贫困,资金缺乏,于是自由借贷活跃起来,高利贷剥削在一些地方乘机而起;而国家在农村的金融机构还没有建立起来,农民还不能从国家金融机构获得贷款,不得不求助于民间借贷甚至高利贷。特别是少数贫农由于缺乏劳动力和畜力,或因疾病和遭受自然灾害的打击,不得已而向高利贷求救,有的人遭受高利贷剥削,又丧失了土地,引起新的贫富差距。这些问题引起了党和政府的高度重视,并决定在农村金融领域里建立新的借贷关系,把农民之间的自由借贷引导到信用互助合作的轨道上来,铲除高利贷产生的土壤,解决他们的生产、生活困难,并推动农业合作化的实现。

(二)农村信用社建立的可行性

以当时实际情况看,建立农村信用社不仅是必要的,而且也是可行的,这种可行性突出表现在以下几个方面:

第一,随着农民收入的增加,农村出现闲散资金。新中国成立以后,在老解放区经过土地改革,在新解放区实行土地改革或减租退押的斗争,使农民分得了土地和生产资料,不再遭受地主的盘剥,除了向新政府缴纳税费外,剩下的完全变成了农民自己的收入。1949—1950年全国平均税率由17%降低到13%,[①]比新中国成立前低得多,而且随着农业生产的恢复和发展,农业总产值不断增加,由1949年的271.8亿元增加到1950年的317.6亿元。[②] 农民收入增加了,农副产品出现了剩余,农村开始出现了中农化的趋势。少数生产条件好的农民逐渐富裕起来,手中余钱多了,要求寻找出路,农村闲散资金的出现为农村信用社的成立提供了资金来源。

第二,农民购买力的提高、农村商品经济的发展,需要有贴近农民的金融机构来为农民提供经常性的资金调剂工作。由于农业生产发展和农民收入增加,农民的购买力普遍得到提高。据东北的调查数据表明,若以1948年每户农民购买力的指数为100,则1949年的指数为130,1950年的指数为263;华北区1947年秋收以前,每个农民平均拥有160斤小米的购买力,秋收以后又已大大增加;西南区在减租退押以后,农民一般消费支出增加了25%,生产投资的支出增加了200%;华东区以浙江为例,农民购买力较1949年增加

---

① 财政部:《新中国农业税史料丛编》第5册,中国财政经济出版社1986年版,第50页。
② 卢汉川:《中国农村金融历史资料(1949—1985·大事记)》,湖南省出版事业管理局,1986年,第563页。

了 60%。① 农民购买力提高了,农村商业也活跃起来了,各种副业、手工业、运输业、小作坊都发展起来了,集镇的商业店铺增加了,大大促进了农村商品经济的发展。农村商品经济的发展使调剂有无的基本条件已经具备,这就使得农村金融要从单纯的资金供给,变为调剂与供给并存,而资金的调剂已不能仅限于季节性的调剂,而要变成经常性的调剂,以扶持农业、副业和手工业生产,客观上要求在农村建立贴近农民的金融机构来为农民提供服务。

第三,党和政府已经具备办农村信用社的经验和群众基础。新中国成立前,党在革命根据地建立了许多信用社,与高利贷做斗争,为农民生产、生活提供资金支持,促进了农业生产的发展,不仅为革命的胜利提供了有力支持,而且为新中国成立后农村信用社的成立提供了丰富的办社经验。经过土地改革,广大农民分到了土地和大批生产资料,农民积极拥护党的领导,使新成立的人民政府获得了广大农民的信任和支持,这种信任和支持使党和政府在组织合作社时具有广泛而牢固的群众基础,这在很大程度上降低了新政府组织建立农村信用社的交易成本。

## 二、农村信用社的试点

1923 年中国第一家信用社成立直至新中国成立,农村信用社已有二十多年的发展历史,但到新中国成立前夕,全国只剩下八百多个信用社了。而且,这些信用社不断遭受到通货膨胀的影响,货币贬值很快,信用社放款的利息收入抵不上货币贬值,差不多都垮台或停办了,剩下的少数也无法经营下去。1950 年,新中国政府制止了通货膨胀,物价开始稳定,并在广大农村进行土地改革,开展了农业互助合作运动,农业生产开始恢复和发展,农村市场开始活跃,农村商品经济得到一定程度的发展,这为农村信用社的重新建立提供了有利条件。因此,中国人民银行和中华全国合作社联合总社(1950 年 7 月成立),又再度提出了试办信用社(部)的工作。首先在华北开始试办,到 1950 年年底在河北、山西等省组织了 105 个信用社,并在 439 个供销社内建立了信用部。② 根据这些情况,1951 年 5 月,中国人民银行召开第一届全国农村金融工作会议,更明确提出了发展信用合作是农村金融的重要工作之一,要求把银行机构推广到区镇,各省都进行重点试办信用社。并且中国人民银行颁布了《农村信用互助小组公约(草案)》《农村信用合作社章程准则

---

① 中国社会科学院、中央档案馆:《1949—1952 中华人民共和国经济档案资料选编:金融卷》,中国物资出版社 1996 年版,第 517—518 页。
② 卢汉川:《中国农村金融历史资料(1949—1985)》,湖南省出版事业管理局,1986 年,第 156 页。

(草案)》《农村信用合作业务规范(草案)》和《农村信用合作社试行记账办法(草案)》等组织和管理章程,对推进信用社的建立起到了重要的作用。

1951年下半年开始在全国范围内进行信用合作的试点,试点工作采取"典型试办、逐步推广"的办法,试点组织形式多样化,不强调单一的高级形式。当时信用合作的试点主要有三种模式:一是信用合作社。信用合作社是农村信用互助组织发展层次较高的组织形式,有比较完整的民主管理机构、章程以及各项经营管理制度,吸收社员股金,办理存贷款业务。一般在老解放区采取这种模式,以一个行政村镇或邻近几个村为建社范围。二是供销社的信用部。信用部的业务由供销社负责管理。一般在供销社建立时间较早、业务基础较好的地区,主要是东北地区采取这种形式,这个地区解放较早,基层供销社机构比较普遍,供销业务量比较大,在物价不稳时期,能够办理实物存款、贷款业务。三是信用互助组。信用互助组是农村信用互助组织发展的初级形式,一般在新解放区采取这种形式。这类地区土地改革和互助合作开展得较晚,农村资金缺乏,农民还没有办理高级形式的信用合作社的经验和经济基础。信用互助组的社区范围比较小、业务量少,随着业务量的增加可以直接发展为信用合作社。实践证明,这些不同层次的信用合作组织与当时农村经济发展的不平衡性相适应,促进了农村经济的发展。

经过两年的实践,农村信用合作取得了初步的成绩,农村信用合作组织不断增加,到1953年年底,全国已经建立信用社7785个,信用部2593个,信用组14912个,各类信用合作组织达到25290个。[①] 入股农民6000多万户,吸收股金1200多万元,存款7400多万元,贷款7700多万元。[②] 全国有50%的县都建立了信用合作组织,但是,农村信用合作组织在全国的发展很不平衡。由表2.1可知,1953年年底中国信用合作组织主要集中在中南区、西北区和华北区等少数地区。其中,中南区信用合作组织最多,达11735个,占全国信用合作组织总数的46.4%;西北区有4467个,占17.7%;华北区有3995个,占15.8%,西南区最少,只有513个,占2%;在同一地区内发展也是不均衡的:华北区的山西省、西北区的陕西省、华东区的福建省发展最快,分别占全区信用合作组织总数的74%、45%、48%,而且在同一省份不同县也是发展很不均衡的,如河北省有600多个信用社,定县一县就有120多个,江西省则主要集中在上饶地区。

---

[①] 路建祥:《新中国信用合作发展简史》,农业出版社1981年版,第5页。
[②] 杨希天:《中国金融通史·第六卷——中华人民共和国时期(1949—1996)》,中国金融出版社2002年版,第29页。

表 2.1　1953 年年底全国信用合作组织分布　　（单位：个）

| 地区＼项目 | 信用社 | 信用部 | 信用组 | 合计 | 所占比例 |
| --- | --- | --- | --- | --- | --- |
| 中南区 | 3706 | 29 | 8000 | 11735 | 46.4% |
| 西北区 | 383 | 2 | 4082 | 4467 | 17.7% |
| 西南区 | 83 | — | 430 | 513 | 2.0% |
| 东北区 | 473 | 1385 | — | 1858 | 7.3% |
| 华东区 | 395 | 12 | 2315 | 2722 | 10.8% |
| 华北区 | 2745 | 1165 | 85 | 3995 | 15.8% |
| 合计 | 7785 | 2593 | 14912 | 25290 | 100.0% |

资料来源：路建祥：《新中国信用合作发展简史》，农业出版社 1981 年版，第 5 页。

为加强对农村信用社的业务指导和领导，政府在试办农村信用社的同时，也不断把国家银行机构向下延伸，在县及县以下建立营业所。这样，全国建立起来的两万多个信用合作组织和一万多个国家银行的农村营业所，在农村开始形成一个以国家银行为领导的、以农民的信用合作社为基础的、联系广大农民群众的、服务于农村生产和农民生活的农村金融网络。而且，通过两年信用合作试点的实践，积累了比较丰富的办社经验，培养了一批办社的人才，提高了农民对信用合作社的认识，为信用合作社的普及奠定了初步基础。

### 三、农村信用社的普及

1954 年下半年，全国农村普遍掀起了群众性的合作化运动，农村信用社也开始大发展，进入了快速普及时期，到 1956 年春全国多数乡建立了农村信用社，基本实现了信用合作化。农村信用社的普及经历了这样几个阶段：

（一）农村信用社的大发展

1953 年 8 月，中国共产党提出了过渡时期的总路线，在农村就是要实行农业互助合作运动，以农业合作化来为工业化服务。1953 年 10 月，农业互助合作运动迅猛发展，全国掀起农业合作的高潮。12 月，中共中央通过《关于发展农业生产合作社的决议》，指出："农业生产互助合作、农村供销合作和农村信用合作是农村合作化的三种形式"。[①] 决议还指出："由于商业剥削、粮食囤积投机和放高利贷是目前农村资本主义因素的主要的活动方式，所以

---

① 中华人民共和国国家农业委员会办公厅：《农业集体化重要文件汇编》（上），中共中央党校出版社 1981 年版，第 224 页。

供销合作社和信用合作社就有更大的责任,在国营经济的领导下帮助农民群众逐步摆脱这些剥削,帮助国家完成收购粮食及其他农产品的任务,努力供应农村以必要的生产资料和生活资料,发展农村储蓄和低利贷款,为农村生产服务,促进农业生产互助合作的发展。"①

为推动农村信用合作运动,1954年2月中国人民银行召开全国第一次信用合作工作会议。会议认为,经过发展信用合作试点,在农村产生了积极的影响,而且积累了一定的办社经验,这有利于推动信用合作的进一步发展;积极发展信用合作社,占领农村借贷阵地,适应广大农民和生产互助合作的需要,是农村金融工作的主要任务。会议提出到1954年年底要在全国建立农村信用社的个数要达到3.4万~4万,1957年要在全国基本实现信用合作化,达到一个乡一个信用社。② 同时,会议对信用基础不同的地区提出不同的要求,而不是全国"一刀切",这个规划很适合中国的实际。为了实现这个规划,会议还强调农村信用社的建立要稳步前进,不能强迫命令,要克服违反群众自愿的急躁冒进倾向,并强调信用社不是"官办"而是"民办",要求信用社建立起来后,要通过开展业务和社员民主管理去巩固发展。

但是,1954年4月召开的第二次全国农村工作会议却推动了农村信用社发展的"大跃进"。会议提出:"进一步开展以互助合作为中心的农业大生产运动,确定1955年年底发展农业生产合作社30万~35万个的计划";但是,在中央急躁冒进思想的影响下,全国农村掀起了普遍性的农业的合作化运动,原定1955年年底建立30万~35万个农业社的规划很快突破到60万~90万个。在这种形势下,1954年8月召开了中国人民银行全国分行行长会议,认为信用合作不能落后于农业生产的互助合作,原定的计划已经不适应农业合作化运动,要大力发展信用合作社来配合农业合作化。于是,会议确定1954年年底争取发展10万个左右信用社,这比当年2月份会议规划的3.4万~4万个多2.5倍,并要求提前于1955年年底一般地区要努力做到乡乡有社。11月召开了全国第四次互助合作会议,会议提出,"农业社的资金,除由国家银行给予必要的贷款以外,主要靠吸收社员投资和发展信用社",要求"到1955年全国的农村信用社发展到13万~15万个",争取在1956年年初做到乡乡都有信用社,基本实现信用合作化。在政府的领导和支持下,在国家银行的帮助和指导下,1954年年底信用社发展到12.6万个,70%左右的

---

① 中华人民共和国国家农业委员会办公厅:《农业集体化重要文件汇编》(上),中共中央党校出版社1981年版,第224页。
② 卢汉川:《当代中国的信用合作事业》,当代中国出版社2001年版,第89页。

乡建立了信用社,其中有 9 万多个信用社是当年秋后三个月内新建立的。①1955 年,信用社发展到 15.9 万多个,参加农户有 7600 余万户,占全国农户总数的 65.2%,建立信用社的乡占全国乡总数的 85%。② 这次大发展的一个重要特点,是以高级形式的信用社为主,其他信用合作形式基本上停止发展,而且一些信用部和信用组在大发展中都转成了信用社。

(二)农村信用社大发展中出现的问题及整顿

1. 农村信用社大发展中出现的问题。1954 年秋后发展起来的 9 万多个农村信用社,由于建立时间比较短,准备不足,又加上建立过程中工作比较粗糙,农村信用社难免会出现一些问题。主要表现:第一,许多社员入股,但无钱缴纳股金,吸收的存款也比较少,造成了信用社资金力量薄弱,业务发展不起来。如河北省 8920 个信用社中有 3300 多个存款不到 500 元,有 700 多个社没有开业。③ 第二,许多信用社职工多是兼职或义务性的,缺乏相应的专业知识,业务能力差。第三,许多信用社规章制度不健全,财务管理混乱,不少社发生亏损。如湖南省湘潭地区参加 1954 年决算的 1952 个信用社中,亏损的占 57%。④ 第四,许多信用社民主管理制度还没有建立起来,或流于形式,不能实现社员对信用社职工和业务的有效监督和管理。农村信用社在大发展中出现的这些问题都是直接关系到信用社建立后能否独立生存的重大问题,对这些问题的解决关系到农村信用社的持续健康发展。

2. 农村信用社的整顿。党和政府很重视大发展中农村信用社出现的问题。1955 年 10 月召开的全国农行分行行长会议,决定对农村信用社进行整顿。一方面要求信用社搞好业务,积极组织资金,支持生产;另一方面培养和提高职工的政策水平和业务能力,建立和健全民主管理制度和财务管理制度。同时,还制定了《农村信用合作社示范章程(草案)》,对农村信用社的性质、组织和财务管理等内容都做了具体规定,规范农村信用社的发展,引导农村信用社走向正轨。在各级党政领导和国家银行的具体指导和帮助下,农村信用社的整顿取得了很好的效果:经过整顿的信用社,基本上具备了这样几个特点:第一,社务由群众当家作主,重大问题经过民主讨论,能够发挥群众办社的积极性;第二,账目清楚,存取方便,可以随时解决群众的生产生活困难;第三,制度比较健全,能够为存户保密,解除了群众怕露富的思想顾虑。

---

① 卢汉川:《当代中国的信用合作事业》,当代中国出版社 2001 年版,第 96 页。
② 尚明:《当代中国的金融事业》,中国社会科学出版社 1989 年版,第 102 页。
③ 卢汉川:《当代中国的信用合作事业》,当代中国出版社 2001 年版,第 97 页。
④ 同上书,第 97—98 页。

同时，信用社坚持分红制度，社员的经济利益同信用社经营效果挂钩。经过整顿，一类社由原来的 20% 上升到 30%，三类社由原来的 30% 下降到 20%，①很多农村信用社开始巩固并向健康的方向发展。

(三) 实现信用合作化

经过 1955 年的整顿，农村信用社逐步巩固，为进一步发展业务奠定了良好的基础。1955 年 7 月，毛泽东批评了农业合作化运动中的"坚决收缩"为"右倾机会主义"，提出了"全面规划、加强领导"的指导方针，之后在全国范围内批判"右倾错误"，合作化运动迅速展开。在这种思想指导下，中国人民银行确定 1956 年农村信用社的工作方针是"积极发展信用社，建立新社，巩固扩大老社，争取应入社的人大部分或全部加入信用社。"实际上，1956 年春全国信用合作社已发展到 16 万个，到年底，全国 97.5% 的乡建立了信用合作社，②基本实现了信用合作化。1956 年，随着农业社会主义改造的完成，农村地区普遍建立了高级农业生产合作社。高级社的社区范围比初级社大很多，甚至有的一个乡才建立起一个高级社。与此相适应，有的地区实行撤区并乡，这样乡的地区范围比原来扩大很多，农村信用社也相应地按照乡的行政区划进行合并，个数缩减了。1956 年春到 1956 年年底，信用社从 16 万个减少到 10 万个，仍然一个乡一个社，到 1957 年年底，信用社又减少到 8.84 万个，社员股金 3.1 亿元。③ 这样，经过了大发展，农村信用社普遍建立起来了，农村借贷阵地基本上被农村信用社占领了。

(四) 合作化后关于农村信用社发展前途的争论

农业合作化是涉及生产关系等方面的一场重大变革，在合作化过程中存在着不同的思想认识，是不可避免的。反映在信用合作问题上，对农村信用社发展前途有不同的看法。

第一，认为信用社应并入到国家银行。因为农业生产资料的社会主义改造已基本完成了，社员"私人"性质的农村信用社失去了独立存在的经济基础了；社员生产和生活困难可以由农业集体经济组织解决，而且在农业合作化后，农业生产的短期资金农业社自己能够解决，长期资金可以靠银行解决，农村信用社已经失去了存在的必要性。鉴于苏联农业集体化后，农村信用合作

---

① 尚明：《当代中国的金融事业》，中国社会科学出版社 1989 年版，第 451—452 页。
② 杨希天：《中国金融通史·第六卷——中华人民共和国时期(1949—1996)》，中国金融出版社 2002 年版，第 88 页。
③ 尚明：《新中国金融 50 年》，中国财政经济出版社 2000 年版，第 202 页。

社并入到国家银行,我国的农村信用社在实现合作化后也应该并入到国家银行,并在湖北省和黑龙江省试点,把农村信用社改为乡银行,由银行统一办理农贷业务。这种办法虽然有利于信用社和银行营业所的干部、资金的统一,但存在很多弊端,如信用社的灵活性不能发挥,疏远了和社员群众的联系,社员的贷款不能得到及时满足等。因此,把信用社并入到国家银行并不是最佳选择。

第二,认为信用社应并入高级社。并入后可以与农业社的生产计划密切结合,有利于信贷工作更好地支持生产,也便于发动群众存款,从资金上保证生产计划的实现;而且信用社的工作人员由农业社统一按劳动日计分,有利于信用社工作人员的稳定。并在河南省和广西壮族自治区实行这种试点,造成了一些问题:一是社员怕农业社动员投资,不敢向信用社存款了,大量存款被社员取走,这样就断绝了信用部的资金来源;二是信用部的贷款由农业社来安排,大多用于基本建设投资,短期收不回来,造成资金周转不灵,信用部也失去了对农业社贷款的监督作用;①三是信用部无法代理国家银行在农村的业务,增加了国家银行工作的困难。因此,把信用社并入高级社也是弊多利少。

第三,主张信用社仍应继续存在并独立发展。理由是:一是信用社有独立、完整的民主管理制度,包括社务管理和业务经营,它是农民群众自己的资金互助组织,由社员管理、监督信用社,能够把信用社办好。二是信用社存取款手续方便,能够贴近群众,了解群众的资金需要并及时予以解决。三是便于发挥信贷工作的职能作用,监督农业社正确使用信贷资金。② 因此,在农业合作化实现后,农村信用社独立存在有其客观必要性,必须长期坚持下去。

第四,毛泽东在听取银行工作的汇报后对农村信用社的去留给予了裁决,他说:"信用社不能改为农业社的信用部,并入了,银行就没有脚了",③要求农村信用社继续独立存在。1957年1月,中国人民银行召开全国信用合作会议,认为在全国实现农业合作化后,农村信用社仍应继续存在并独立发展,继续发挥它的作用。这样,在农业合作化后,对农村信用社的争论虽然在认识上得到了统一,明确了农村信用社长期独立存在的必要性和坚持民主办社的方针。但是,在实际工作中,有些地区对信用社的具体组织形式和领导体制仍存在不同的认识。

---

① 卢汉川:《当代中国的信用合作事业》,当代中国出版社2001年版,第119页。
② 李恩慈:《合作金融概论》,西南财经大学出版社1999年版,第183页。
③ 同①,第121页。

## 第三节 新中国农村信用社的建立体现了合作制特征

### 一、合作金融的概念和特征

说农村信用社是合作制,实际上就是肯定它的合作金融性质。因此,要知道农村信用社是否是合作制,必须了解农村信用社是否具有合作金融的性质。合作金融是伴随着合作经济的发展而产生,是合作经济的一种特定经济活动形式,是劳动者为改善生产和生活条件,获取低成本融资,以入股资本联合为基础,由出资者实现民主管理,主要为合作者提供互助性服务的一种信用活动形式。可见,合作金融的目的是劳动者为改善自己生产和生活条件,获取低成本融资;其特征与合作经济相同,主要体现在三个层面:第一,合作金融组织是以承认合作者个人财产所有权为基础,以自愿入股投资形式组织起来。合作者的股权代表个人对财产的最终所有权,不仅是参与合作劳动和经营活动的资格,也是参加权益分配的重要依据。第二,合作金融组织采取最能体现合作者主体信用的民主管理体制,按照权责明确的原则,其法人治理结构,通常采取所有权和经营权分离,决策、执行和监督相互制衡的形式。第三,合作金融组织的业务服务,贯彻主要面向合作者优先提供的原则。合作金融组织是合作者的利益共同体,合作者的利益并非单纯以获取合作经济组织经营活动的最终利润的形式得到实现,在很大程度上是以低于一般市场交易成本的代价获取各种金融服务的形式得到实现。①

以上三个层面,分别从农村信用社的产权关系、管理体制和经营方式等方面概括了合作金融组织的基本特征。从合作金融的目的看,第三个层面及合作金融的业务服务向社员优先,也就是说社员加入合作金融是为实现互助融资的目的,这是关键,而第一层面的产权关系和第二个层面的民主管理就成为达到这个目的的手段。因此,在中国是不是合作金融主要看以上三个层面,特别是第三个层面。

### 二、新中国农村信用社的建立体现了合作制特征

新中国成立初期,为了恢复农业生产,发展农村经济,引导农民走农业合作化道路,1951 年中国政府开始重点试办农村信用合作社,并在中国人民银行下发的《农村信用合作社章程准则(草案)》和《农村信用互助小组公约(草案)》中明确规定:"信用社的性质是农民自己的资金互助组织,不以赢利为目

---

① 徐永健:《论合作金融的基本特征》,《财贸经济》1998 年第 1 期。

的,贷款应先贷给社员""实行民主管理,社员(代表)大会为最高权力机构"
"赢利优先提取公积金、公益金和教育基金,社员股金不以分红为原则,如分红,则不超过20％";银行以低利息贷款来扶持信用社的发展。由此可见,农村信用社基本上按照合作思想建立,其经营目标、管理和分配原则也基本上符合合作制原则。但是,由于农村信用社制度是政府供给型,在农村信用社的建立发展过程中带有明显的政治色彩,但不能由此否认农村信用社的合作金融性质。因此,有的学者认为,尽管这时期农村信用社具有较浓的政治色彩,但农村信用社的合作制还是得到了比较充分的体现。① 笔者比较倾向于赞成这种观点。

1. 关于农村信用社的产权②。《农村信用合作社章程准则(草案)》和《农村信用互助小组公约(草案)》明确规定,"农村信用社是农民自己的资金互助组织,由农民投资入股组成";显然,农村信用社的产权性质是私人产权,其股权代表社员对农村信用社的最终所有权,不仅是社员参与经营管理的资格,也是参加收益分配的重要依据。而在产权所包含的内容中,最终体现社员私人产权属性是其收益权,这种收益权主要表现在两个方面:第一,分红。中国信用社社员股金不以分红为原则,如必须分红时,利息不超过纯收益的20％。第二,社员获得贷款服务。该章程已明确规定:"信用社不以赢利为目的,贷款应先贷给社员",其中社员股金额度比较小,社员入社主要是为了获得贷款,这是最为关键的一环。

农村信用社在成立之初,个人产权是清晰的,农民投资入股,获得社员资格,农村信用社按照申请贷款社员的困难程度给以贷款,入社农民不仅获得了低于自由市场利息的资金,而且还得到了分红;虽然农村信用社在大发展过程中,分红一度停止了,但是在整顿后分红又得到了坚持。在合作化后期,靠提高生产资料公有化程度发展生产力的思想占了上风,私人对生产资料等要素的所有权淡化,使信用社产权也开始由清晰变为模糊,社员的私人产权无法通过股金分红来体现。但经过整顿,农村信用社的分红仍在很多地方得到坚持,特别是在1957年修改农村信用社章程时,还把分红限度放宽到占纯收益的40％。但是,社员入社动机不是为了分红,而是为了要获得低于市场

---

① 尚明:《新中国金融50年》,中国财政经济出版社2000年版,第202页。
② R. 科斯、A. 阿尔钦等在《财产权利与制度变迁》中对产权是这样下的定义:产权不是指人与物之间的关系,而是指由于物的存在及关于他们的使用所引起的人们之间相互认可的行为关系。产权安排确定了每个人相应于物时的行为规范,每个人都必须遵守他与其他人之间的相互关系,或承担不遵守这种关系的成本。因此对共同体中通行的产权制度可以描述为,它是一系列用来确定每个人相对于稀缺资源使用时的地位的经济和社会关系。包括以下四个方面的内容:(1) 占有权,(2) 使用权,(3) 收益权,(4) 转让权。其中最后两个方面是私人产权最为根本的组成部分。

利息的信贷资金,即使社员不能享受分红,但仍旧能从农村信用社获得生产、生活贷款。这样,社员对农村信用社的私人产权性质仍然能够得到体现。总之,从农村信用社建立的整个过程看,农村信用社在初建时期的私人产权属性还是得到了充分的体现。

2. 关于农村信用社的民主管理。按照现代合作经济理论,民主管理是合作制的灵魂,也是农村信用社最重要的原则之一,它是社员股权派生的权利。中国农村信用社在建立时是很重视民主管理原则的,在其章程上明确了这一原则。1951 年制定的《农村信用合作社章程准则(草案)》第四章第十三条明确规定,"本社最高权力机关为社员代表大会,社员代表由社员直接选举",第十四条规定了社员大会或社员代表大会的职权,包括"选举和罢免理事主任及理事,监事主任和监事,并审查和通过本社业务方针、计划、预算及理事会的工作报告和决算"以及"通过盈余分配或弥补亏损的议案"。在 1957 年制定的《农村信用合作社示范章程(草案)》第一章第四条规定:"信用社必须实行民主管理。信用社的领导人员由社员选举。信用社的重大事务由社员大会或社员代表大会讨论决定。信用社领导人员要实行集体领导,密切联系群众,遇事和群众商量,团结全体社员";第九条对社员的权利作了明确规定,主要有:"选举权与被选举权以及对社的业务、财务、组织等工作有讨论、表决、建议、批评、监督和质询等权利";第十三条规定:"信用社的最高管理机关是社员大会或社员代表大会。负责选举理事会主任(即信用社主任)和理事,组成理事会,负责经营业务,管理社务……社员大会或社员代表大会选出的监事会主任和理事,组成监事会,监督社务、业务。"

农村信用社建立过程中很强调民主管理制度。其目的是"在于培养群众管理集体经济事业的习惯和能力",使"信用社职工的工作能经常受到群众的监督和帮助……"因此,把民主管理制度作为群众办社原则的具体化,农村信用社贴近农民,农民积极参加农村信用社的民主管理,还把民主管理制度作为办好信用社的经验,加以推广。虽然在 1954 年农村信用社的大发展中,许多信用社必要的制度没有建立起来,如有相当多的信用社还没制定章程,有的虽然制定了但多流于形式,没有发挥章程规定的民主管理组织的作用。但农村信用社在随后的整顿中,这些问题有所改变,特别是在 1955 年农业银行提出整顿信用社的措施中,规定了农村信用社整顿后要达到的标准。其中第三条就是要健全民主管理制度,1955 年全国各地有 50%～80% 的信用社经过了整顿,1956 年结合撤区并乡工作,继续整顿信用社,在各地的信用社整顿工作中着重解决的问题之一就是要健全信用社的民主管理制度,使信用社的重大事项,例如确定存、放款利率及财务开支计划等,由社员民主讨论决定,使信用社的民主管理制度得到了落实和保证。然而,在整顿中,为加强信用社的领导,理事会主任和监事会主任在许多地方是由政府官员兼任,不是由社员大会或社员代表大会选举产生,在客观上对加强信用社的组织领导、搞好信用社业务有重要作用,但这与现代合作金融理论有点背离。因此,国内一些学者对农村信用社初建时期社员的民主管理进行了否定,这是不确切、不全面的。此时的中国农村依旧是以小农经济为主(体)的,以自然经济为基础,商品经济不发达,农民缺乏民主观念和民主意识,而且现代金融人才奇缺,这必然决定了农村信用社制度安排是政府供给型的,在农村信用社初建时期政府进行适当的干预是必要的,这已在出现问题的农村信用社中得到了充分的证明。事实上,政府指定的信用社主任、理事会主任、监事会主任一般都贴近农民群众,符合社员意愿。更为关键的是办社职工是由社员民主选举产生,信用社的管理权牢牢掌握在贫下中农手中。民主管理组织初建,社员管理信用社的积极性较高,社员干部热心为社员服务的精神较好,接受社员管理和监督的思想比较明确,得到了社员群众的信任和拥护。又加上农村信用社在初建时期,由于规模小,社区范围不大,国家直接管理较松,国家银行干涉较少,信用社较多地拥有独立经营业务的自主权,这样,农村信用社的内部民主和外部民主管理都得以体现。因此,在初建时期,农村信用社的社员民主管理权利还是得到了充分的体现。

3. 关于社员贷款的优先原则。农村信用社建立的目的是为劳动人民提供融资支持,解决他们的生产和生活困难,抵制高利贷剥削。而中国的工业化战略决定了国家不可能把更多的资金投向农村,农村信用社只有办好业务即吸收农民的闲散资金再贷款给那些急需贷款的农民,才能满足他们的资金需求,解决他们生产和生活困难。因此,农村信用社在资金来源上主要靠吸收农民的存款,贷款对象也主要是农民社员,相对于高利贷和非社员来说,农民社员以更低的成本获得贷款,满足了互助融资的需要,合作金融的目的基本达到了。

总之,初建时期的农村信用社,其产权属性是社员私人所有,尽管合作化后期有些模糊,但是还是得到了明显的体现;在民主管理方面,尽管政府提名或指定了信用社的主要领导成员,但是社员的民主管理权利还是得到了充分的体现;农村信用社的资金主要来源于社员,也主要投向社员,最终,社员获得了低于自由市场利息的资金,实现了互助融资。因此,初建时期农村信用社是按照合作制的要求建立起来的,尽管农村信用社具有较浓的政治色彩,但合作金融特征还是得到了充分体现。

## 第四节　农村信用社与政府及国家银行之间的关系

### 一、政府为农村信用社的建立提供了大量支持和帮助

中国农村信用社的建立是在政府主导下进行的，在制度供给上是典型的政府供给制，在其发展过程中，得到了政府大量的支持和帮助。

(一) 政府支持和帮助农村信用社建立的目的

政府支持和帮助农村信用社的建立，主要目的可从两个方面分析：一方面，经过八年抗日战争和三年解放战争，中国经济遭到了严重破坏，工农业产值下降。新中国成立以后，为了医治战争创伤，中国政府提出了要迅速恢复和发展国民经济的任务，首先要恢复和发展农业生产，但是政府没有足够的资金投向农村，农民生产和生活困难，有些地方高利贷剥削再次兴起。通过建立农民群众的信用合作组织，实现农民的互助融资，才能解决农民生产和生活困难，抵制高利贷的剥削，才能赢得广大劳动人民对政府的支持和弥补政府对农业投入的不足。另一方面，党和政府把建立农村信用社作为支持农业合作化、实现集体化的一种工具。按照毛泽东的合作化理论，合作化是新民主主义向社会主义过渡的途径，是个体经济走向集体经济的途径。由此看出，合作社是政府组织个体经济向集体经济转变，进而巩固无产阶级在国家政权中的领导权的一种手段。农业合作化包含生产合作化、供销合作化和信用合作化，农村信用合作社作为农业合作化的"三驾马车"之一，有力地支持了农业合作化运动，当然也是实现由个体经济向集体经济转变的前提条件，也是巩固无产阶级在国家政权中的领导权的一种手段。因此，政府支持农村信用社的建立符合其自身的利益。

(二) 政府对农村信用社的支持和帮助

新中国成立后政府对农村信用社进行了大量的支持和帮助，主要表现在：首先，中国农村信用社是在政府发动下建立和发展起来的。农村信用社的建立和发展过程都是在政府的发动下，有领导、有组织和有步骤开展起来的，从试点开始，到农村信用社的大发展及实现信用合作化，都是在政府的预期范围内。其次，政府在信用合作化过程中投入了大量的组织成本。政府在农村信用社成立过程中投入了大量人力、物力，包括宣传发动费用、前期的组

织管理费用,还有通过国家银行对农村信用社人员的培训费用等。① 再次,在农村信用社发展过程中得到了政府的税收优惠、利率优惠,在农村信用社经营活动中出现资金不足时提供低息贷款支持。鉴于农村信用社处于初建阶段,从1953年到1957年,中国人民银行、中央税务总局和中央财政部曾多次下发文件免征信用社工商税、印花税等,以鼓励和支持农村信用社的发展。最后,农村信用社的经营风险事实上由政府承担。尽管农村信用社章程上说,农村信用社"有亏损时,应以公积金、股金及不返还之收入依次补偿",但是,实际上农村信用社的所有亏损都由政府通过国家银行给以补贴。

(三)政府的支持和帮助给农村信用社带来了浓厚政治色彩

罗虚代尔原则②之一就是恪守中立,各种不同政治观点和不同宗教信仰的人都可以参加合作社。与此不同的是,中国政府对农村信用社的支持,使这一时期的农村信用社具有明显的政治色彩,表现在:

1. 政策上的阶级性。表现在:第一,关于入社资格方面。农村信用社在对社员的入社资格问题带有明显的阶级倾向,党和政府文件及信用社章程都明确规定:农村信用社是劳动人民群众的资金互助组织。关于"劳动人民",按照中央人民政府政务院《关于划分农村阶级成分的决定》的有关规定可知,"贫农、中农、手工业者、小商小贩,都属于农村中的劳动人民",这些"劳动人民"都可以入社;而"地主、富农和反革命分子"是劳动人民群众的敌人,不能入社;即使允许他们入社,他们也没有表决权和选举权,也不能担任信用社的干部。第二,关于领导权方面。在农村信用社的领导骨干中,要求贫农(包括新中农)在领导中占优势,被地主、富农和反革命分子把持的信用社,要撤换、清除。第三,在贷款业务方面,经常对农村信用社职工进行两条道路的思想教育,划清经营上的政策界限,使农村信用社成为限制农村资本主义剥削,发展农村社会主义金融阵地的重要力量。对商业投机、购买土地等,一律不予贷款,信用社本身也不得经营商业活动,放款用途,只限于正当的劳动生产、劳力运输和正当的生活需要。第四,贷款对象方面。农村信用社章程对贷款对象也作了明确的规定。信用社社员享有贷款优先权,在资金允许的条件

---

① 周脉伏:《农村信用社制度变迁与创新》,中国金融出版社2006年版,第44页。
② 罗虚代尔原则:在国际合作运动史上,一般认为现代的消费或零售合作社起源于1844年英国的罗虚代尔公平先锋社。罗虚代尔先驱者们吸取了欧文合作社失败的教训,从社会现实环境出发,创立了一套适合市场经济要求的办社和经营原则——后来被称之为"罗虚代尔原则",主要有:(1)自愿集股筹资,只分少量股息而不分红利;(2)社员平等,民主管理,不问股金多寡,一人一票选举;(3)入社不受政治宗教信仰影响;(4)以市场平价作现金交易买卖,保证准斤足尺;(5)按购货金额比例分享利润;(6)盈余中提取2.5%作为社员教育费用。

下,对非社员也发放贷款,但不放款给地主、富农和商人。① 可见,农村信用社在政策上阶级性是显而易见的,这种政策上的阶级性也为今后农村信用社的亏损和"官办"留下了隐患。

2. 机构设置的行政化。农村信用社在试点时期采用灵活多样的形式,除了信用合作社,还包括信用小组和信用部,贴近农民,方便农民存取。在随后的发展过程中,政府要求信用合作组织全部发展成为高级形式的信用社,其他形式停止了发展。而且在农业社会主义改造基本完成后,为适应一个乡建立了一个高级农业生产合作社的情况,有的地区实行了撤区并乡,乡的范围扩大了,那么,农村信用社也相应按照乡的行政区域设立"一乡一社"。并把信用社由1956年的16万个减少到10万个,仍然是一个乡一个信用社,这样就扩大了农村信用社的社区范围,使农村信用社逐渐远离农民了,增加了农村信用社社员监督和管理信用社的成本,国家做出这样的决定主要还是出于行政方面的考虑,便于组织管理和加强领导,而不是出于经济因素考虑。

综上所述,中国农村信用社是在政府的主导下建立起来的,一开始就带有明显的政治色彩,它是作为向集体化过渡的一种途径和手段;农村信用社在其发展过程中一直受到政府的支持和帮助,这种支持和帮助必然使农村信用社在组织上、经营管理上具有政府的印记,这为农村信用社以后被政府控制,并逐渐背离合作制走向"官办"埋下隐患。

## 二、农村信用社与国家银行界限清晰,是国家银行的有力助手

### (一)农村信用社与国家银行界限清晰

农村信用社建立以后,没有在全国建立起自己的联合组织,国家银行起农村信用社联合社的作用;但是,农村信用社能够保持着自己的独立性,银行营业所和农村信用社两种金融机构的界限是清楚的,国家银行与农村信用社关系处理得比较好。具体来说,表现在以下几个方面。

1. 国家银行与农村信用社在机构设置上分工合作、相互配合

按照当时的规定,农村信用社的机构设在乡,不在区②设;国家银行的基层机构——营业所设在区,不在乡设机构;这种按照行政区划设置的机构,在当时政府有其政治经济的考量。在新中国成立初期,我国金融还很落后,为了节省成本,国家银行不可能把其机构从区下伸到各个乡,国家银行在农村

---

① 卫毓俊:《农村信用合作讲话》,辽宁人民出版社1955年版,第24页。
② 中国于1928年开始设区。新中国成立后继续设区,承担县、乡之间许多行政任务。后几经变更,80年代以后基本撤销了这一建制。

地区的某些职能,如代理国债及其他政策性业务由农村信用社来承担,农村信用社由此造成的亏损由国家银行补贴。在当时,初建的农村信用社业务规模一般还比较小,又加上各地存在着不平衡性,信用社本身又缺乏联合社来调剂资金余缺,由国家银行来调剂信用社的资金便成为一种理性的选择。但是,农村信用社毕竟是独立存在的,国家银行起联合社的作用,在业务上对农村信用社进行指导,并不干涉农村信用社的具体事务。农村信用社的经营管理、监督等重大事项由社员代表大会、理事会和监事会负责。这两种不同类型的金融机构分设,不重叠,相互补充,在业务分工和经营管理等方面的问题容易解决,体现了两种性质的金融机构分工合作、相互配合。

2. 国家银行与农村信用社的业务分工清晰、合理

农村信用社初建时期,其机构与国家银行分开设立,不重叠,业务经营范围也容易划分。国家银行与农村信用社的分工是:在农村信用社的社区范围内,国家银行一般不办理储蓄业务,而由农村信用社办理;农村信用社的贷款一般是以一年内的短期贷款为主,解决社员零星、小额的短期资金周转需要,一年以上的长期贷款由国家银行办理。当农村信用社在满足了社员短期资金需要以后,如果资金还有剩余时,也可以发放长期贷款;当农村信用社不能完全解决短期资金需要时,国家银行也可以发放短期贷款,国家银行对农民的贷款可以自行发放,也可以委托给农村信用社发放,或者贷给农村信用社由它转贷。① 可见,国家银行与农村信用社的业务分工清晰、合理,体现了两种性质的金融组织分工合作、各得其所。

3. 国家银行对农村信用社实行间接管理,不是行政隶属关系

建立初期的农村信用社是农民群众的资金互助组织,国家银行与农村信用社不是行政上的上下级隶属关系,主要是政策上领导、业务上指导、干部教育及培训等,国家银行不干涉农村信用社具体的内部事务,即国家银行对农村信用社实行间接管理。在国家银行的领导和指导下,农村信用社自主经营,独立核算;在农村信用社把吸收的存款转存到国家银行时,国家银行则按照给定的利率办理;如果信用社资金不足,国家银行给以资金支持,并在利率上给以优惠,体现了国家银行对农村信用社的政策扶持。农村信用社的业务方针、计划、预算、盈余分配或弥补亏损的议案等重大事务,都由社员代表大会讨论决定,理事会负责执行。农村信用社的理事会主任、监事会主任由社员代表大会选举产生,而不是国家银行直接任命,只需报国家银行备案。② 监事会负责监督社务、业务,而理事会具体负责经营业务,管理社务,执行社

---

① 卢汉川:《当代中国的信用合作事业》,当代中国出版社 2001 年版,第 183—184 页。
② 同上书,第 187 页。

员代表大会的决定。国家银行也对理事会执行社员代表大会的决议负有监督之责,可以向理事会提出意见,但不具体干涉。可见,国家银行和农村信用社这两种不同性质的金融机构界限清晰、责任明确,而不是行政隶属关系。

4. 国家银行与农村信用社的关系按照经济原则处理

新中国成立初期,缺乏现代金融管理人才,特别是刚刚成立的农村信用社,尤其缺乏管理经验,本身又缺乏联合机构,国家银行就代表国家担负起对农村信用社的指导、监管与救助。所以,国家银行对农村信用社有了三重身份:一是业务指导者,即对信用社经营管理中各种业务负有指导、培训等职责;二是监管者,即监督信用社执行国家方针政策情况和信用社执行社员代表大会的决议情况等;三是救助者,即代表政府对农村信用社的亏损进行补贴,以避免农村信用社破产。但是,在农村信用社成立的初期,国家比较重视依据经济原则处理国家银行和农村信用社之间的关系。如《农村信用合作社示范章程(草案)》规定:"信用社可以接受国家银行的委托代理农贷、公债等业务",但是,代理时应和银行订立合同并收取手续费。农村信用社本身也做到计划经营,"根据生产需要和资金来源制订年度、季度分月的计划,按照计划开展业务",而不是由国家银行下达的存贷款业务计划任务;农村信用社的存放款利率不是国家银行的硬性规定,而是"参照国家银行的利率标准,结合当地具体情况,掌握有利于生产发展,有利于打击高利贷……提交社员大会或社员代表大会讨论后通过执行",并且规定一定的浮动幅度,以利于信用社根据情况变化灵活掌握;农村信用社的开支预算由理事会批准,追加预算应通过社员大会或社员代表大会通过,而不是由国家银行规定或批准。农村信用社在业务上实行独立经营、独立核算,同时又受到国家银行的指导和监管,这种指导和监管客观上又演变为领导。为了规范农村信用社和国家银行的关系,中国人民银行还制定了《中国人民银行与农村信用社联系合同范本(草案)》,规定国家银行和农村信用社之间的业务往来,"需要双方协商,签订业务合同,共同遵守"。制定业务合同的原意是,国家银行通过经济方法实现对农村信用社的领导,也是两个独立的经济实体之间建立正常业务往来所必需的,以保证各自的经营自主权,这种业务合同使国家银行对农村信用社的干预较少,农村信用社能够保持相对独立性,在经营管理上有一定的灵活性,但国家银行与农村信用社之间的这种领导与被领导的关系,也为以后农村信用社成为国家银行的基层机构埋下了隐患。

(二) 农村信用社是国家银行的得力助手——是"头"和"脚"的关系

新中国成立初期,中国政府在农村面临的首要任务就是要尽快恢复、发展农村经济,设立农村金融机构的主要目的就是要帮助困难群众解决生产、生活困难,为农民提供低息贷款,抵制高利贷,占领农村金融市场。对此,国家银行尤其是农业银行是应该有所作为的,但实际上国家银行限于人员、资金、机构和网点等因素的限制,不可能包揽全部农村金融业务。由于国家银行人员缺乏、资金紧张,为了节约成本,国家银行机构只设在区,在农村不可能普遍建立网点,许多地方也就不能向农户直接办理业务,如国家向农民的扶贫款、农贷资金、农业补助以及农业保险等业务。由于农村信用社贴近农民,办理这些业务也就比较方便。这样,国家银行或其他金融机构的许多涉农业务就由农村信用社代办,农村信用社的业务经营很快超出其本身的存放款业务范围,代理了国家银行的大部分农村信贷业务。如山西临猗县南姚信用社1954年秋后旺季代理国家银行收进优待国家售棉售粮储蓄37000多元,信用社本身吸收储蓄存款87000元,共回笼货币124000多元,占国家收购粮棉投放现金的61%,1955年春信用社代理银行发放设备性贷款2900多元,代兑售粮售棉储蓄35000元,兑换旧币27000元,代收公债券4200元。①实际上,农村信用社成为国家银行职能及机构的延伸,但不是国家银行的基层机构,却如同国家银行在农村的"末梢",共同支撑着农村金融体系,农村信用社成为国家银行的得力助手,毛泽东把银行和农村信用社称为"头"和"脚"的关系。

## 第五节 农村信用社的经济绩效与不足

### 一、农村信用社的经济绩效

(一)组织农村的闲散资金,为农民生产、生活发放了大量贷款

在农村信用社成立之前,广大农村缺乏正规金融机构。城市的金融机构远离农村和农民,农民所需资金要靠自己想办法,"各自为战"。他们不得不将自己零星的闲散资金以现金的形式存放于家中或集中起来相互借贷。农村信用社的产生,使农村有了贴近农民的金融机构,一方面,使农民到金融机构储蓄比较容易,取款也比较方便;另一方面,在农村信用社的动员下,农民也愿意将闲置的资金存入农村信用社而不是放在家里或随意花掉,所以农村信用社可以将农民的闲散资金更有效地集中起来;同时也有利于农民的贷款,在国家选择工业化战略的背景下,农民不可能从国家得到大量贷款支持。

---

① 路建祥:《新中国信用合作发展简史》,农业出版社1981年版,第58页。

农村信用社为农民发放了大量贷款,起到支持农村资金融通的作用。从表2.2可以看出,农村信用社从农村吸纳的存款增长很快,1953年为0.1亿元,到1957年增长到20.7亿元,增长了206倍,存款的增加,增强了农村信用社的资金实力,保证了农村信用社贷款资金的来源,这是办好农村信用社的关键;农村信用社对农村的贷款也增长很快,1953年贷款为0.2亿元,到1956年达到10.2亿元,1957年为9.5亿元,分别增长了50倍和46.5倍。

农民从农村信用社获得的贷款大量增加,主要用途是:第一,购买肥料、种子和农具等生产资料和劳动资料,从而改善了生产条件,克服了由于资金缺乏所造成的生产困难。第二,帮助贫困农民解决生活困难,也补充了国家银行信贷资金对农村投入的不足。

表2.2 1953—1957年全国农村信用社存贷款统计 (单位:亿元)

| 年份 | 年末存款合计 | | | | 年末贷款合计 | | | |
| --- | --- | --- | --- | --- | --- | --- | --- | --- |
| | 合计 | 集体存款 | 农户存款 | 比上年增长(%) | 合计 | 集体放款 | 农户放款 | 比上年增长(%) |
| 1953 | 0.1 | | 0.1 | | 0.2 | | 0.2 | |
| 1954 | 1.6 | | 1.6 | 1500.0 | 1.2 | | 1.2 | 500.0 |
| 1955 | 6.1 | 3.1 | 3.0 | 281.3 | 3.0 | | 3.0 | 150.0 |
| 1956 | 10.8 | 6.5 | 4.3 | 77.0 | 10.2 | 4.1 | 6.1 | 240.0 |
| 1957 | 20.7 | 13.4 | 7.3 | 91.7 | 9.5 | 4.2 | 5.3 | -6.9 |

资料来源:中国社会科学院、中央档案馆:《1953—1957中华人民共和国经济档案资料选编·金融卷》,中国物价出版社2000年版,第491—492页。

### (二)支持农业恢复和发展的一支重要资金力量

中国农村信用社是在国民经济恢复和发展时期建立起来的,通过吸收农村存款,发放信贷资金,对支持农业的恢复和发展起到了重要作用。据对农村信用合作发展较好的江西上饶专区的余干县的调查,1951年、1952年农村信用社的放款占所有放款总额的比例分别为0.7%、24.6%,[①]相当于同期国家银行农业贷款的1.2%、58.9%,是当地农业生产恢复的重要资金力量。随着农村信用社在全国的迅速发展、普及,农村信用社的地位愈来愈重要,由表2.3可知,1953年全国农村信用社发放农业贷款0.15亿元,相当于国家银行农业贷款的2.6%,以后逐年增加,到1957年农村信用社的农业贷款增长到9.45亿元,相当于国家银行农业贷款的36.6%。农村信用社发放大量的农业贷款对农业生产发展有重要作用,是支持农业生产恢复、发展的一支重

---

① 中国社会科学院、中央档案馆:《1949—1952中华人民共和国经济档案资料选编:金融卷》,中国物资出版社1996年版,第540页。

要资金力量。

表 2.3　1953—1957 年国家银行、农村信用社农业贷款余额　（单位：亿元）

| 年度<br>项目 | 1953 年 | 1954 年 | 1955 年 | 1956 年 | 1957 年 |
| --- | --- | --- | --- | --- | --- |
| 农村信用社(1) | 0.15 | 1.19 | 3.00 | 10.23 | 9.45 |
| 国家银行(2) | 5.76 | 6.90 | 9.24 | 28.55 | 25.80 |
| (3)=(1)/(2) | 2.6% | 17.2% | 32.5% | 35.8% | 36.6% |

资料来源：卢汉川：《中国农村金融历史资料(1949—1985·大事记)》，湖南省出版事业管理局，1986 年，第 532 页。

（三）打击了高利贷，占领了农村借贷市场

中国农村的民间自由借贷有着悠久的历史，地区范围广，花样多。一方面农村民间自由借贷在一定程度上对于调剂农村资金余缺发挥了有益的作用，另一方面由于民间借贷的趋利性和高风险性导致了高利贷在农村金融市场盛行，高利贷的盛行在农村造成了严重的恶果：它加剧了农村的贫富分化，破坏了农业生产和互助合作运动的发展，腐蚀了干部作风，削弱了国家银行和农村信用社的资金来源，扰乱了农村金融市场。

为了迅速地恢复和发展生产、战胜生产和生活困难，实现对农业的社会主义改造，新中国政府对民间自由借贷的政策是：一方面，由鼓励支持到规定其最高利率加以限制；另一方面积极推广农村信用合作代替自由借贷，来铲除高利贷产生的土壤，占领农村金融市场。由于农村信用社的利率要比高利贷低得多，而且不需要抵押和担保，农民比较容易获得贷款；高利贷在农村信用社的打击下被迫失去市场，降低了农民贷款利息负担，也迫使自由借贷利率逐步下降。

据调查，河南省济源县 35 个村在 1953 年建社前一般私人借贷利率为月息 8 分，在 1954 年建社后下降到月息 2 分。在湖南省新化县文川乡，一般私人借贷利率由建社前(1953 年)的月息 15 分下降到建社后(1954 年)的月息 3 分。① 据对北京市海淀区西苑街道的调查，在本区未建立信用社以前，1951 年卖青②的共有 300 石，信用社成立后，1952 年就减少到仅百余石，而到 1953 年就基本消灭了卖青苗青谷借高利贷现象。1952 年西北旺乡有 70 户农民借高利贷，1953 年信用社成立后，当地高利贷活动就不见了。③ 据江西余干

---

① 中国人民银行农村金融管理局：《农村信用合作历年发展情况》(1955)，中国人民银行总行档案，Y 农金局 1955-长期-5。
② 指旧时贫苦农民把未成熟的庄稼预先作价贱卖与人。
③ 路建祥：《新中国信用合作发展简史》，农业出版社 1981 年版，第 7 页。

县调查,1951年,全县农村的借贷总额中,属于高利贷信用关系的约占36.9%,1952年为22.2%,1953年后,随着农村信用社迅速普及和发展,高利贷在农村借贷总额的比重急剧下降,1953年为8.8%,1954年下降为3.6%。① 到1955年国家银行和农村信用合作社基本占领了农村借贷市场,高利贷逐渐减少甚至消失。

因此,农村信用社的建立,农民在资金上互助合作,农民生产和生活上的资金困难有了解决的途径,使自由借贷利率逐步下降,避免了高利贷盘剥,从而结束了高利贷统治农村借贷市场的历史。农村信用社的发展过程,实际上是农村自由借贷利率逐渐降低、自由借贷市场逐步缩小、高利贷逐渐退出农村金融市场的过程。

(四)支持了农村互助合作运动的发展

农村信用合作社与农业生产合作社、供销合作社一起构成中国合作经济的"三驾马车",农村信用合作社主要是通过合同业务与生产、供销联系起来,促进了生产互助合作和供销合作的发展。合同的形式有两种:一种是信用社和农业社签订的"存贷款结合"合同。合同要求农业社把闲散资金或暂时不用资金存入信用社,信用社在农业社资金缺乏时发放贷款;另一种是信用社、供销社和农业社三家签订的"三结合"合同。合同要求供销社从信用社贷款购买生产资料,信用社也把资金贷给农业社,农业社从供销社购买生产资料,农业社、供销社把资金存入信用社。这种办法既可以使信用社、农业社和供销社有计划地开展工作,避免盲目性造成不必要的损失,又保证了农业社的资金需要和生产资料供应,促进了供销社的计划供应,信用社、农业社和供销社之间做到了互利和相互促进,共同支持了我国的农业互助合作运动。

如河北定县西建阳信用社和四个生产社一个互助组,与供销社订了五份三连环合同,贷给生产社(组)2000余万元(旧币,下同),保证了他们生产计划的完成。元光村信用社1953年与20个生产组订了存贷合同;明月店信用社贷款1.38亿元中有6400万元扶助了农业生产社,2300万元扶助了互助组。又如山西平遥岳壁信用社主动帮助生产互助组订出生产计划,并给予24个互助组以1985万元和78000斤粮食的资金与物质的借贷支持,保证了互助组计划的完成。山西省壶关县百尺信用社,与生产互助组、供销社订立三连环合同,在1952年信用社共签了这种"连环"合同15份。按业务合同,百尺信用社向互助组贷款29641万元,秋后互助组归还贷款外,还向信用社

---

① 中国社会科学院、中央档案馆:《1949—1952中华人民共和国经济档案资料选编:金融卷》,中国物资出版社1996年版,第540页。

存款 27000 万元。① 这样,互助组(社)用存款支持了信用社,信用社用放款扶助了生产社(组)和供销社。在实际情况下,一般地区农业社的资金一半左右来自信用社及其信用互助组的贷款,且随着农业互助合作运动的发展,农业社再生产的资金需要日益增大,信用社的这种支持作用越来越突出。

农村信用社作为国家银行的有力助手,是调剂农村资金、扶持农业生产最适当的组织形式。作为农民群众自己的正规金融机构,有些地区的农民把农村信用社称为自己的小银行,把生产社、供销社、信用社称为引导农民走向幸福生活的"三面红旗""三座大桥"和"发展生产的三连环"。

(五)配合国家政策,稳定农村金融市场

1953 年后,国家开始在农村对主要农产品实行"统购统销"政策,现金供给的季节性变强,资金使用比较集中,需要国家集中投放大量的货币,这必然要加剧国家工业化资金的紧张程度;同时,农民在农产品收购以后,手中握有大量现金需要及时组织回笼,否则就会形成通货膨胀的压力。因此,通过农村信用社吸收农民的储蓄,可以缓解农产品收购时资金紧张的压力,及时组织农民的现金回笼,为国家工业化所用,同时又延缓农村购买力的实现,稳定农村商品市场和金融市场。如山西运城专区售粮储蓄的 230 亿元中,信用社代收储的占 50% 以上。有无农村信用社,其收购农产品资金的充裕程度大不一样,在有信用社的地方,售棉储蓄款即占购粮投放款的 60% 以上,没有信用社的地方一般只占到 30% 左右。②

(六)为国家工业化建设输送了大量农业剩余

1951 年制定的《中国人民银行和信用合作社业务联系合同范本(草案)》规定:"信用合作社按月向中国人民银行提缴存款准备金,其比例为月平均的 5%~10%,信用合作社的存款大于放款,资金无法运用时,可以存入银行,利率优待;信用合作社资金不足时可向银行借款"等,这个规定对于规范农村信用社与银行业务关系方面起到重要作用,但是造成了一个客观的结果,那就是:通过农村信用社的转存款的方式,国家银行抽取了农村的剩余储蓄,农村信用社成了国家抽取农业剩余的渠道。从表 2.2 可以看出,农村信用社的存款和贷款都增长很快,但是除 1956 年外,农村信用社的存款速度远远大于贷

---

① 中国社会科学院、中央档案馆:《1949—1952 中华人民共和国经济档案资料选编:金融卷》,中国物资出版社 1996 年版,第 583 页。
② 中国社会科学院、中央档案馆:《1953—1957 中华人民共和国经济档案资料选编:金融卷》,中国物价出版社 2000 年版,第 486—487 页。

款速度,其中1954年存款的增长高出贷款增长1000个百分点,且1957年贷款比上年还减少6.9%,而存款比上年增长了91.7%;农村信用社吸收的股金也在增加,1953年为0.12亿元,到1957年增加到3.10亿元,增加了24.8倍。农村信用社把从农村吸收的闲散资金一方面用于贷款解决农民的生产和生活困难,另一方面转存到国家银行,随着农村信用社的发展和普及,农村信用社在银行的存款也在增加:1954年年底为19000万元,1955年年底为59000万元,1956年年底达到78000万元。① 实际上,农村信用社在国家银行有巨大的存款,且形成"存贷差",通过这种"存贷差",国家银行抽取了农村的剩余储蓄。从表2.4可以看出,从1953—1957年,通过农村信用社渠道,国家从农村抽取剩余资金分别为:0.08亿元、1.69亿元、5.12亿元、3.26亿元、14.31亿元,呈逐年增加的趋势;农村信用社在国家银行的存款使政府获得了一个从农村抽取剩余资金的稳定渠道,尽管国家建立农村信用社的目的不是为了从农村获取剩余资金,但是,在工业化战略导致资金比较稀缺的情况下,农村信用社在客观上还是起到了从农村向城市、从农业向工业转移资金的作用。② 客观上,这种情况不利于农村经济的发展。

表2.4 "一五"时期全国信用合作社业务增长情况　　（单位:亿元）

| 项目＼年度 | 1953年 | 1954年 | 1955年 | 1956年 | 1957年 |
| --- | --- | --- | --- | --- | --- |
| 年底存款余额(1) | 0.11 | 1.59 | 6.07 | 10.79 | 20.66 |
| 吸收股金(2) | 0.12 | 1.29 | 2.05 | 2.70 | 3.10 |
| 年底贷款余额(3) | 0.15 | 1.19 | 3.00 | 10.23 | 9.45 |
| (4)=(1)+(2)−(3) | 0.08 | 1.69 | 5.12 | 3.26 | 14.31 |

资料来源:尚明:《当代中国的金融事业》,中国社会科学出版社1989年版,第104页。

## 二、农村信用社存在的不足

中国农村信用社大部分是在合作化时期建立起来的,时间比较仓促,要求过急,工作粗糙,在建社过程中没有重视质量,只注重数量,缺乏金融专业人才及管理经验不足,农村信用社还很不成熟,这些情况使农村信用社在发展过程中不可避免地存在一些问题。

（一）大部分农村信用社资金紧张

农村信用社在初建时期,最主要的问题就是资金紧张,不能满足社员的

---

① 路建祥:《新中国信用合作发展简史》,农业出版社1981年版,第80页。
② 周脉伏:《农村信用社制度变迁与创新》,中国金融出版社2006年版,第57页。

资金需求。农村信用资金紧张的原因主要有:第一,农村信用社资金规模一般比较小。据统计,1955年3月底,在全国15万多个农村信用社中,每个社平均拥有股金和存款2000元以下者,就有84000多个,占总社数的57%;每个社平均放款余额在2000元以下者,有110000个,占总社数的74%。① 由于资金规模比较小,农村信用社的资金供给能力必然受到制约,影响了其支农作用的发挥。第二,有些农村信用社只搭起了架子,业务开展不起来。据湖北省江陵县将台乡信用社社务情况调查,自建社以来,存款户51户,占调查总户数347户的14.7%,但1954年秋到1955年7月在农村信用社共存款1486元,只占余粮款的3.24%。② 农民在农村信用社的存款很少,严重影响了其业务的开展,使农村信用社缺乏放款能力,甚至出现无法应付提款的情况。之所以出现这种情况,主要是因为农村信用社建立的时间短,其信誉还没有完全树立起来,有些农民对其还不甚了解,又加上农村信用社的利率随着银行利率不断降低(如1954年农村信用社的月息为15‰,到1956年降低到5.5‰),影响了部分农民存款的积极性,农民更情愿把钱拿去放贷获取比较高的利息收入,这必然影响农村信用社业务的开展。第三,有些农村信用社在开展信贷业务时,不重视借贷者的偿还能力,给缺乏偿还能力的困难户发放了大量贷款,这些贷款一般都收不回来,给农信社的资金周转造成困难。这些因素,客观上使很多农信社资金都比较紧张。

(二)许多农村信用社的资金运用不合理

农村信用社吸收了农民的闲散资金,积极开展放款业务,以解决农民生产和生活困难,但是有些农村信用社并没有发挥好这笔资金的作用。主要表现在:第一,有些农村信用社把大量资金转存在国家银行。由表2.5可知,农村信用社在银行的存款大于银行给予农村信用社的贷款,1953年年末,农村信用社在国家银行的存款为1396万元,国家银行对农村信用社的贷款为385万元,存贷差为1551万元,到1957年农村信用社在国家银行的存款为178930万元,贷款为40123万元,存贷差为138807万元,增长了89.5倍;在农村信用社资金紧张的情况下,把大量资金转存到国家银行,必然削弱了农村信用社对农村的资金投放能力,特别在农民急需贷款的春耕生产季节,并没有得到充分贷款支持。如1955年四川省有6100多个信用社,年底存入银行913万元,平均每社1400多元。该省会东县信用社自有资金85000多元,

---

① 路建祥:《新中国信用合作发展简史》,农业出版社1981年版,第56页。
② 常明阳:《绩效与不足:建国初期农村信用合作社的借贷活动的历史考察——以鄂湘赣三省为中心》,《中国农史》2006年第3期。

只计划发放45000多元,①剩余的资金都存入国家银行。第二,有的农村信用社对农业社放款过多,无力满足农民贷款需求。例如山西省介休县1955年4月底的统计,信用社共放出贷款150000多元,但贷给农民个人的只有9700多元,只占6.5%。吉林省梨梅县兴开城信用社,社区内共有823户单干农民,只给两户贷了款,共贷30元。② 大量资金贷给农业社,使生产和生活困难的农户资金得不到满足,引起困难农户的不满,甚至有的寻求高利贷,与党和政府建社的初衷和农村信用社的宗旨相违背。

表2.5 1953—1957年农村信用社与国家银行存贷款关系统计③

(单位:万元)

| 年份 | 信用社在银行存款 | | | | 银行给予信用社的贷款 | | | |
|---|---|---|---|---|---|---|---|---|
| | 全年存入 | 年末余额 | 比上年增长(%) | 占银行农村存款(%) | 全年贷款 | 年末余额 | 比上年增长(%) | 年末贷款占年末放款(%) |
| 1953 | 5488 | 1396 | — | 5.8 | 1937 | 385 | — | 17.9 |
| 1954 | 54132 | 19544 | 1300.0 | 34.3 | 7879 | 2091 | 443.1 | 17.4 |
| 1955 | 174600 | 59373 | 203.8 | 80.9 | 19723 | 6125 | 192.9 | 20.4 |
| 1956 | 521465 | 78399 | 32.0 | 98.1 | 101934 | 49269 | 704.4 | 48.4 |
| 1957 | 806106 | 178930 | 128.2 | 100.0 | 49440 | 40123 | —18.6 | 42.2 |

资料来源:高维:《第一个五年计划期间的农村信用社》,《金融研究》1958年第4期。

(三)有些农村信用社对贫穷社员扶助不够

农村信用社是农民群众的资金互助组织,它不以营利为目的,主要目的是解决农民群众的生产、生活困难。但是要保证农村信用社可持续的、健康的发展就必须保证其正常的资产流动性,也就是说在其开展业务时,资金要运转正常,保本微利、略有盈余,这样就要考虑借贷者的还款能力。所以,对那些比较贫困而又无偿还能力的农民社员,有些农村信用社往往很少对其放款,甚至还曾发生资金少不敢放款,怕贫农贷款还不起,强调短期周转不给贫农放款,忽视打击高利贷等问题,也有违农村信用社建社目标和宗旨。

除此之外,农村信用社在建立发展过程中还存在许多不利因素,如农村信用社在建立过程中普遍追求高级形式的信用合作组织——信用社,忽视简单易办的、群众乐于接受的信用小组、信用互助组等信用合作组织的低级形

---

① 路建祥:《新中国信用合作发展简史》,农业出版社1981年版,第57页。
② 同上。
③ 此表中有三处数据有误,经核对后已做修改。

式,结果在一些地区,特别是经济比较落后的地区,农村信用社的股金小、存款少,业务开展不起来,收入难以维持,发生了亏损,最后不得不由银行补贴。还有一些农村信用社存在民主管理制度不完善、财务管理混乱、徇私舞弊、贪污浪费等问题,这些问题需要通过完善农村信用社制度,逐步地加以解决。

# 第三章　农村信用社合作制遭到破坏时期(1958—1979年)

1956年年底,中国社会主义三大改造完成以后,仿照苏联模式建立起高度集中的计划经济体制。在国民经济中,公有制经济一统天下,私有制经济基本被消灭。然而,这种高度集中的体制存在很大的弊端,中央也不断进行体制改革的探索,直到70年代末,中央多次进行了"体制下放"的改革。随着我国经济体制的改革,农村信用社管理体制也不断变动。1958—1979年间是我国农村信用社合作制遭到破坏时期,这一时期经历了"大跃进"和"文化大革命"两次大的动荡,在"左"倾思想的影响下,农村信用社被下放给人民公社、生产大队和贫下中农管理,又两次收归国家银行管理,失去了合作金融性质,最后演变成为国家银行在农村的基层机构。

## 第一节　农村信用社管理体制的变动

### 一、农村信用社下放给社队管理

1956年年底,随着社会主义三大改造的完成,中国建立起高度集中的计划经济体制。这种体制的突出特点就是经济管理决策权集中于国家计委,各经济主体生产经营直接听命于国家计委的计划安排,没有自主权,缺乏积极性。为了发挥地方的积极性,实现"超英赶美"的经济发展目标,就必须要解决经济管理上集中过多、统得过死的僵硬性弊端。在社会主义建设总路线的指导下,中央将一部分经营管理权限下放到地方和企业。1957年、1958年两年,国家连续发布了改进工业、商业、财政、税收、计划等管理体制决定,要求在工业、商业、财政、税收和计划等方面下放经营管理权限,以通过权力下放来达到调动地方积极性,快速发展经济的目的。由于经济建设上的急于求成思想,国民经济发展出现了"大跃进"。工业领域突出表现在全民大炼钢铁,"以钢为纲";农业领域表现在"浮夸风"、大放粮食高产"卫星"和人民公社化运动。

国民经济的"大跃进"使国家主要领导人毛泽东认为,向共产主义过渡已经成为需要立即准备的现实问题了,并提出在农村把人民公社作为通向共产主义过渡的桥梁,从而掀起了人民公社化运动。在人民公社化运动的推动下,全国农村的 70 多万个高级农业生产合作社在三个月内几乎全部被合并成 26576 个人民公社。人民公社的主要特点是"一大二公"。"一大"即规模大,全国平均一个公社相当于 27.9 个农业社;①"二公"即公有化程度高,实行生产资料公社所有制。政府提倡集体经济发展的方向是向公有化程度更高的国有经济发展。集体经济组织形式的这种变动,实际上也就意味着作为农业直接生产者的农民已经完全丧失了生产经营的决策权,作为农民集合体和经济利益的代表者的集体,也被剥夺了生产经营的决策权。无论农民个人还是集体,只是在按照国家下达的计划和指标进行生产,成为一个纯粹的劳动者。② 为了服务于这个运动,必须对原有经济体制进行改革。1958 年 12 月中共中央、国务院发布《关于适应人民公社化的形势和改进农村财政贸易管理体制的决定》,提出农村财贸体制应当根据统一领导、分级管理的方针,实行机构下放、统一计划和财政包干的办法,简称"两放、三统、一包"。

  根据中央农村财贸体制改革的精神,在农村金融领域的改革中,把银行在农村的分支机构——营业所与农村信用社合并一起下放到人民公社,成为公社的信用部,原农村信用社存放款业务都移交给人民公社的信用部。作为人民公社的组成部分,信用部的人员是公社社员,信用部的资金归公社支配。原信用社的股金、公益金、公积金和奖励金等,都成为信用部公共积累;但是,原信用社的股金仍记在个人名下,只是不再分红。国家银行采取存贷相抵、差额包干的办法管理信用部的信贷资金;人民公社内部农业、工业和商业贷款数额及比例由人民公社决定;但是,信用部的存放款利率执行国家规定的标准,信用部的干部工资与办公费用由公社解决。信用部的盈余除了留给公社一部分,大部分上缴国家银行。③ 人民公社在包干以后,存款增加了,可以增加贷款。这样人民公社为了多得到贷款,变相增加存款,于是出现了"实物折存""虚存虚贷"。

  中国财贸体制的改革,是想通过放权来达到调动地方积极性的目的,但是,在农村领域里存在着"共产风""浮夸风""瞎指挥风""强迫命令风"和"干部特殊化风"(称为"五风"),在这"五风"盛行的情况下,"两放、三统、一包"政策实行以后,在农村出现了信贷管理权分散、基本建设投资过多的局面,造成了一些混乱,这样就严重削弱了中央政府对国民经济的宏观调控能力,加剧

---

① 赵德馨:《中国近现代经济史(1949—1991)》,河南人民出版社 2003 年版,第 215 页。
② 王玉茹:《中国经济史》,高等教育出版社 2008 年版,第 254—255 页。
③ 卢汉川:《当代中国的信用合作事业》,当代中国出版社 2001 年版,第 140 页。

了国民经济比例关系的失调。中央政府根据当时出现的一些问题,开始采取措施纠正。1959年4月1日,中共中央发布了《关于加强农村人民公社信贷管理工作的规定》,对人民公社的信贷管理体制作了补充和调整,主要内容就是收回被下放的银行机构,把信用社下放到人民公社领导下的生产大队,成为信用分部,这实际上就等同于在农业合作化后曾经试办过的设在农业社的信用部。信用分部的职工交由生产大队管理,盈亏为大队统一核算,业务经营归大队领导。这样农村信用社就失去了独立性,以致发生了许多问题,并日趋严重,主要有:

第一,信用部很多资金被社队或社队干部占用,难以收回,资金周转不灵。由于信用社被下放之后,信用部和信用分部在人事、财务、信贷等权力都一起被下放给人民公社和生产大队,国家银行失去了对其有效领导和监管。这样,人民公社和生产大队为了自己集体的利益,把大量资金投向社队,特别是投向社队的基本建设,不能按时收回。如1959年年底,信用分部在全国发放16亿元贷款余额中,约有8亿元是贷给社队集体;在这8亿元的贷款中,又约50%左右的用于基本建设,或用于社员分配和其他财政性开支,长期收不回来,成为呆账、滞账。[①]信用社资金周转不灵,无力对农民投放贷款,致使农村高利贷在一些地方又死灰复燃。

第二,信用分部的工作人员长期被抽调,信用社正常的业务无法开展,危及信用社的生存。由于信用社下放给了人民公社后,人民公社对信用部具有人事权,在"瞎指挥风""强迫命令风"盛行的情况下,很多信用分部的工作人员被长期抽调,从事书记员、审计员等其他工作,甚至某一个时期信用分部工作人员几乎全部被调出做其他工作,不少地区出现了无人办理存款和贷款,正常的信用关系遭到破坏,造成存款户提取不到存款、社员有困难也贷不到款的现象,严重影响了信用分部的业务开展。据统计,1962年与1958年比较,信用分部的存款由40亿元下降到28亿元,贷款由25亿元下降到15亿元,[②]信用分部存贷款业务量的双降,如不引起重视将危及信用社的生存发展。

第三,很多信用分部的财务管理混乱,贪污、盗窃等违法行为不断发生。很多信用分部的账目不清,财务管理混乱,甚至有些干部把信用社当作自己的小金库,随意挪用资金,许多资金被挥霍浪费。据调查,有些地方信用分部的账目不清、财务管理混乱,约占信用分部总数的40%~50%,有的地方比

---

① 路建祥:《新中国信用合作发展简史》,农业出版社1981年版,第106页。
② 卢汉川:《中国农村金融历史资料(1949—1985)》,湖南省出版事业管理局,1986年,第402页。

较严重,达到70%～80%。① 账目不清,财务管理混乱,致使贪污、盗窃等违法犯罪活动不断发生。据统计,福建全省信用分部职工贪污的占职工总数的10%。② 信用分部里贪污、盗窃等违法犯罪行为的不断发生,从内部掏空了信用社,严重损害了信用社的利益。

## 二、农村信用社收归银行管理

1958年开始了"大跃进"和人民公社化运动,由于在指导思想上急于求成,出现了违背客观经济规律的加速生产力发展和调整生产关系的行为,给国民经济造成了严重的危机。为了摆脱危机,1960年9月,中共中央批转《关于1961年国民经济计划控制数字的报告》中,提出了"调整、巩固、充实、提高"的方针,开始对国民经济进行调整。在农村实行人民公社"三级所有,队为基础"的体制,清理"一平二调",实行退赔政策,并恢复自留地、副业生产和集市贸易。在金融战线上,1962年3月,中共中央和国务院颁布《银行工作"六条"》,决定收回银行工作下放的一切权力,并实行银行业务的垂直领导。为加强银行工作的集中统一和垂直领导,同时也把农村信用社纳入集中领导之中,实际上就把农村信用社收归银行管理,恢复了农村信用社原来的管理体制。

为尽快恢复"大跃进"中几乎陷入危机的农村信用社,1963年10月中国农业银行成立,开始领导和管理农村信用社,处理其体制下放所遗留的问题。

1. 纠正任意挪用、占有信用社资金。农村信用社管理体制下放以后,其资金使用权也交由社队管理,不少地方的社队干部随意挪用信用社的资金和财产;一些地方银行营业所也挪用信用社的资金,搞计划外的基本建设与其他开支,严重影响了信用社的业务经营。为了避免类似情况再次发生,加强农村信用社的资金管理,1963年中央发出文件要求社队不能随意挪用信用社的资金,信用社的资金由农业银行集中统一管理,信用社要按照农业银行批准的计划和制度发放贷款。人民银行也于同年11月通知各分行退还挪用信用社的资金及利息,并要求银行干部一律不得向信用社借支,不得让信用社报销或代垫银行开支的费用等。

2. 清理1961年以前的贷款。被下放给人民公社和社队管理期间,农村信用社向社队投放了大量贷款,用于大办钢铁、水利、交通及其他基础设施,这些资金大部分沉淀,信用社的资金周转出现了困难。农村信用社收归国家银行管理后,国家银行对其进行了一次彻底的"三清",即清账目、清物资和清

---

① 路建祥:《新中国信用合作发展简史》,农业出版社1981年版,第106页。
② 同上书,第107页。

贷款。要求对社队和个人的贷款要按期收回,对暂时无力归还的要制订归还计划,确实无法归还的,由国家银行区别不同情况进行必要的处理。1965年3月,中央发出通知,对农村社队欠国家1961年以前的欠款中尚未归还的部分进行豁免,农村个人的欠款,按照阶级划分的不同,给以不同的豁免标准。如果资金有困难,国家银行酌情补助。根据这个规定共豁免贷款50亿元,包括银行贷款43亿元,信用社贷款7亿元;社队贷款豁免了41亿元,个人贷款豁免了9亿元;豁免的旧农贷,从国家银行农贷基金中冲销49亿元,从信用社公积金中冲销1亿元。①

3. 调整信用社干部工资和福利待遇。农村信用社下放给人民公社和生产大队管理,当时信用社职工待遇较低,商品粮问题也没有解决,且全国各地的差距很大,影响了职工的积极性。为了稳定信用社职工队伍,并对信用社职工进行充分的激励,保障农村信贷工作的顺利进行,1963年3月,国务院批转了人民银行《关于信用社口粮和副食品、日用品供应情况的报告》,规定农村信用社脱产干部福利待遇按照公社国家干部待遇标准由商业部门供应。1964年6月,中国农业银行和劳动部又发出《关于信用社职工干部工资、福利待遇的联合通知》,规定信用社脱产干部的工资标准按照中共中央、国务院批示的原则,结合当地情况,由农业银行和劳动厅商议。实际上,信用社职工干部的工资、口粮及其他供应都被调整到与银行干部基本一致了。

农村信用社收归银行管理后,信用社下放给人民公社和生产大队管理时期出现的任意挪用信用社资金和随意调动信用社职工等问题得到了缓解,农村信用社内部的民主管理制度和业务规章制度也得到一定程度的恢复,其业务有了一定的发展。截止到1965年年底,全国信用社的各项存款总计达到48亿元,比1962年年底增加20亿元,社员贷款也增加2.7亿元。② 但是,信用社收归银行管理后,信用社的亏损由银行包下来,信用社的干部工资待遇和福利补贴逐渐向银行看齐,甚至与银行一致,信用社的"官办"趋势越来越明显。

### 三、农村信用社下放给贫下中农管理

随着党内"左"倾思想的影响,1966年5月爆发了"文化大革命"运动。这是一场影响全局的混乱、破坏和倒退,它给党、国家和人民带来了严重灾难。在"文化大革命"期间,农村信用社也未能幸免,受到了严重的影响。"文化大革命"开始的头两年,农村信用社和全国其他单位一样,完全处于无政府

---

① 卢汉川:《当代中国的信用合作事业》,当代中国出版社2001年版,第148—149页。
② 中国金融学会:《中国金融年鉴(1989)》,中国金融年鉴编辑部,1989年,第68页。

状态。在极"左"思潮的影响下,银行正常的工作制度遭到否定。认为社员在农村信用社的储蓄利息是"不劳而获的剥削行为",造成了农村信用社经营管理思想的混乱,业务陷入停顿。在这场"以阶级斗争为纲"的政治运动中,提出了"下放就是革命、下放越多就是越革命"的口号,一些地方把农村信用社下放给贫下中农管理。

1969年1月,中国人民银行总行在天津召开了"斗、批、改"座谈会,提出信用社"要为无产阶级政治服务"的指导思想,并把"实行贫下中农管理"作为信用社改革的根本性目标。天津会议后,各地革委会大力支持贫下中农领导管理农村信用社。人民银行向国务院递交了一份调查报告,报告介绍了河南嵩县阎庄的经验:一是信用社的资金在全公社统一调剂使用,由公社贫下中农管理委员会分配放款指标。大队贫下中农小组在指标范围内,对生产队和社员有权决定贷款。① 二是选拔觉悟高的贫下中农来担任农村信用社的信贷员,边参加信用社的信贷工作,边从事农业生产。三是简化贷款手续。信用社改革后,社员贷款,既不需要申请,也不需要生产队介绍和信贷员审查等程序,经贫下中农管理小组的同意,再填个"借据单"就可以获得贷款,贷款手续简化为借款手续;社队需要的生产资金,不需经过银行审批程序,而是由社队革委会、贫下中农管理委员会和农村信用社共同决定后,就可以从信用社获得贷款,银行工作的一套程序被省略掉了,贷款手续也大大简化。

然而,在"文化大革命"中,由于受"左"的指导思想的影响,农村信用社下放给贫下中农管理委员会管理是一次不成功的改革尝试,不可能把农村信用社的工作引上正确的发展方向。农村信用社实行贫下中农管理以后,造成了经营思想、业务管理的混乱。首先,各地分不清贫下中农管理委员会是领导机构还是群众的监督组织,对建立贫下中农管理委员会后是否还要召开社员大会以及是否还要发挥监事会、理事会的作用等问题心存疑虑。其次,贫下中农管理委员会的组织机构设置混乱,没有统一的标准,容易造成工作和认识的偏差。最后,很多农村信用社干部还要回生产队参加劳动和分配,他们没有享受到国家干部待遇,收入减少,影响了他们对农村信用工作的开展,造成农村信用社业务发展缓慢。据统计,从1967年到1970年,农村信用社的存款增长缓慢,一直在70多亿元之间徘徊,1970年比1967年仅增长3.13亿元,增长了4.27%,其中1969年比上年还减少2.36亿元,减少了3.12%;信用社贷款增长也很缓慢,由1967年的14.59亿元增长到1970年的18.81亿元,②增长了4.22亿元,平均每年增长了1.05亿元,但是对个人贷款的增长

---

① 卢汉川:《当代中国的信用合作事业》,当代中国出版社2001年版,第163页。
② 中国金融学会:《中国金融年鉴(1989)》,中国金融年鉴编辑部,1989年,第68页。

更慢,这种情况的结果就是使农村高利贷重新抬头。

### 四、农村信用社重新收归银行管理

1971年9月到1973年年末,中央开始对经济工作中的"左"倾做法进行纠正,进行了经济管理体制的重新集中化。1972年9月召开全国银行工作会议,提出加强银行管理工作,银行工作也开始恢复。会后,中国人民银行开始解决信用社下放给贫下中农管理委员会后出现的一系列问题,提出"贫下中农管理委员会是群众性监督机构,不是权力机构",其任务是督促农村信用社执行党的金融政策,审查农村信用社的财务、会计工作等。而且对农村信用社的人事、离退休、财务计划、利率等问题都做了进一步规定,实际上就否定了贫下中农管理委员会对农村信用社的管理。

1974年6月全国农村金融工作会议召开,再次强调了农村信用社归国家银行管理的必要性。会议指出,进一步加强对农村信用社的领导,充分发挥农村信用社的作用。强调农村信用社的性质不能变,在方便群众、解决群众资金困难方面,它的优势是银行工作无法比拟的。但是,农村信用社机构分散,资金实力弱,而且缺乏资金调剂组织。会议要求银行加强对农村信用社的领导和管理,在资金上支持信用社,帮助农村信用社搞好业务,提高经营管理水平。会议还决定对信用社进行整顿以解决贫下中农管理带来的问题,采取的措施主要包括:在资金管理上,把农村信用社的存款和贷款纳入银行的信贷计划;在干部待遇上,恢复信用社干部的专职身份和经济待遇;同时,对农村信用社的亏损由银行进行补贴等,实际上把农村信用社的工作重新纳入银行管理。

通过1972年和1974年的两次会议,把信用社的人事权、财权和资金使用权重新归银行管理,把信用社的存贷款纳入了中国人民银行编制的信贷计划之中,农村信用社的金融控制权又重新被银行掌握,信用社仍然没有独立性。农村信用社职工的待遇和银行一样,执行国家银行的信贷计划且与国家银行的信贷计划一样同属国家计划的组成部分,国家通过银行给予亏损补贴,农村信用社的体制同国家银行无本质性区别。

### 五、农村信用社成为国家银行的基层机构

1976年"文化大革命"结束以后,中国经济进入了新的发展时期,国家需要在各个方面对国民经济进行整顿,以便使处在严重困境的国民经济迅速得到恢复。在金融方面,提出要加强银行工作的集中统一管理,1977年11月,国务院发布了《关于整顿和加强银行工作的几项规定》,第七条对信用社的性

质明确规定:"信用社是集体金融组织,又是国家银行在农村的基层机构。"①实践中,农村信用社按照国家银行在农村的基层机构(或分支机构)来管理,甚至有些农村信用社直接并入国家银行系统,业务经营、计划管理、资金管理完全同银行一样,干部工资待遇也与银行基本一致,农村信用社只保留集体金融的虚名,实际上已经过渡到国家银行。

1978年5月,中国人民银行制定了《关于农村金融机构的几点意见》,对农村信用社的机构设置、组织领导、业务经营、资金计划、财务管理制度等都做了具体规定,不断强化农村信用社的国家银行地位,把农村信用社的性质与国家银行的关系正式确定了下来。1979年2月,国务院在《恢复农业银行的通知》中规定农村信用社由中国人民银行领导转归农业银行领导,农业银行的主要任务是"统一管理支农资金,集中办理农村信贷。领导农村信用社,发展农村金融事业";信用社职工的管理、福利待遇、口粮供应,要与银行职工一致起来。并再次确认了"信用社是集体金融组织,又是农业银行的基层机构"这一体制,进一步明确了农村信用社隶属于农业银行。

农村信用社收归银行管理后,有利于加强银行工作的集中统一管理,使农村信用社不至于再次被并入社队而名存实亡,也使其积累不至于被随意挪用;但是,实行这一体制,使信用社严重脱离社员群众,完全失去了合作金融组织特性,形成了"官办",成为以后农村信用社改革所要解决的难题。② 农村信用社和国家银行是两种不同所有制的金融组织,将农村信用社变成银行在农村的基层机构,实际上就抹杀了农村信用社的合作金融属性。在这种体制下,农村信用社干部、职工的工资待遇和福利与国家银行的一样,使他们的工作积极性得到了提高,农村信用社的经营状况好转。但是,客观上这一体制导致了农村信用社职工的"铁饭碗",并与银行通吃国家的"大锅饭",使农村信用社职工成为一个新的利益共同体,极大地影响了农村信用社的发展演变,成为今后农村信用社改革所要面临的一个重要问题。

## 第二节 农村信用社管理体制不断变动的主要原因与实质

### 一、农村信用社管理体制不断变动的主要原因

(一) 对国情和经济发展规律认识不清

按照马克思主义理论,社会主义是共产主义的初级阶段,在落后国家建

---

① 卢汉川:《中国农村金融历史资料(1949—1985)》,湖南省出版事业管理局,1986年,第819页。

② 尚明:《当代中国的金融事业》,中国社会科学出版社1989年版,第457页。

立起来的社会主义必须经历生产力充分发展的阶段。而中国的社会主义是建立在小农经济基础之上的,是不发达的社会主义或处在社会主义的初级阶段,在这一阶段需要多种经济成分并存来充分发展生产力,这是中国最大的国情。由于认识的有限理性,当时并没有完全认识到这些,或认识到了,但由于"左"的思想影响,没有坚持下来,理论思想上的混乱必然造成对经济发展规律认识不清。1956年社会主义制度建立以后,就应该充分发展生产力,实现社会主义工业化、市场化,最终才能走向共产主义。但是,在实际工作中把农村"一大二公"的人民公社当作共产主义的模板或通向共产主义的桥梁;在经济工作中,消灭商品经济,不顾客观规律,搞"穷过渡",消灭一切私有经济,并片面强调提高公有化程度来发展生产力,把私有经济当作"资本主义"来批判,这就违背了经济发展规律,必然走向失败。经济决定金融,农村信用社作为农民资金互助组织,成立的初衷是解决农民生产生活困难。但是,在人民公社体制下,农村信用社成为实现向计划经济过渡的工具。[①] 农村信用社产权的私有属性在当时政治经济环境下是遭到排斥,也是不允许的。因此,农村信用社由社员私人所有的集合产权过渡为集体产权也就很正常了。农村信用社下放给人民公社、生产大队或贫下中农管理也就是为适应当时政治经济形势而不断"折腾"。至于把农村信用社收归银行管理,甚至成为国家银行在农村的基层机构,是当时针对农村信用社下放所造成不良后果的无奈之举。

(二)受我国"行政性分权"改革战略的影响

1956年年底,社会主义改造完成以后,我国仿照苏联模式建立起高度集中的计划经济体制,这种体制的优势就是可以动员社会资源,集中力量办大事。但是,在这种体制下,经济管理决策权集中于国家计委,各经济主体听命于国家计委的计划安排,缺乏积极性,经济效率低。中央也认识到这种体制的弊端,1956年的中共八大提出进行经济管理体制改革。1957年,根据中共八大一次会议的决定,制定了向各级地方政府放权让利为主要内容的改革战略,这种改革战略被称为"行政性分权改革",并从1958年开始实施,直到1978年中共十一届三中全会召开前。这期间中央多次进行"体制下放"的改革,这种改革是在保持原有体制不变的情况下,中央向地方下放权力,但并没有使经济主体拥有生产经营决策权,又加上经济建设上的急于求成思想,结果造成了工作的失误和混乱;随后,中央又上收权力,造成权力的重新集中,

---

① 孙阳昭、穆争社:《论农村信用社制度变迁特征的演变》,《中央财经大学学报》2013年第1期。

但权力的集中使原来计划经济体制的弊端再次显露出来。在"一放就乱""一管就死"的循环下,形成了"放—乱—收—死"的怪圈。①

这种行政性分权式改革战略也对我国农村信用社造成重大影响,使其管理体制不断变动。农村信用社自成立以来是在国家银行的领导下独立自主地开展业务。在1958年,由于中央政府向地方政府下放权力,使成立的人民公社具有信贷管理权、投资管理权、计划管理权、物质分配权、基本建设项目审批权等多种权力。与此相适应,在农村金融领域中,国家银行的基层机构——营业所和农村信用社合并一起下放给人民公社(或生产队),成为公社(生产队)下属机构——信用部(或信用分部)。在"大跃进"和人民公社化运动的影响下,我国经济结构比例失调,经济效率下降,中央政府不得不收回下放的权力(包括信贷管理权)。农村信用社也从被下放给社队管理收归国家银行管理。随着中央收回下放给地方政府的权力后,计划经济体制原有的弊端又再次显露出来,于是中央就再一次酝酿向地方政府放权让利。特别是在"文化大革命"期间,在"左"的思想影响下,提出了"下放就是革命、下放越多就是越革命"的口号,使国民经济陷入混乱。在这次下放中,农村信用社被下放给贫下中农管理。在贫下中农管理下,农村信用社成为救济穷人的慈善机构。随后,中央进行了全面整顿,重新收回了下放给地方的权力,农村信用社管理权也重新收归国家银行,且每收回一次,就逐渐向国家银行靠拢一步,国家银行对农村信用社的控制不断加强,这样,农村信用社变成了国家银行的基层机构。可见,农村信用社的管理体制不断变动与我国"行政分权"改革战略中体制的不断下放与集中相一致,农村信用社管理体制改革从属于我国经济改革战略。

(三)受苏联信用合作社改革的影响

斯大林上台后改变了列宁实行的多种经济成分并存的"新经济政策",实行单一的公有制,称为"苏联模式",其最大特点就是建立起高度集中的政治、经济体制。苏联农业集体化运动中,苏联政府把信用社变为国家银行在地方的分支机构,建立起高度集中的金融体制,这就改变了信用合作社原先为社员私人所有的性质。苏联模式对中国及其他社会主义国家都产生了重要影响,这些国家也按照苏联模式建立起高度集中的计划经济体制。随着经济的发展,这种经济体制的弊端日益显露出来。中国领导人虽然认识到苏联模式的弊端,但是由于受到"左"倾思想影响,中国的社会主义最终还是未能摆脱

---

① 吴敬琏:《当代中国经济改革教程》,上海远东出版社2010年版,第44页。

苏联模式的影响,建立起高度集中的政治经济体制,并在金融领域里建立起以人民银行为核心高度集中的"大一统"的金融体制。农村信用社也被纳入了这种体制之内,虽然中国农村信用社不像苏联那样直接过渡到国家银行,而是通过管理体制的不断变动,逐渐强化了"官办"程度,农村信用社长期执行国家金融政策,实际上扮演着国家银行在农村的基层机构的角色,直到被政府确认为"国家银行在农村的基层机构"。

(四) 农民个体经济的消灭对农村信用社的消极影响

世界上最早的信用社产生于19世纪50年代的德国。它是在商品经济条件下,农民、小生产者等弱者为抵制大资产者的剥削而自发联合起来的组织形式。新中国成立之初的农村信用社是建立在小生产者占绝大多数的小农经济基础上,商品经济不发达,建立的目的也是为了解决农民生产、生活困难,抵制高利贷剥削。可见商品经济为信用社的自由发展提供了充分的条件。

在中国,随着农业合作化的实现,特别是人民公社的建立,集体经济建立起来了,农民个体经济被消灭,农民生产仅限于少量的自留地,商品经济的发展受到抑制。农民原先的生产贷款由社队集体解决,农村信用社只解决农民的自留地贷款和生活贷款,当自留地被收回的时候,农村信用社对农民个人的贷款仅限于生活贷款,农民家庭成了纯消费单位了。这样,农村信用社的放款对象由原来的农民社员变为社队集体,而且随着集体经济的建立,在强大的意识形态作用下,私有经济被当作"资本主义"的东西而被当时的主流思想所排斥,农村信用社作为社员私人所有的"合作金融组织"已不能再体现其"私有",体现其私人所有权的股金被挂在账面上,不再分红,社员的贷款优先权让位于集体了,实际上农村信用社由个人的私人产权变为真正的集体金融产权了,农村信用社失去了其合作金融的本质。这样农村信用社开始远离农民社员,农民社员也开始对信用社漠不关心。当农村信用社下放给社队管理造成混乱时,只有收回信用社归银行管理,乃至确认其为国家银行在农村的基层机构才与当时的政策形势相符合,直到农村信用社的"集体"性质也被否定了,成为准国有化了。

(五) 对信用合作的基本知识认识不清

合作金融产生于商品经济发达的资本主义社会,是劳动者为了改善生产和生活条件,获取低息贷款,以入股资本联合为基础,由出资者实行民主管理,主要为合作者提供互助性服务的一种信用活动形式。① 也就是说,信用社(合作金融)是劳动者私人所有,其宗旨为入股社员服务,出资社员为其主人。新中国成立初期,虽然对农村合作金融的基本性质有一定的认识,如按照合作制普遍建立农村信用社,解决农民资金困难;但是这种认识是有限的,也是不牢固的,特别是随着农业合作化的实现,也就是说个体经济向集体经济转变的完成,农村信用社是否还要独立存在,是否还要继续保持其合作性质? 当时并没有完全认识清楚,即使认识清楚了,在"左"的思想影响下,也不可能正确坚持或执行。而且在实践中把合作经济与集体经济混为一体,认为合作经济就是集体经济,没有认识到二者的区别,在党和政府发布的文件中多次把作为合作社之一的农村信用社定义为群众所有的"集体金融"组织,忽视集体金融与合作金融的区别,并且随意下放给社队集体管理和收归银行管理,最终作为集体金融组织的农村信用社过渡到全民所有制的国家银行是必然的逻辑了。因此,对信用合作的基本性质认识不清,忽视了农村信用社的性质和宗旨,是农村信用社管理体制频繁变动的又一重要原因。

## 二、农村信用社管理体制不断变动的实质

农村信用社管理体制不断变动,实质上是中央政府和地方政府不断博弈。在这个过程中,代表中央政府的是国家银行,代表地方政府的是人民公社、生产大队和贫下中农管理委员会;中央政府的目标主要是让农村信用社能够高效率地支持农村集体经济和农户贷款,从而实现其发展农业生产、为工业化战略抽取农村剩余,并避免农民遭受高利贷盘剥的目的。② 地方政府的目标是在坚持中央政策的同时,尽可能地采取"搭便车"行为,即调用农村信用社的资金来发展农村集体经济,同时谋取地方利益。中央和地方政府目标不同,必然会产生矛盾;为了维护各自的利益,必然要进行博弈。

人民公社化时期,随着财贸体制的下放,中央政府把农村信用社和银行营业所合并组成信用部,下放给人民公社管理,以便更好地支持人民公社的发展。但是,人民公社在执行中央政策的同时,采取了"搭便车"行为,随意平调农村信用社的资金投资于基本建设,大搞投资,造成货币供应过度,引起通货膨胀;随后,中央政府收回下放的财贸权,把农村信用社下放给生产大队管理,和人民公社管理一样,生产大队也采取"搭便车"行为,挪用信用社资金去投资基本建设,且生产大队干部也占用很多资金,有些资金无法收回,影响了农村信用社的资产流动性,其生存也成了问题,中央政府不得不重新把农村

---

① 徐永健:《论合作金融的基本特征》,《财贸经济》1998 年第 1 期。
② 周脉伏:《农村信用社制度变迁与创新》,中国金融出版社 2006 年版,第 95 页。

信用社收归银行管理。由于中央政府强调执行阶级斗争的路线,国家银行强调在贷款投向上向贫下中农倾斜,导致在"文化大革命"前期把农村信用社下放给贫下中农管理委员会管理,成为该委员会救济贫民的慈善机构,许多贷款沉淀,无法收回,农村信用社亏损严重,农村信用社的管理权不得不被重新收归国家银行。农村信用社的管理权经历了两次"下放"与"回收",每次下放都会出现代表地方政府的人民公社、生产大队或贫下中农管理委员会的"搭便车"行为而遭到"侵害"(随意平调、挪用和占用农村信用社资金等),每次收归代表中央政府的国家银行管理以后,不仅可以避免农村信用社在下放给地方政府遭到的"侵害",而且其经营绩效也好起来。鉴于此,为避免农村信用社再次下放给社队管理而遭到损害,在"文化大革命"结束以后,中央政府为尽快恢复国民经济和加强金融的集中统一管理,规定农村信用社为国家银行在农村的基层机构,从法规、政策和组织层面上把农村信用社的管理权交给了国家银行。这一时期,中央政府和地方政府之间的博弈就暂时达到均衡了。在这一博弈过程中,中央政府(国家银行)是强势的一方,凭借其强大的控制力逐渐控制了农村信用社的管理权,使农村信用社走向了"官办"的道路,其合作金融失去了本来面目。

## 第三节 农村信用社合作制遭到破坏

这一时期的农村信用社,受到当时政治经济环境的影响,经历了管理权的两次下放和两次收回,且每收回一次,就逐渐向国家银行靠拢一步,最后变为银行的基层机构;农村信用社作为合作金融组织,民主管理原则遭到破坏,在组织上和经济上逐渐远离社员,其合作金融特性逐渐消失,由"民办"变为"官办"。下面从产权关系、民主管理和经营方式等合作金融的三个方面的特征来论述:

### 一、社员对农村信用社的私人产权遭到了剥夺

合作金融产权承认并尊重社员个人对信用合作社财产的所有权,即产权是清晰的,经济上主要体现在社员能够获得低于自由市场利息的资金,以满足自己生产和生活需要,而且社员能够获得股息收入(或按照交易量返还利润)。在管理上,体现了社员能够根据一定的形式,对合作金融组织有效地行使民主管理权力。在农村信用社建立和普及时期,社员一般可以获得低于自由市场利息的资金,一些农村信用社还采取了股金分红的形式,社员对信用社的私人产权在经济上能够得到一定程度的体现。在国家银行和信用社的

关系上,国家银行对信用社只是业务上指导、政策上领导,不是上下级的隶属关系,信用社能够独立自主地开展自己的业务。社员对信用社的私人产权在管理上也能够得到一定程度的体现。

在人民公社化运动中,农村信用社两次下放给社队集体,又两次收归银行管理,失去独立性。由于主张尽快割掉私有制的尾巴、通过提高生产资料公有化程度来发展生产力的思想占了主导地位,实际上农村信用社被集体化、准国有化,农村信用社的私人产权变为集体产权。虽然信用社社员的股金挂在账面上,但普遍停发了股息和分红,即使盈利社,也不再分红。因为这种分红被视为不劳而获的剥削收入,是当时的意识形态所不能容忍的。这样,社员的私人产权无法通过股金分红来实现。就农民而言是他们的财产遭到了剥夺,这无疑是一种重大的经济损失。① 国家通过集体化的途径剥夺了农民对农村信用社的私人产权,使农村信用社的利益在被下放后不断遭到侵害,农村信用社成为社队的资金平调工具或成为救济穷人的慈善机构,国家不得不对农村信用社的亏损进行补贴,客观上造成了农村信用社的财产"归大堆",越来越难以量化到社员头上,成为以后产权改革的面临的一个难题。

## 二、社员民主管理的"三会"制度被废止

在农村信用社建立初期,其章程对合作社的组织原则和民主管理作了明确规定,社员大会或社员代表大会是农村信用社的最高权力机关,它的职责是:通过和修改社章,选举和罢免理事、监事;审查和通过信用社的业务方针、计划、财务预算和决算、盈余分配和亏损处理。理事会是信用社的执行机关,它负责执行社员大会或社员代表大会的决议和国家规定的方针政策,以及信用合作的业务经营。监事会执行监督任务。民主管理是合作经济的灵魂,是把信用社办成真正的合作金融组织的核心问题。在信用社初建时期,农村信用社的民主管理制度还是在一定程度上得到了体现,并起到了一定的作用。

但是,从1958年后农村信用社被下放给人民公社、生产大队管理,成为社队的附庸,社队随意调动农村信用社的职工,支配农村信用社的资金,决定农村信用社的贷款,农村信用社成为社队平调资金的工具。农村信用社的"三会"制度已经完全受到破坏,农村信用社主任的任命,完全由地方政府或国家银行决定,而不是由社员大会或社员代表大会选举产生。在贫下中农管理时期,农村信用社的人事、财务、业务经营等权力都被贫下中农管理委员会管理和控制,农村信用社只能被动地接受;为减少机构重叠,农村信用社不另

---

① 王贵宸:《再论合作社经济》,《农村合作经济经营管理》1998年第12期。

召开社员代表大会,也不再设理事会、监事会,农村信用社的"三会"制度已经完全废止。尽管在贫下中农管理下,有利于强化对农村信用社的监督,贫下中农管理委员会能在一定程度上起到监事会的作用,但由于贫下中农管理委员会是政治组织而非经济组织,其对农村信用社的监督权来自政府而非社员,他们也不会对农村信用社的财产真正负责。[①] 同时,在贫下中农管理委员会的管理下,实行"亦工亦农"制度,即信贷员边参加银行工作,边从事农业生产,方便农民存贷款。而且,在贫下中农管理下,农民贷款只需同贫下中农管理小组商量,填个借据单,"贷款"业务流程就算完成了,大大简化了农民贷款的手续,这种管理体制有点向农村信用社初建时期的体制"复归"。但是,这种"复归"不属于社员真正意义上的民主管理,而是在强大的意识形态压力下,政府强制作用的结果。

两次下放都给农村信用社造成损害,为加强对金融工作的统一领导,国家又把农村信用社两次收归银行管理。但每次收回银行管理,都加强了对信用社的控制,并用行政手段而非经济方式管理信用社。如规定:信用社的业务计划由银行审查批准,银行向信用社下达转存款任务,贷款的具体政策和利率由银行规定,每笔贷款超过一定数额由银行审批。信用社主任和干部由银行指定,工资、奖金由银行确定。这些规定都是信用社的大事,本应该由信用社社员大会或社员代表大会讨论或选举来决定,而今由银行来包办,信用社严格执行银行的规定,逐步向银行靠拢,最终成为银行的基层机构。实行这种管理体制,社员大会(或社员代表大会)就停止召开了,理事会、监事会也不存在了,农村信用社的民主管理组织和民主管理制度形同虚设,信用社股金停止分红,贷款也不分社员和非社员;又加上行政区划的屡次变动和农民家庭成员的变化,信用社也分不清楚谁是社员了。这样,农村信用社作为群众性的合作金融组织,同它的社员在组织上的关系更远了。

### 三、社员的贷款优先权没有得到体现

社员加入农村信用社的主要目的是优先取得贷款。农业合作化以后,农村信用社的任务变为解决社员家庭副业生产和生活困难贷款。而在人民公社初期,废除自留地、自养牲口、自营果树等,社员的家庭副业被当作"资本主义的尾巴"予以清除,这样,农村信用社的资金投向发生了变化。由于受到"左"倾思想的影响,农村信用社下放给社队管理,自主权丧失,农村信用社的合作制开始遭到破坏。为支援人民公社,大量贷款投向社队集体,有些贷款

---

[①] 周脉伏:《农村信用社制度变迁与创新》,中国金融出版社 2006 年版,第 86 页。

投向基本建设,周期长不能很快收回,有些贷款成为呆账、坏账无法收回;"文化大革命"时期,强调走阶级路线,贷款优先投向贫困农民,成为救济贫民的慈善机构,有些贷款也无法收回;贷款没有体现信用社社员优先原则,又加上"左"的思想对生产的破坏,农村信用社部分社员告贷无门而再一次滑向了高利贷的深渊。

## 第四节　农村信用社与政府及国家银行之间的关系

### 一、农村信用社成为政府的附属机构

1956 年社会主义改造完成以后,中国进入了高度集中的计划经济体制时期。在这种体制下,政府掌控着一切资源,企业无自主权,并成为政府实现其目标的工具,农村信用社也不例外。从 1958 年以来,农村信用社的管理体制不断变动,每一次变动都是在政府的控制下为满足政治和经济形势的需要而改变,农村信用社不断遭受损害,最终农村信用社失去原设初衷。"大跃进"时期,为支持人民公社向共产主义过渡,农村信用社下放给人民公社管理,成为人民公社平调资金的工具。随后进行调整,下放给人民公社管理下的生产大队,生产大队随意动用信用社资金搞建设,农村信用社成为生产大队的"小金库",大量资金投向集体经济组织和社队企业,有些投资基本建设,许多贷款收不回来,农村信用社资产流动性受到了严重影响,危及农村信用社的生存。在国民经济进行调整时期,为加强金融控制,政府开始恢复农村信用社原来的管理体制,把农村信用社重新收归银行管理。"文化大革命"时期,由于强调走阶级路线,大量资金贷给贫下中农而无法收回,农村信用社沦为救济穷人的慈善机构,也成为政府阶级斗争的工具。粉碎"四人帮"后的两年徘徊时期,为恢复国民经济,国家也加强对金融的集中统一管理,把农村信用社当作银行的基层机构看待。在农村信用社下放和收归银行管理期间,当农村信用社的经营发生亏损时,政府通过国家银行为农村信用社提供补贴。可见,农村信用社管理体制的不断变动受政府政策影响大,政府(中央政府)对农村信用社不仅仅是最终控制者,也是最后的风险承担者,[①]农村信用社已经失去了独立性,被动地执行政府的政治经济任务,实际上成为政府的附属机构。

---

① 周脉伏:《农村信用社制度变迁与创新》,中国金融出版社 2006 年版,第 86 页。

## 二、农村信用社与国家银行界限模糊,扮演国家银行基层机构的角色

在"大跃进"和"文化大革命"时期,农村信用社两次被下放给社队,脱离了国家银行的领导,造成农村信用社组织和业务的破坏,最后又把农村信用社收归国家银行领导,每收回一次,农村信用社就向国家银行靠近一步,两种金融机构的界限逐渐模糊。具体来说,表现在以下几个方面。

### (一)银行营业所与农村信用社在公社并立

初建时期的农村信用社,在机构设置上与国家银行的基层机构——营业所是相互配合、相互补充的。按照当时的规定,营业所设在区,农村信用社设在乡,信用社代理了银行在农村的部分金融业务,成为银行的助手。但是,1958年我国农村开始实行人民公社化运动,盲目追求"一大二公"的模式,撤区并社,有的把原来的几个乡合并成一个公社,所以公社的规模比农业社大得多。撤区并社后,原来设在区的营业所都自然设在公社,这样,在一个公社出现了信用社和营业所并立的局面。随着农村信用社不断被下放给社队,在业务范围上也难以和银行划分清楚,二者的矛盾开始凸现。为了解决银行营业所和农村信用社之间的矛盾,部分地方实行所、社合署办公,甚至所、社合一,在计划管理、金融政策和规章制度方面,二者执行统一的标准,农村信用社逐渐向国家银行靠拢。

### (二)银行营业所与农村信用社的业务分工难以厘清

农业合作化的完成,标志着农村个体经济的消灭和农村集体经济的建立。随着人民公社的建立,农村集体经济逐渐得到稳固发展和进一步强化,这样,作为农村经济主体的集体经济组织就成了国家银行和农村信用社共同面对的业务对象。国家也开始对银行营业所和农村信用社的业务分工进行了重新调整,农村信用社主要业务是:向社员个人发放贷款,解决社员副业生产和生活上的临时困难,当资金仍有盈余时,可以对生产队发放短期贷款,解决农业生产费用不足的问题,但是不能用于基本建设。而对生产队所需的长期贷款及农村基本建设贷款则由国家银行解决,国家银行不对社员个人发放贷款。在这种分工下,那些资金出现剩余的信用社,在满足社员副业生产和生活困难后,增加了对生产队贷款,这样与银行的矛盾也就突出了。为了解决这个矛盾,又增加了农村信用社的三项任务,变为"四承担"即承担社员个

人贷款、社队集体的生产费用贷款、基本建设贷款和社队企业贷款。① 如果信用社有能力承担就全部承担,没有能力全部承担的,能承担多少就承担多少,承担不了的则由银行承担。在经济发达地区的农村信用社,几乎承担了全部农业贷款;而在经济落后地区,没有能力承担更多本应当由银行承担的贷款任务,在银行人手不足的情况下,银行就付手续费委托给信用社去办理,变二个口径贷款为一个口径贷款。由于农村信用社和银行营业所都承担社队集体的生产费用贷款、基本建设贷款和社队企业贷款,二者业务重叠,分工难以厘清,矛盾也加剧,二者界限越来越模糊。

(三)国家银行对农村信用社直接进行行政化管理

"大跃进"和"文化大革命"时期,两次把农村信用社下放给社队,给农村金融业务造成损害;随后又两次收回国家银行管理,在国家银行管理期间,国家银行对农村信用社直接采取行政手段而不是经济手段,不断强化对农村信用社经营与管理的控制。在业务计划方面,农村信用社的业务计划由银行审查批准,而且银行向农村信用社下达转存款任务;在贷款政策方面,农村信用社贷款的利率由银行规定,实际上信用社储蓄利率和贷款利率与银行基本一致,而且超过一定数额的贷款由银行审批;在人事政策方面,农村信用社主任和干部由银行决定(或政府直接任命),工资、奖金等福利待遇也由银行来确定。国家银行(县级银行)的各职能部门如计划、业务、会计、人事又分别对信用社执行管理职能。② 而在银行营业所和信用社并设的地方,银行营业所直接对农村信用社进行行政化管理,农村信用社只能被动地接受和执行,缺乏自主权,其社员代表大会、理事会和监事会等民主管理制度完全形同虚设。此时,农村信用社远离了农民社员,已经明显地失去了合作金融的特性,完全异化为国家银行在农村的基层机构。

(四)农村信用社职工待遇"干部化",并逐步向国家银行干部待遇看齐

在农村信用社成立初期,农村信用社人员多数不脱离生产,给以一定生活费用补助。信用合作化实现以后,随着农村信用社业务的不断发展,其职工大多转为脱产,开始实行工资制。由于缺乏统一的工资标准,农村信用社职工工资普遍低于国家银行及其他国家机关职工工资。人民公社化初期,农村信用社下放给社队管理时,大部分干部回到了生产队,工资制被取消了,随后在农村信用社的整顿中又恢复了工资制。但是,在当时粮食供应紧张的情

---

① 卢汉川:《当代中国的信用合作事业》,当代中国出版社2001年版,第185页。
② 同上书,第187页。

况下,一些地方又停止了对农村信用社职工的口粮供应,实际上取消了工资制,影响了农村信用社干部的积极性,使农村信用社业务陷入危机,一些地方的高利贷死灰复燃。为保障农村信贷工作的顺利进行,1963年3月,国务院批转了人民银行《关于信用社口粮和副食品、日用品供应情况的报告》,规定农村信用社脱产干部福利待遇按照公社国家干部待遇标准由商业部门供应。同年,国务院又在批转中国人民银行《关于整顿信用社打击高利贷的报告》提出:"信用社干部的待遇,原则上应当同农村供销社干部的待遇一致。"实际上,农村信用社职工待遇开始向国家银行看齐了。农村信用社在贫下中农管理时期,职工亦工亦农,职工口粮和工资福利标准低于供销合作社,也低于国家银行标准。随着农村信用社重新被收归银行管理并成为国家银行的基层机构后,其职工干部的工资、口粮及其他待遇被调整到与银行干部基本一致了。1977年,国务院在发布的《关于整顿和加强银行工作的几项规定》中明确提出:"信用社人员编制要纳入县集体劳动工资计划,职工待遇应当与中国人民银行一致。"[①]1978年5月,中国人民银行做出《关于农村金融机构的几点规定》,再次提出信用社的干部待遇应当与银行一致,农村信用社职工口粮按照城镇人口的商品粮供应,原来由生产队分配口粮的,从1978年起一律转为城镇人口。农村信用社职工的退职、退休,执行人民银行职工退职、退休办法。可见,从1958年以来,随着农村信用社的下放与回收,农村信用社干部的待遇也出现了几次"剥夺—给予"的反复,最终,农村信用社干部取得了与国家银行干部一样的待遇,这对信用社干部是一种激励,但是它导致了"铁饭碗"和一个新的利益群体形成,成为今后农村信用社改革面临的又一个重要难题。

由于农村信用社和国家银行的基层机构——营业所机构在公社并设,机构重叠,所、社业务划分难以厘清,国家银行对农村信用社直接进行行政化管理,农村信用社职工享受国家干部待遇,并逐步向国家银行干部待遇看齐达到一致,农村信用社与国家银行界限逐渐模糊。同时,农村信用社在农村还执行国家银行一样的利率政策,其亏损由银行补贴,实际上成为"国有企业",[②]扮演着国家银行在农村的基层机构的角色。

---

[①] 卢汉川:《中国农村金融历史资料(1949—1985)》,湖南省出版事业管理局,1986年,第820页。

[②] 赵德馨:《中国近现代经济史(1949—1991)》,河南人民出版社2003年版,第335页。

## 第五节　农村信用社的经济绩效与不足

### 一、农村信用社的经济绩效

这一时期农村信用社的管理体制不断变更,走上了"官办"道路,逐渐变成了国家银行的基层机构。国内大多数学者对这时期的农村信用社持否定态度,认为农村信用社失去合作金融属性,走上"官办"道路,不利于调动社员的积极性;农村信用社吃上国家的大锅饭,也不利于其自身的发展。但是,在当时高度集中的计划经济背景下,农村信用社发放了大量的农业贷款,也就是说在当时资金缺乏的情况下为农村经济注入资金,客观上在农村经济发展中起到了一定的积极作用;另一方面,农村信用社把大量资金转存银行,为国家工业化提供资金支持,却加剧了农村资金匮乏,不利于农村经济的发展。

(一) 发展农村经济的重要资金力量

在新中国社会主义建设时期,中国实行重工业优先发展战略,这种战略的一个重要特点就是需要巨大的资金支持来保证该战略的顺利实施。在社会主义建设的初期阶段,资金比较缺乏,只有实行高度集中的财政金融体制才能保证工业化战略的资金来源,农村信用社也被纳入了这种体制之中。农村信用社在农村吸收存款,一方面转存银行,支持工业化建设;另一方面发放农业贷款,解决农民生产、生活困难,支持农村经济的发展。如表 3.1 所示,1958 年到 1979 年 22 年间,农村信用社发放农业贷款和国家银行发放的农业贷款相比占相当大的份额,在"大跃进"时期,占到 50% 以上,其中 1958 年,农村信用社发放农业贷款 24.69 亿元,银行发放农业贷款是 33.37 亿元,信用社发放农业贷款占银行发放的 74%,占所有农业贷款 42.5%,这是一个不小的比例。然后开始减少,从 1961 年开始农村信用社每年的农业贷款一直低于 20 亿元,徘徊在国家银行农业贷款的 20% 左右,直到 1971 年农村信用社农业贷款开始回升,达到银行农业贷款的 47.7%,是徘徊 11 年后的最高点,以后几年一直在 40% 以上。这 22 年间农村信用社发放的农业贷款先降后升,在曲线上大略呈"U"字形。其中,共有 11 年农村信用社发放的农业贷款占银行发放农业贷款的 40% 以上,这种情况说明了农村信用社对农业投入了大量的资金,农村信用社成为发展农村经济的重要力量。

(二) 为农村集体经济的发展提供资金支持

随着中国农业合作化的完成,个体经济基本被消灭,集体经济成了农村

表 3.1 1958—1979 年国家银行、农村信用社农业贷款余额

(单位:亿元)

| 年份 | 年末余额合计 | 其中 | | | 年份 | 年末余额合计 | 其中 | | |
| --- | --- | --- | --- | --- | --- | --- | --- | --- | --- |
| | | 银行 | 信用社 | 信用社占银行(%) | | | 银行 | 信用社 | 信用社占银行(%) |
| 1958 | 58.06 | 33.37 | 24.69 | 74 | 1969 | 98.45 | 80.68 | 17.77 | 22 |
| 1959 | 57.18 | 34.29 | 22.89 | 66.8 | 1970 | 101.04 | 82.23 | 18.81 | 22.9 |
| 1960 | 68.64 | 43.36 | 22.28 | 51.4 | 1971 | 59.99 | 40.61 | 19.38 | 47.7 |
| 1961 | 67.15 | 49.54 | 17.61 | 35.5 | 1972 | 67.09 | 45.96 | 21.13 | 46 |
| 1962 | 71.13 | 55.55 | 15.58 | 28 | 1973 | 69.61 | 48.81 | 20.80 | 42.6 |
| 1963 | 79.54 | 65.73 | 13.81 | 21 | 1974 | 75.33 | 53.13 | 22.20 | 41.8 |
| 1964 | 81.96 | 67.90 | 14.06 | 20.7 | 1975 | 88.85 | 62.17 | 26.68 | 42.9 |
| 1965 | 84.88 | 71.39 | 13.49 | 18.9 | 1976 | 113.21 | 77.45 | 35.76 | 46.2 |
| 1966 | 91.11 | 75.94 | 15.17 | 20 | 1977 | 126.14 | 85.45 | 40.69 | 47.6 |
| 1967 | 92.65 | 78.06 | 14.59 | 18.7 | 1978 | 147.04 | 101.98 | 45.06 | 44.2 |
| 1968 | 94.09 | 77.61 | 16.48 | 21.2 | 1979 | — | — | 47.54 | — |

资料来源:卢汉川:《中国农村金融历史资料(1949—1985·大事记)》,湖南省出版事业管理局,1986 年,第 532 页。

经济的主要经济形式，集体经济单位也就成了农村信用社主要业务对象之一。人民公社初期，为支持人民公社的经济发展，农村信用社下放给人民公社、生产大队管理，农村信用社为支持社队集体经济的发展起到了重要作用。从表3.2可以看出，农村信用社在1958年对集体经济的贷款余额占到55%，一直到1962年农村信用社第一次收归银行管理期间，其对社队集体的贷款余额，一直占一半以上，超过了对社员个人的贷款余额；在对社队集体的贷款中，大部分用于生产费用、基本建设和社队企业，根据1961年的统计，在全国信用分部发放的16亿元贷款余额中，约有8亿元是贷给社队集体，[①]在这8亿元贷款中，又有约50%左右用于基本建设。客观上这对巩固和支持集体经济有一定的积极作用，但是许多贷款收不回来，影响了信用社对社员的贷款。

在国民经济调整时期，国家对农村信用社的业务进行调整，把农村信用社的贷款对象限制为社员个人，主要用于解决农民副业生产和生活上的临时困难，再加上强调阶级路线的影响，农村信用社的资金向贫下中农倾斜，农村信用社对社队的贷款开始减少。如表3.2，1963—1974年，农村信用社对社队集体的贷款小于对社员的贷款，1967年、1968年农村信用社对集体的贷款最少，只占24%，大大低于对社员的贷款；但是，当农村信用社的资金在解决社员资金需要仍有多余时，也发放社队集体的生产费用贷款、基本建设贷款和社队企业贷款。经济发达地区，农村信用社有能力发放全部的农业贷款，成为农村贷款的主要承担者。

1974年，中国人民银行召开金融工作会议，重新定位了农村信用社的任务，明确要求其支持集体经济，农村信用社在支持集体生产上，首先应解决社队生产费用贷款需要，有条件的信用社，可以发放生产设备贷款，形成亏损的，银行给予补贴，也就是说，支持农村集体经济已经成为农村信用社的主要任务了。从此，农村信用社对社队集体的贷款开始大于对社员的贷款，如表3.2，1977年、1978年、1979年信用社连续三年对社队集体的贷款超过70%。这些贷款的发放大大壮大了社队集体农业生产的资金力量，有力地支援了集体经济的巩固和提高，促进了农业生产的发展。

表3.2　1958—1979年全国农村信用社贷款业务　　（单位：亿元）

| 年份 | 贷款总额 | 集体贷款余额 | 集体贷款所占比例(%) | 农户贷款余额 | 农户贷款所占比例(%) |
|---|---|---|---|---|---|
| 1958 | 24.7 | 13.6 | 55 | 11.1 | 45 |
| 1959 | 22.9 | 16 | 70 | 6.9 | 30 |

---

[①] 路建祥：《新中国信用合作发展简史》，农业出版社1981年版，第106页。

续表

| 年份 | 贷款总额 | 集体贷款余额 | 集体贷款所占比例(%) | 农户贷款余额 | 农户贷款所占比例(%) |
|---|---|---|---|---|---|
| 1960 | 22.3 | 12.7 | 67 | 9.6 | 43 |
| 1961 | 17.6 | 9.5 | 54 | 8.1 | 46 |
| 1962 | 15.6 | 7.9 | 51 | 7.7 | 49 |
| 1963 | 13.8 | 5.6 | 41 | 8.2 | 59 |
| 1964 | 14.06 | 4.1 | 30 | 9.9 | 70 |
| 1965 | 13.5 | 3.1 | 23 | 10.4 | 77 |
| 1966 | 15.17 | 3.75 | 25 | 11.42 | 75 |
| 1967 | 14.59 | 3.55 | 24 | 11.04 | 76 |
| 1968 | 16.48 | 3.99 | 24 | 12.49 | 76 |
| 1969 | 17.77 | 4.53 | 25 | 13.24 | 75 |
| 1970 | 18.81 | 5.63 | 30 | 13.18 | 70 |
| 1971 | 18.92 | 6.58 | 35 | 12.34 | 65 |
| 1972 | 21.13 | 9.13 | 43 | 12 | 57 |
| 1973 | 20.6 | 9.43 | 44 | 11.46 | 56 |
| 1974 | 22.6 | 10.89 | 50 | 11.31 | 50 |
| 1975 | 26.69 | 15.43 | 58 | 11.26 | 42 |
| 1976 | 35.76 | 24.05 | 67 | 11.71 | 33 |
| 1977 | 39.7 | 18.4 | 71 | 11.4 | 29 |
| 1978 | 45.06 | 33.89 | 74 | 11.71 | 26 |
| 1979 | 47.54 | 36.66 | 77 | 10.88 | 23 |

资料来源：中国金融学会：《中国金融年鉴(1989)》，中国金融年鉴编辑部，1989年，第68页。

（三）为农民生产、生活困难提供资金支持，打击了高利贷

在公社化初期，农村信用社对社队贷款较多，而对社员贷款较少。大量资金投向社队的生产以及基础设施建设，许多贷款收不回来，削弱了农村信用社扶贫、支农的资金力量。在国民经济三年困难时期，农业生产连续三年遭受严重的自然灾害，粮、棉、油料大幅度减产。1961年和1958年比较，粮食减产26.3%，棉花减少59.4%，油料减产62.0%。① 农业生产的减少，使社队收入、分配减少，给一部分社员生活造成了暂时的困难。加上受"左"的思想的影响，对农村信用社工作放松了领导和支持，使部分农村信用社的工作一度出现了停顿、半停顿的状态，贫困农民的生产和生活困难得不到解决，农

---

① 国家统计局：《中国统计年鉴(1983)》，中国统计出版社1983年版，第158—159页。

村高利贷活动在许多地方死灰复燃。

事实证明,对付高利贷最有效的办法就是把农村信用社办好,切实发挥农村信用社的资金调剂作用。1962年,中共中央、国务院在批转中国人民银行的报告中,强调农村信用社在调剂农村资金、解决农民生产(农副业)和生活困难、打击高利贷方面的作用,实际上是强调农村信用社的资金先保证投向农民,后投向集体;随后在整顿中,强调农村信用社的领导权要掌握在贫农、下中农手里,贷款向贫下中农倾斜,加大了对贫困农民的贷款幅度。如表3.2所示:从1963年开始,到1974年农村信用社对农户的贷款数额大于对集体的贷款,其中从1964年到1970年,农村信用社对农户的贷款达到70%以上。这对解决贫困农民的生产、生活困难,打击高利贷起到了积极作用。据1964年年底的统计,河北、吉林等10个省的农村信用社贷款比年初增加1.6亿多元,1963年同期增加一倍,其中70%~80%贷给了贫下中农。这些贷款共帮助1300多万户社员解决了家庭副业生产和生活上的资金困难,[①]占这十个省总农户的23.6%。根据山西、山东、陕西三个省不完全统计,通过贷款帮助社员购买小农具158万件、猪仔87.9万头、口粮185.8千斤、衣物3万件,修房39万间,治病70.4万余人次。不少地方通过农村信用社的贷款支持,一些贫下中农困难户经济状况得到改善。山西昔阳县9000多户贫下中农困难户中,经过农村信用社的资金支持,已有3000多户由贷款户变为存款户,占扶持户的33.8%;有1500户可以不要贷款,可以自给自足,占17.8%;有2000多户只需少量贷款,困难就可基本解决,占22.5%。[②]通过对贫下中农的放款支持,使他们获得了生产和生活资金,对打击高利贷剥削有重要意义。

(四)大量资金转存银行,为国家工业化提供资金积累

新中国成立初期实行重工业优先发展的战略,在经济上要求实行高度集中的计划经济体制,在金融领域建立了以人民银行为中心的高度集中的"大一统"金融体制,来保证这一战略的顺利实施所需的资金支持。农村信用社也不可避免地被纳入这一体系。由表3.3可以看出,从1958年到1979年农村信用社的存、贷款业务都有一定幅度的增长。其中,存款总额从1958年的40.3亿元增加到1979年的215.88亿元,增长了4.36倍;集体存款从1958年的20.2亿元增长到1979年的120.26亿元,增长了4.95倍;农户存款从1958年的20.1亿元增加到1979年的78.43亿元,增长了2.9倍。当时的生

---

① 路建祥:《新中国信用合作发展简史》,农业出版社1981年版,第142页。
② 同上书,第143页。

产基本上是简单再生产,生产发展缓慢,在分配上实行平均主义的"大锅饭",因此,农户的存款比较少,而且增长缓慢。同时,农村信用社的贷款增长更慢。贷款总额从1958年的24.7亿元,增长到1979年的47.74亿元,22年间仅增长93%。

从以上数据分析可知,农村信用社的存款增长速度大于贷款增长速度,客观上也说明了农村信用社存、贷款之间存在着"剪刀差"。从表3.3所示的农村信用社的存贷比可以看出:从1958—1979年的22年间,中国农村信用社的存贷比很低,最高的年份是1958年,为61%,即农村信用社发放的贷款最多是其吸收的存款的五分之三强;最低年份为1974年,存贷比为19%,也就是说信用社发放的贷款不到其吸收存款的五分之一,大量资金流向城市和工业。而且,从1958年后,农村信用社存贷比一直处于下降趋势,大多年份低于30%。存贷比的下降说明农村信用社从农村吸收存款的速度快于向农村贷款的速度,农村信用社存贷款之间的"剪刀差"不断扩大,最直接的结果是资金非农化,这并不是说农村不需要资金,而是国家根据自己的偏好顺序,在制度安排中让农村信用社承担着动员农户储蓄以提供工业化建设所需资金的重任。农村信用社对农村投入少、吸入多,或者说对农村"输血少""抽血多",[1]大量资金转存银行,说明了农村信用社的资金外流严重,农村信用社成为国家银行抽走农村剩余资金的一条主要渠道,为国家工业化战略提供了大量的资金支持;但这对农村经济发展是极为不利的,客观上造成农村资金投入不足,是农村长期发展缓慢和农民收入低下的一个重要原因。

**表3.3 1958—1979年农村信用社存款、贷款余额增长变动** (单位:亿元)

| 年份 | 存款总额 | 集体存款余额 | 农户存款余额 | 其他存款余额 | 贷款总额 | 集体贷款余额 | 农户贷款余额 | 存贷比(%) |
|---|---|---|---|---|---|---|---|---|
| 1958 | 40.3 | 20.2 | 20.1 | — | 24.7 | 13.6 | 11.1 | 61 |
| 1959 | 45.0 | 24.0 | 20.0 | — | 22.9 | 16 | 6.9 | 51 |
| 1960 | 43.1 | 27.9 | 15.2 | — | 22.3 | 12.7 | 9.6 | 52 |
| 1961 | 47.1 | 30.9 | 16.2 | — | 17.6 | 9.5 | 8.1 | 37 |
| 1962 | 28.2 | 18.4 | 9.8 | — | 15.6 | 7.9 | 7.7 | 55 |
| 1963 | 31.4 | 21.3 | 10.1 | — | 13.8 | 5.6 | 8.2 | 44 |
| 1964 | 42.8 | 32.13 | 10.67 | — | 14.06 | 4.1 | 9.9 | 33 |
| 1965 | 48.0 | 35.1 | 12.9 | — | 13.5 | 3.1 | 10.4 | 28 |
| 1966 | 60.9 | 46.29 | 13.61 | — | 15.2 | 3.75 | 11.42 | 25 |
| 1967 | 73.24 | 59.14 | 14.07 | — | 14.59 | 3.55 | 11.04 | 20 |

---

[1] 姚会元、陈俭:《农村信用社制度异化问题探析》,《学术交流》2008年第11期。

续表

| 年份 | 存款总额 | 集体存款余额 | 农户存款余额 | 其他存款余额 | 贷款总额 | 集体贷款余额 | 农户贷款余额 | 存贷比（%） |
|---|---|---|---|---|---|---|---|---|
| 1968 | 75.65 | 59.66 | 15.99 | — | 16.48 | 3.99 | 12.49 | 22 |
| 1969 | 73.29 | 58.44 | 14.85 | — | 17.77 | 4.53 | 13.24 | 24 |
| 1970 | 76.37 | 61.41 | 14.96 | — | 18.81 | 5.63 | 13.18 | 25 |
| 1971 | 90.29 | 64.20 | 16.96 | 9.13 | 18.92 | 6.58 | 12.34 | 21 |
| 1972 | 90.85 | 61.47 | 20.06 | 9.32 | 21.13 | 9.13 | 12 | 23 |
| 1973 | 104.79 | 67.25 | 27.13 | 10.41 | 20.6 | 9.43 | 11.46 | 20 |
| 1974 | 121.19 | 78.05 | 30.65 | 12.49 | 22.6 | 10.89 | 11.31 | 19 |
| 1975 | 135.07 | 85.09 | 35.05 | 14.93 | 26.69 | 15.43 | 11.26 | 20 |
| 1976 | 141.17 | 89.40 | 36.91 | 14.86 | 35.76 | 24.05 | 11.71 | 25 |
| 1977 | 151.3 | 89.3 | 46.5 | 15.5 | 39.7 | 18.4 | 11.4 | 26 |
| 1978 | 166.02 | 93.75 | 55.67 | 16.6 | 45.06 | 33.89 | 11.71 | 27 |
| 1979 | 215.88 | 120.26 | 78.43 | 17.19 | 47.54 | 36.66 | 10.88 | 22 |

资料来源：中国金融学会：《中国金融年鉴(1989)》，中国金融年鉴编辑部，1989年，第68页。

## 二、农村信用社存在的不足

在这一时期，农村信用社两次被下放给社队管理，又两次收归国家银行管理，最后成为国家银行在农村的基层机构，农村信用社失去了合作金融性质，其本身所具有的独立性和灵活性也不复存在了。虽然农村信用社在发展农村经济中起到了一定的积极作用，但是，由于受到"左"倾思想的影响，又加上农村信用社本身存在着业务发展缓慢、亏损严重等问题，使这种作用的发挥必然是有局限的。

（一）农村信用社存贷款业务发展缓慢

农村信用社在初建时期，存贷款业务发展很快，1957年比1953年存款增长了200多倍（如表2.2），其中，1954年比1953年存款增长15倍，增长最少的年份是1956年，只比上年增长了77%；贷款相应的也增长了47倍，每年比上年都大幅度增长（1957年除外）。其中，1954年比上年增长5倍；而在1958—1979年期间，农村信用社存贷款业务增长极其缓慢，无论是和新中国成立初期，还是和以后农村信用社改革时期相比，这一时期的农村信用社的业务都是新中国历史上发展最慢的时期。

1. 农村信用社存款业务增长缓慢。由表3.4可以看出，农村信用社的存款余额从1958年的40.3亿元，增加到1979年的215.88亿元，22年间存款总额增长了 4.36 倍。其中,增长最快的年份是 1964 年,比上年增长 36.3%,增长最少的年份是 1962 年,比上年负增长了 40.1%,大部分年份比上年增长率在 15%以下。相应的集体存款余额由 1958 年的 20.2 亿元,增加到 1979 年的 120.26 亿元,增长了 4.95 倍;其中增长最快的年份是 1964 年比上年增长了 50.8%,增长最少的年份是 1962 年比上年负增长 40.5%,大部分年份的增长率在 10%以下。农户存款增长更加缓慢,从 1958 年的 20.1 亿元,增长到 1979 年的 78.43 亿元,22 年间仅增长了 2.9 倍;其中,有一半年份的增长率低于 10%,其中还有 4 年负增长,负增长最高的年份是 1962 年,负增长率为 40%;增长率最高的年份是 1979 年,比上年增长 40.9%。这期间农村信用社的存款业务的增长速度远远低于农村信用社在初建时期的增长速度。

**表 3.4　1958—1979 年农村信用社存款增长率(环比)**　　(单位:亿元)

| 年份 | 存款合计 | 比上年增长(%) | 集体存款余额 | 比上年增长(%) | 农户存款余额 | 比上年增长(%) | 其他存款余额 | 比上年增长(%) |
|---|---|---|---|---|---|---|---|---|
| 1958 | 40.3 |  | 20.2 |  | 20.1 |  |  |  |
| 1959 | 45 | 11.7 | 24 | 18.8 | 20 | −0.5 |  |  |
| 1960 | 43.1 | −4.2 | 27.9 | 16.3 | 15.2 | −24 |  |  |
| 1961 | 47.1 | 9.3 | 30.9 | 10.8 | 16.2 | 6.6 |  |  |
| 1962 | 28.2 | −40.1 | 18.4 | −40.5 | 9.8 | −40 |  |  |
| 1963 | 31.4 | 11.3 | 21.3 | 15.8 | 10.1 | 3.1 |  |  |
| 1964 | 42.8 | 36.3 | 32.13 | 50.8 | 10.67 | 5.6 |  |  |
| 1965 | 48 | 12.1 | 35.1 | 9.2 | 12.9 | 21 |  |  |
| 1966 | 60.9 | 26.9 | 46.29 | 31.9 | 13.61 | 5.5 |  |  |
| 1967 | 73.24 | 20.3 | 59.14 | 27.8 | 14.07 | 3.4 |  |  |
| 1968 | 75.65 | 3.3 | 59.66 | 0.9 | 15.99 | 13.6 |  |  |
| 1969 | 73.29 | −3.1 | 58.44 | −2.0 | 14.85 | 7.1 |  |  |
| 1970 | 76.37 | 4.2 | 61.41 | 5.1 | 14.96 | −0.7 |  |  |
| 1971 | 90.29 | 18.2 | 64.2 | 4.5 | 16.96 | 13.4 | 9.13 |  |
| 1972 | 90.85 | 0.6 | 61.47 | −4.3 | 20.06 | 18.3 | 9.32 | 2.1 |
| 1973 | 104.79 | 15.3 | 67.25 | 9.4 | 27.13 | 35.2 | 10.41 | 11.7 |
| 1974 | 121.19 | 15.7 | 78.05 | 16.1 | 30.65 | 13.0 | 12.49 | 20.0 |
| 1975 | 135.07 | 11.5 | 85.09 | 9.0 | 35.05 | 14.4 | 14.93 | 19.5 |
| 1976 | 141.17 | 4.5 | 89.4 | 5.1 | 36.91 | 5.3 | 14.86 | −0.5 |
| 1977 | 151.3 | 7.2 | 89.3 | −0.1 | 46.5 | 26.0 | 15.5 | 4.3 |
| 1978 | 166.02 | 9.7 | 93.75 | 5.0 | 55.67 | 19.7 | 16.6 | 7.1 |
| 1979 | 215.88 | 30.0 | 120.26 | 28.3 | 78.43 | 40.9 | 17.19 | 3.6 |

资料来源:中国金融学会:《中国金融年鉴(1989)》,中国金融年鉴编辑部,1989 年,第 68 页。

2. 农村信用社的贷款业务增长速度也是缓慢的。这一时期,农村信用社的贷款业务增长速度也远远落后于农村信用社初建时期,由表3.5可以看出,农村信用社的贷款总额从1958年的24.7亿元,增加到1979年的47.54亿元,增长极其缓慢,22年间仅增长0.92倍;其中,增长率最高的年份是在1976年,比上年增长了34%,其余年份在10%左右徘徊,有8个年份的贷款业务增长率为负数,其中,从1959—1963年连续5年负增长,从1958年的24.7亿元减少到1965年的13.5亿元,直到1975年才超过1958年的贷款水平,也就是说农村信用社的贷款经过17年才恢复到1958年的水平,可见农村信用社的贷款业务一直徘徊不前。其中,集体贷款业务从1958年的13.6亿元,增加到1979年的36.66亿元,22年间增长了1.7倍,增长缓慢,特别是在1960—1965年间连续7年出现负增长,60年代的10年间,农村信用社的集体贷款业务一直徘徊在10亿元以下。农户贷款增长速度最低,从1958年到1979年22年间,农村信用社对农户的贷款有11年是负增长,1958年贷款余额为11.1亿元,以后一直低于这个数额,直到1968年后才超过这个数值,在1979年农村信用社对农户的贷款为10.88亿元,还没有达到1958年的水平。

表3.5 1958—1979年农村信用社贷款增长率(环比) (单位:亿元)

| 年份 | 贷款总额 | 比上年增长(%) | 集体贷款余额 | 比上年增长(%) | 农户贷款余额 | 比上年增长(%) |
| --- | --- | --- | --- | --- | --- | --- |
| 1958 | 24.7 | — | 13.6 | — | 11.1 | — |
| 1959 | 22.9 | −7.3 | 16 | −17.6 | 6.9 | −37.8 |
| 1960 | 22.3 | −2.6 | 12.7 | −20.6 | 9.6 | 39.1 |
| 1961 | 17.6 | −21.1 | 9.5 | −25.2 | 8.1 | −15.6 |
| 1962 | 15.6 | −11.4 | 7.9 | −16.8 | 7.7 | −4.9 |
| 1963 | 13.8 | −11.5 | 5.6 | −29.1 | 8.2 | 6.5 |
| 1964 | 14.06 | 1.9 | 4.1 | −26.8 | 9.9 | 20.7 |
| 1965 | 13.5 | −4.0 | 3.1 | −24.4 | 10.4 | 5.1 |
| 1966 | 15.17 | 12.6 | 3.75 | 21 | 11.42 | 9.9 |
| 1967 | 14.59 | −4.0 | 3.55 | −5.3 | 11.04 | −3.3 |
| 1968 | 16.48 | 13.0 | 3.99 | 12.4 | 12.49 | 13.1 |
| 1969 | 17.77 | 7.8 | 4.53 | 13.5 | 13.24 | 6.0 |
| 1970 | 18.81 | 5.9 | 5.63 | 24.3 | 13.18 | −0.5 |
| 1971 | 18.92 | 0.6 | 6.58 | 16.9 | 12.34 | −6.4 |
| 1972 | 21.13 | 11.7 | 9.13 | 38.8 | 12 | −2.8 |
| 1973 | 20.6 | −2.5 | 9.43 | 3.3 | 11.46 | −4.5 |

续表

| 年份 | 贷款总额 | 比上年增长(%) | 集体贷款余额 | 比上年增长(%) | 农户贷款余额 | 比上年增长(%) |
|---|---|---|---|---|---|---|
| 1974 | 22.6 | 9.7 | 10.89 | 15.5 | 11.31 | −1.3 |
| 1975 | 26.69 | 18.1 | 15.43 | 41.7 | 11.26 | −0.4 |
| 1976 | 35.76 | 34.0 | 24.05 | 55.9 | 11.71 | 4.0 |
| 1977 | 39.7 | 11.0 | 18.4 | −23.5 | 11.4 | −2.6 |
| 1978 | 45.06 | 13.5 | 33.89 | 84.2 | 11.71 | 2.7 |
| 1979 | 47.54 | 5.5 | 36.66 | 8.2 | 10.88 | −7.1 |

资料来源：中国金融学会：《中国金融年鉴(1989)》，中国金融年鉴编辑部，1989年，第68页。

3. 农村信用社业务发展缓慢的主要原因。农村信用社业务增长缓慢的原因很多、很复杂，主要原因是合作化以后特别是人民公社化以后，集体经济成为主要的经济形式，农业生产结构单一，又加上"左"倾错误对农业生产的影响，使农业发展缓慢。据统计，1958年到1978年是人民公社时期的21年，农业产值年均增长速度只有2.9%，如扣除社办工业产值年均增长约为2.7%。[①] 农业增长缓慢必然要影响农户收入状况，使农户收入增长缓慢，1958年到1978年中国农村居民人均纯收入增长了47.6%，年均增长不到1.9%。[②] 人民公社时期，农民家庭成为基本的消费单位，而这一时期，人口从1958年的65994万人，增加到1978年的96259万人[③]，增长了45.86%，平均每年增长1441万人。随着人口的增加，分配的农业剩余仅能维持农民必要的生活费用，农民不可能有更多的资金存到农村信用社。因此，农村信用社的存款潜力是有限的，又加上国家实行重工业优先发展的战略，大量资金流到工业领域和城市，农村信用社也不可能把更多的资金投向农村。因此，农村信用社存贷款业务发展缓慢也是必然的了。

（二）许多贷款收不回来，资金大量沉淀，亏损严重

人民公社化以后，农村信用社下放给人民公社、生产大队管理，大量资金被社队占用，有的用于基本建设贷款，如被用于大办钢铁、大办交通、大办水利和其他"大办"运动，或被用于购买商业部门、供销社强迫推销的不适用的生产资料，或用于社员分配和其他开支，或社队干部挪用、占用，许多贷款成为坏账、呆账、根本无法归还，许多信用社发生了亏损。1970年以前，国家在

---

① 苏少之：《中国经济通史》第十卷（上册），湖南人民出版社2002年版，第413页。
② 同上书，第1100页。
③ 国家统计局：《中国统计年鉴(1983)》，中国统计出版社1983年版，第103页。

对农村信用社的农业贷款做了两次豁免,其中豁免 1961 年以前不能收回的农业贷款中,农村信用社贷出的有 7 亿元。但是,国家在豁免信用社的 7 亿元农贷资金中,用信用社公积金核销就有 1 亿元。"文化大革命"期间,发放给社队的贷款在政策上强调阶级路线,把贫下中农作为主要贷款对象,把支持社员开展家庭副业和商品运销视为"贷富不贷贫"的"资产阶级路线"。结果有偿的贷款变为无偿的财政性拨款,农村信用社变成了救济机构,大量贷款收不回来。如表 3.6 所示,农村信用社在"文化大革命"开始到 1979 年的 9 年间(1968—1972 年统计中断),除了 1967、1973 年放款能够完全收回外,其余年份的放款都没有完全收回,1976 年放款累计回收率只有 83%,17% 的资金沉淀了,不能收回;又加上农村信用社存贷款业务发展缓慢,农村信用社执行国家银行规定的低利息政策(如信用社储蓄存款活期利率和国家银行一样都是 1.8‰),信用社亏损面大,这严重影响了信用社生存。据统计,1969 年就有 37% 的信用社发生了亏损。① 由于业务发展缓慢以及财务管理混乱,许多贷款无法收回,亏损信用社的数目不断增加,最多时有 50% 的信用社处于亏损状态。在这些亏损的信用社中,有的业务处于停顿或半停顿状态(如 1972 年湖北省占 20%),最后亏损不得不由银行补贴。

表 3.6　部分年份农村信用社收、放款情况统计　　（单位:亿元）

| 年份 \ 项目 | 累计放出 | 累计收回 | 累收占累放（%） |
|---|---|---|---|
| 1966 | 13.30 | 11.62 | 87.37 |
| 1967 | 10.20 | 10.78 | 105.69 |
| 1973 | 25.18 | 25.51 | 101.31 |
| 1974 | 28.82 | 27.42 | 95.15 |
| 1975 | 39.37 | 34.91 | 88.68 |
| 1976 | 53.07 | 44.09 | 83 |
| 1977 | 60.42 | 56.48 | 93 |
| 1978 | 73.75 | 68.38 | 93 |
| 1979 | 88.06 | 85.58 | 97 |

资料来源:路建祥:《新中国信用合作发展简史》,农业出版社 1981 年版,第 169、214 页。

---

① 卢汉川:《当代中国的信用合作事业》,当代中国出版社 2001 年版,第 161 页。

# 第四章　恢复农村信用社合作制的改革时期(1980—2002年)

## 第一节　农村经济体制改革与农村信用社面临的新形势

### 一、改革开放初期我国农村经济体制改革

新中国成立初期,由于受苏联发展模式的影响以及国内多种因素的制约,中国选择了高度集中的计划经济体制。这种经济体制在农村的主要表现形式就是全民所有制性质的国营农场和集体经济性质的人民公社两种经营形式。其中,人民公社占主要地位。当时,党和政府建立人民公社的主要目标是通过改变农村生产关系,发展农村经济,为工业化建设提供原材料和为城市居民提供生活保障。在人民公社制度下,农民被组织在人民公社内进行集体生产和生活,实行集体所有的财产制度。人民公社的社员根据上级下达的经济任务,主要从事农业、林业、渔业、工副业和基本建设活动。在生产活动中,生产什么、生产多少以及用什么方法和技术来生产,都是由上级计划部门按照计划指标来进行安排。当生产活动结束后,生产队要按照规定的统购价格向国家缴纳指定数量的农副产品,剩余的在生产队的社员之间按照劳动工分进行分配。

人民公社根本体制的基本特征是"三级所有、队为基础"和"政社合一"。这种体制下,公社、大队、生产队三者之间不是平等的经济主体关系,而是行政隶属关系。人民公社既作为国家政权的基层机构,管理生产,管理生活,管理政权,具有直接支配人民公社、生产大队、生产队三级集体经济组织生产、交换、分配等经济活动的权力。这种体制在大型农田水利基本建设、社队企业建设与发展等农村经济个别领域中,起到一定的积极作用。但是,也有一系列弊端:公社"政企不分",用行政手段管理各级经济组织,违背经济规律,搞瞎指挥,国家不能运用经济组织、经济手段来调节农村经济;农民没有独立自主、因地制宜的经营权和积极性,没有个人责任制,造成劳动纪律松弛,出工不出力,经济效益差;①分配上,提倡和推行按需分配,实行供给制和工资

---

① 赵德馨:《中国近现代经济史(1949—1991)》,河南人民出版社2003年版,第215页。

制结合,采取国家与公社、公社上下级单位之间各种生产资料和劳动力的无偿调拨,完全不讲经济核算,助长了平均主义,压抑了农民生产的积极性、主动性,"搭便车"思想盛行。更重要的是,每个公社实际上成为一个自给的经济组织,阻碍农村经济向商品化、社会化发展。① 在这种体制下,农业生产增长缓慢,农民收入水平也很低,中国农村经济的发展迫切需要一场新的变革。

1978年12月中共召开了十一届三中全会,重新确立了"解放思想、实事求是"的思想路线,党的工作重心开始向经济建设转移,这就从根本上冲破了经济工作长期存在的"左"的指导思想的束缚。会议初步总结了新中国成立以后经济建设的经验教训,分析了国民经济发展和经济管理体制中存在的问题,并确定了改革开放的基本路线。从此,中国进入了经济形态和经济体制转轨时期,中国经济发展道路开始出现历史性转折。会议还决定把农业的优先发展作为调整国民经济首要任务;而要发展农业,解放和发展农村地区的生产力,就必须对原有的农村经济管理体制进行改革。全会通过了《中共中央关于加快农业发展若干问题的决定(草案)》和《农村人民公社条例(试行草案)》,开始了家庭联产承包责任制的推广和废除农村人民公社等农村经济管理体制的改革。

以家庭联产承包责任制为主要形式的集体统一经营和家庭分散经营相结合的双层经营机制,是一种新型的经济体制,它是在坚持土地等主要生产资料公有的前提下,由家庭劳动承担农业生产过程代替以往农业生产过程中的集体(社队)劳动,由家庭自主安排农业生产活动代替以往社队干部安排,由家庭负责生产计划、成本核算代替社队负责,由家庭分散使用土地及其他主要生产资料代替集体统一使用,同时明确划分了集体和个人的权利、义务和利益关系。在中国,这种联产承包责任制是一种制度创新,它从生产上改变了过去社队"大呼隆"式的集中统一劳动和高度集中的管理体制,在保持土地和其他主要生产资料归集体所有不变的前提下,把土地和其他主要生产资料的经营权和使用权还给了劳动者,由家庭承包自主经营,使农民获得了能够自己安排生产的自由,既坚持了社会主义的大方向,又充分调动了农民群众的生产积极性。这种联产承包责任制,在分配制度上实行"交足国家的,留够集体的,剩下都是自己的",农民有权支配自己的剩余产品,这就把农民群众的生产经营活动同生产经营成果紧密联系起来,农民群众的收入同他们的劳动成果挂上了钩,也就改变了平均主义和吃"大锅饭"的分配形式,既体现了按劳分配的社会主义原则,又从物质利益上激励农民,推动了农业生产的

---

① 赵德馨:《中国近现代经济史(1949—1991)》,河南人民出版社2003年版,第329页。

发展和农业生产率的提高。

改革开放以来,党和政府实行了一系列农村改革的政策,这些政策的推行及全面铺开,极大地提高了农民群众生产的积极性,充分发挥了农民群众的创造性,农村生产力得到了极大地释放,探索出适合中国社会主义初级阶段国情的农村经营体制。实践证明,这种改革符合中国社会主义初级阶段农业生产力的发展水平,符合当时农村的实际情况,是一场具有革命意义的伟大变革,它改变了农业生产长期徘徊不前的局面,使农村经济得到了迅速发展,也使农民收入快速增长,我们必须长期坚持。

## 二、农村信用社面临的新形势

随着农村经济管理体制改革的成功实践,我国出现了农村经济迅速发展和农民收入大幅度提高的大好局面,农村经济开始向专业化、商品化和现代化方向发展,货币信用关系逐渐深化,由自给自足经济开始向商品经济转变。农村经济改革的成功,既为农村信用社改革提供了经济条件,又对农村信用社改革提出了要求,农村信用社面临着新的形势。

(一)农村信用社的服务对象的变化:由社队集体到亿万农户

联产承包责任制的推广不仅改变了农村经济的生产经营形式,而且也改变了农村信用社服务的对象。改革以前,社队集体是农村资金活动的主体,社员手中的资金基本上是节余性质的消费资金,因此社队集体是农村信用社的主要服务对象。大量资金贷给社队企业,促进了农村集体经济的发展。联产承包责任制实行后,农户个体分散经营集体的土地和其他主要生产资料,成为独立的生产者和经营者,这样农村资金活动的主体发生了变化,即原先以600多万个生产队为服务对象,现在变为以亿万农户(包括各种专业户)为服务对象。相应的,农村信用社的存款和贷款服务对象也由社队集体转变为亿万农户了。这种情况的变化对农村信用社提出了新的要求:要求农村信用社更加接近农村,更加深入群众,满足亿万农户需要,就地存取,为农民提供授信服务,支持农业生产,满足农户生产、生活困难,这必然对"一乡一社"的农村信用社传统机构设置状况提出了新的挑战,农村信用社必须调整原有的性质和管理体制,才能适应农村经济发展的新形势。

(二)农村信用社服务的经济基础的变化:由自然经济到农村商品经济及农村经济货币化程度的提高

改革开放以前,农村信用社面向农村服务的经济基础是自给半自给的自然经济。农村联产承包制实行以后,农村信用社服务的经济基础发生重大变化。因为农村经济体制改革极大地释放了农村生产力,农业劳动生产率不断提高,剩余农产品、剩余劳动力和剩余资金相对较多。在此基础上,农村出现一批从事专业化生产的农户以及以第三产业迅速发展为标志的、专门化的商品生产社会化服务体系,农村经济开始向专业化方向发展,客观上促进了农村商品经济的发展,中国农村经济重新开始从半自然经济向商品经济转化。据统计,1981年,我国农业总产值比1978年增长了19.6%,而农副产品收购也比1978年提高了71.2%,农副产品商品率达到近一半,农村交易的农产品和工业品全部商品率提高到57.1%。[①]随着农业生产的商品化,农民的生活消费由自给性消费为主转变为以商品性消费为主。农民用货币支出的消费支出占全部生活消费支出的比重开始上升,自给性消费所占的比重逐渐下降,农村经济货币化程度开始逐步提高。

农村商品经济的发展和经济货币化程度的提高,是改革开放后农村信用社服务的经济基础,它对农村信用社提出了一系列新的要求。一是增加货币资金的供给量。农村经济向商品经济的发展,要求农村资金总量不断增加,而改革开放初期农村资金匮乏,农民积累薄弱,发展农村商品经济需要从外部注入资金,这就要求作为贴近农户的农村金融机构——农村信用社为农村经济发展提供大量资金。同时,农村商品经济的发展也为信用社提供了资金来源,为农村信用社扩大业务提供了经济基础。二是商品经济条件下,资本逐利的本性要求农村信用社依照市场规律的要求来组织经营活动。过去农村信用社的贷款是按照农民困难的大小实行救济性分配的做法,在利率上,一律实行低利率政策,形成资金上的"大锅饭",造成农村信用社的亏损。商品经济的发展和市场机制的引入,农村信用社在坚持为入社社员服务的基础上,要根据商品经济的原则择优扶持,在贷款对象、期限、用途、数额上能够灵活自主的掌握,坚持到期收回,讲求实效,实现农户与农村信用社"共赢",才能保证农村信用社持续、健康的发展。而且,农村商品经济的发展还要求农村信用社的利率按照资金供求情况,在国家规定的范围内上下浮动;为体现国家产业扶持政策,农村信用社的贷款利率可以区别对待,有的可以低于或高于市场标准。三是农村商品经济的发展改变了农村信用社过去单一的存款业务功能,向贷款、结算和汇兑等多功能转变,要求农村信用社改善服务条件、丰富服务内容和提高服务质量。四是联产承包制推行以来,农村出现了数以万计的、分散的农村经济主体,随着农村商品经济的发展,这些分散的农

---

[①] 吴强:《农村金融改革和发展》,中国财政经济出版社1990年版,第9页。

户手中的资金由节余性向经营性转变,农村资金活动日益频繁,这就要求农村信用社业务活动重点下移,深入农村,接近农民,方便农民就地存取。

(三)农村信用社资金投向的变化:由种植业为主到农林牧副渔工商全面发展

改革开放以前,由于片面强调"以粮为纲",农村产业结构是"以种植业结构为主"的单一模式。十一届三中全会后,随着农村经济体制的改革,农村经济结构以种植业为主的单一结构逐渐改变,农业、林业、牧业、副业、渔业等开始全面发展。在农业总产值中,1978年,林业、牧业、副业、渔业产值所占比重仅为32.8%,而在1980年这一比重达到36%,上升了3.2个百分点。在种植业方面,原有单纯经营粮食的局面也得到改变,粮食与经济作物均得到发展。在农村经济中,原来只有农业的局面也得到了改变,乡镇企业异军突起。1981年共有乡镇企业133.8万个,产值占农村社会总产值的11.9%。① 其中,经营农业、工业、建筑业、交通运输业、商业餐饮业产值所占的比重分别为:5.3%、77.7%、9.4%、3.4%、4.3%,②农村经济发展中,出现了农、工、商和交通等综合性、多层次的产业结构。

这种综合性、多层次的产业结构,使农村信用社的资金投向发生改变:由过去的以种植粮食为主,改变为支持农林牧副渔工商全面发展。而且,在资金流通时间变化上,从春放秋收的季节性特点,向常年性收放的趋势转变。

(四)农民收入的增加要求农村信用社积极组织资金回笼与投放

人民公社时期,由于农业发展缓慢,农民收入低,农村信用社的存贷款业务增长速度非常缓慢。1978年开始的以市场化为取向的农村改革,在分配制度上,实行"交足国家的,留够集体的,剩下都是自己的"的分配方式,把农民的生产劳动同劳动成果挂起钩来,调动了农民生产的积极性,促进了农村生产力的发展,同时也使农民收入大幅度提高。1978—1981年,农民人均纯收入由134元增加到223元,③增长了66.4%。农民收入的增加主要表现在货币性收入的增加,在农村金融流通领域表现为货币量的增加,既包括货币存量的增加,也包括货币流量的扩大。在当时市场物资短缺的情况下,不仅存在通货膨胀的压力,而且现金量过多滞留在流通领域必然对市场造成现实的冲击和潜在的压力。这就要求农村信用社根据农村资金流动的特点,组织

---

① 国家统计局:《中国统计年鉴(1981)》,中国统计出版社1982年版,第134页。
② 国家统计局:《中国统计年鉴(1989)》,中国统计出版社1989年版,第247页。
③ 同①,第421页。

储蓄,及时地组织货币回笼,调整农民手中的现金流量。农村信用社在吸收存款的同时,还要积极组织货币的投放,及时向农户贷款,满足农户生产生活对资金的需求,发展农村经济,增加农民收入,真正做到"取之于民,用之于民",实现农民群众间的互助融资。

总之,农村经济体制改革的成功和农村商品经济的发展改变了农村信用社服务对象、业务内容和资金投向,要求农村信用社下伸机构、深入农村、贴近农民,更积极、更主动地服务农民,最有效的办法就是要恢复农村信用社"民办"的、群众性的合作金融性质。但是,当时的农村信用社已经不能够适应农村经济发展的需要,突出表现在:农村信用社多年来在高度集中的计划管理体制下,已经远离了农民,逐渐成为"官办"的"银行基层机构",失去了合作金融的性质。在这种体制下,农村信用社存在种种弊端:一是隶属于国家银行,国家银行用行政手段来管理农村信用社,农村信用社缺乏自主权;二是执行银行的金融政策,缺乏灵活性;三是脱离了农民群众,社员的民主管理也流于形式,群众性也无从体现;四是存贷款利率倒挂,不讲核算,财务混乱,亏损严重,国家银行、农村信用社共吃"大锅饭"。因此,为适应农村经济发展的新形势,必须对农村信用社进行改革,改革的目标就是要恢复农村信用社群众性的合作金融性质,充分发挥农村资金调剂的功能。

## 第二节 恢复农村信用社合作制的改革

1980年8月,党中央和国务院在听取银行工作汇报时指出,"把信用社下放给公社办不对,搞成'官办'也不对,要把信用社办成真正集体的金融组织。信用社应当在银行的领导下,实行独立核算,自负盈亏。它要办得灵活一些,不一定受银行一套规定的约束,要起民间借贷作用。如果把信用社搞活了,供销社搞活了,农业生产责任制搞活了,三者一配套,社员的家庭副业也就搞活了,这将大大有利于农村经济的发展"。[①] 这是中央关于搞活农村经济的最初设想,其实也是农村信用社改革的基本指导思想。同年10月,农业银行根据中央关于农村信用社的指导思想召开了全国信用合作会议,分析讨论了农村信用社的体制弊端,研究了信用社管理体制改革的方向,并对农村信用社的组织机构、资金筹措与管理、存放款利率、股金分红、经营管理、所社联营、试办联社、民主管理等进行了讨论,并提出改革意见,从而拉开了农村信用社改革的序幕。

---

① 资料来源:《国务院批转中国农业银行关于改革信用合作社管理体制的报告的通知》(1984)。

农村信用社的改革包括两个方面的内容,一是管理体制的改革,就是变"官办"为"民办",要把信用社办成真正的群众性的合作金融组织,这里涉及所有制关系方面的改革。二是业务经营方面的改革,建立信用社的经营机制,把业务搞活,充分发挥信用社调剂农村资金的作用。这两个方面的改革是相互联系、相互推动的,其中第一方面是主要的,它决定改革的第二个方面,也决定着信用社改革的方向。改革从1980年开始,以1996年"行社脱钩"为界,把恢复农村信用社合作制的改革分为两个阶段,第一个阶段从1980年到1995年,是重点恢复能够体现农村信用社合作制的"三性"特征的阶段,第二个阶段是从1996年"行社脱钩"开始到2002年,是以"合作制"来规范信用社的改革阶段。下面分别阐述。

## 一、恢复农村信用社"三性"的改革(1980—1995年)

农村信用社的"三性"是农村信用社作为群众性的合作金融组织的重要体现。在农村信用社初建时期,农村信用社作为合作金融组织,在为农民提供了大量资金、解决农民生产和生活困难的过程中,其"三性"得到了充分的体现;但是,农村信用社的"三性"是在高度集中的计划经济体制包围下,在其被"官办"的过程中逐渐丢失了,农村信用社失去了合作金融组织所具有的活力。在改革开放的新时期,恢复农村信用社"三性"成为改革的重要内容,改革是在农业银行领导下,在保持农村信用社"国家银行基层机构"体制不变的前提下,通过恢复农村信用社"三性",把农村信用社真正办成群众性的合作金融组织,①以解决农民生产和生活困难,为农村经济发展提供融资支持。

(一)恢复农村信用社"三性"改革的初探:搞活业务(1980—1982年)

在农村信用社已经过渡到国家银行基层机构的体制下,要恢复农村信用社的"三性",把它真正变成群众性的合作金融组织,就意味着打破"铁饭碗"和"大锅饭",改变信用社职工和国家银行职工一样的政治、经济待遇。这可能导致信用社职工思想动荡,影响业务的正常进行。为了稳定信用社职工的思想情绪,搞好工作,逐步进行改革,农业银行总行确定:维持农村信用社是"农业银行基层机构"这一体制不变的前提下,进行了一些搞活业务的改革。主要内容包括:

1. 农村信用社的机构向下延伸,在公社(乡)以下增设信用网点。实行联产承包责任制后,农村信用社的服务对象变为亿万个农户,各种专业户、专

---

① 资料来源:《国务院批转中国农业银行关于改革信用合作社管理体制的报告的通知》(1984)。

业组、专业队大量增加,社员家庭副业蓬勃发展,现金收支频繁,服务对象大量增加。农民手中现金增多、商品交易频繁,迫切需要存取款方便及时。而原先按公社范围设立的信用社,已经不能适应农村经济形势,尽管在公社下的生产大队设有30万个信用服务站,但是50%以上的生产大队还没有信用站。① 而且,信用社脱产干部又不能增加,在这种情况下,因地制宜地在大队、小集镇或交通便利、经济活动频繁、信贷业务较发达的大村庄设立信用站、信用分社来补充信用网点不足,方便群众存取,是一种可行的办法。而且新增人员实行合同制,既不脱产、不吃商品粮,也没有固定工资,完全按照业务量大小付手续费,把劳动成果同劳动报酬结合起来,多劳多得,打破了"铁饭碗"和"吃大锅饭"的局面,提高了他们的积极性。

2. 扩大农村信用社业务经营的自主权限,给农村信用社"松绑"。为了改变农村信用社经营管理活动一切由农业银行决定的僵化体制,搞活农村信用社的业务,农业银行决定适当扩大农村信用社业务经营的自主权限,下放信贷审批权,给农村信用社"松绑",农业银行只负责信用社的信贷计划管理。在计划范围内,农村信用社可以自己决定贷款数量及期限,银行和地方部门不得随意干涉;在完成任务的前提下,农村信用社多存可以多贷;除了存贷款业务外,农村信用社根据自身条件,可以扩大业务范围,办理代理等业务,以扩大资金来源。

3. 调整农业银行和农村信用社的经济关系。首先,适当调整农业银行和农村信用社资金往来的利率。把农村信用社转存银行的转存款和银行贷给农村信用社的贷款利率,由原来的月息1.8‰提高到2.7‰,农村信用社吸收的高于2.7‰的定期存款和发放的低于国营工商业放款利率(月息4.2‰)的各项贷款,由银行给予补贴。② 这样就初步解决了农村信用社存款利率与贷款利率倒挂问题,有利于农村信用社加强内部核算与改善经营管理。其次,合理划分农业银行和农村信用社的业务范围,属于农业银行的业务由农村信用社代理的,要按业务量大小给予合理的手续费,加强农村信用社的独立核算。

采取这些措施后,农村信用社信贷范围有所扩大,有了一定的经营自主权,业务比以前灵活,新增的营业网点不多,支持农村经济的信用网络还未建立起来;农业银行对农村信用社的管理体制基本没变。但是,作为起步阶段,这些改革迈出了农村信用社的改革步伐并进行了有历史意义的初步探索,为进一步改革准备了条件。

---

① 卢汉川等:《社会主义初级阶段的信用合作》,中国金融出版社1990年版,第125页。
② 同上书,第128页。

## (二) 恢复农村信用社"三性"改革的展开(1982—1984年)

到1982年,农村经济体制改革初步取得了成效并向深入发展。但是,服务于农村经济的农村信用社在维持"银行基层机构"体制下,进行搞活业务的改革并没有取得实质性进展。农村信用社的管理体制、经营机制、机构设置越来越不适应农村经济的发展。

党中央和国务院特别重视农村信用社的改革。在1982年年底讨论通过的《当前农村经济政策的若干问题》(1983年中央一号文件)文件中,提出农村经济改革要"适应商品生产的需要,发展多种多样的合作经济",并专门对农村金融的改革提出了要求:"农业银行和信用合作社应改善服务态度,在聚集资金、办理信贷、监督资金使用方面发挥应有的作用。信用社应坚持合作金融组织的性质。"

为贯彻中央的精神,1982年10月、12月,中国农业银行两次召开会议,决定恢复农村信用社的"三性",克服"官办",真正把农村信用社建设成自主经营、自负盈亏以及为农户服务的合作金融组织。具体措施包括:一是调整农村信用社和银行在业务上的分工。信用社主要为农业生产提供流动资金,支持专业户、双包户,允许与银行有某些业务交叉。二是信用社贷款的用途、方式和手续等方面可以灵活掌握、不必完全照搬银行的做法,利率可以根据市场情况上下浮动;三是信用社原有干部待遇不变,新增人员不再拿固定工资、按照业务量付酬;四是农业银行要通过经济方法领导、依法管理农村信用社。不能再把农村信用社当成自己的基层机构,农村信用社是独立的经济实体。[①]

截止到1984年,进行恢复农村信用社"三性"改革的县占全国总数的90%,已恢复"三性"改革的农村信用社占农村信用社总数的82%。[②] 这次改革取得了初步成效:第一,初步恢复和增强了农村信用社组织上的群众性。在农村信用社改革过程中,清理了原先的股金,补发了股息,根据盈余情况分了红;发展新社员,扩大了股金,新扩股金19551万元,增长39.9%,入股农户一般达到总农户的80%以上。[③] 第二,初步恢复了农村信用社的民主管理制度,加强了农村信用社、社员之间的关系。经过改革的农村信用社都召开了社员代表大会,并选举产生了理事会、监事会,社员的民主管理权利得到初步

---

[①] 卢汉川:《当代中国的信用合作事业》,当代中国出版社2001年版,第213—214页。
[②] 尚明:《当代中国的金融事业》,中国社会科学出版社1989年版,第459页。
[③] 卢汉川:《中国农村金融历史资料(1949—1985)》,湖南省出版事业管理局,1986年,第844页。

恢复与落实,农村信用社与社员的关系开始密切了。第三,农村信用社经营上的灵活性得到一定程度的恢复。农业银行对农村信用社业务实行指导性计划,农村信用社的自主权限增加,如农村信用社有贷款审批权,可以自主安排上缴存款准备金后的资金,利率可以浮动,资金运用的灵活性增强,资金使用效率和利用率都有所提高,存贷款业务量也有较大增长。1984 年比 1982 年存款增长了 60.3%,贷款增加了 1.93 倍。① 第四,初步改革了农村信用社的劳动工资制度。对原有职工实行不同形式的责、权、利相结合的责任制,新增人员一律实行合同制,把职工的工资奖金与劳动绩效结合起来。第五,初步建立起农村信用社的资金调剂组织——县联社。为了避免对农业银行的过度依赖,发挥农村信用社的独立自主性,这次改革在 1000 多个县建立了县联社,开展了县内横向资金调剂。

这次农村信用社改革虽然取得了一定的成效,但改革还很不平衡,有的省份进展缓慢,还有的停留在号召层面上。从改革的深度看,改革是在坚持农业银行的领导下推进的,形式主义比较严重,有的地方在扩股和恢复民主管理组织形式方面走过场,搞形式;不少地方农村信用社的人权、财权和资金使用权还没有真正得到落实。在分配制度上仍有顽疾未被打破和消除,农村信用社的"铁饭碗""大锅饭"并没有打破,农村信用社的民间借贷作用还没有充分发挥出来,改革还需要继续进行。

(三) 恢复农村信用社"三性"改革的反复(1985—1995 年)

1. 1985 年农村信用社的全面改革及其挫折。经济体制改革在农村取得巨大成功后,改革的重点又转移到城市。1984 年 10 月,中共中央通过了《关于经济体制改革的决定》,提出把工作重点向城市转移,要求对我国价格、财政和金融等方面的体制进行全面改革,以促进国民经济的发展。而整个经济改革的形势要求在农村经济领域里对农村信用社进行全面改革。

1985 年 1 月,中国农业银行召开会议,决定加快对农村信用社的改革,让农村信用社更好地为农户和农村经济服务。改革的主要内容有:第一,进一步改革和完善农村信用社的民主管理制度,保证农村信用社的经营自主权由民主管理组织掌握或运用,即农村信用社的业务、社务、财务和人事等重大事项由信用社讨论决定,使信用社各项工作置于社员群众的监督之下。② 第二,加强农村信用社业务经营上的灵活性,农业银行用经济方法管理农村信

---

① 苏宁:《1949—2005 中国金融统计》,中国金融出版社 2007 年版,第 298、300 页。
② 卢汉川:《中国农村金融历史资料(1949—1985)》,湖南省出版事业管理局,1986 年,第 846 页。

用社,改指令性计划为指导性计划。农业银行对农村信用社不要求转存任务(国家规定缴纳的存款准备金除外),多存可以多贷;在国家政策范围内,农村信用社有权决定自己的贷款投向,利率水平可以接近市场利率。第三,农村信用社实行独立核算、自负盈亏,对承担政策性业务而亏损的信用社实行"亏损包干,减亏分成,定额拨补"的办法,农行给予一定补贴。第四,通过基层社入股建立县联社,负责在全县范围内资金调剂,信用社员工的培训以及检查信用社对方针、政策的执行情况。

  以上对农村信用社全面改革的设计,是符合实际的、可行的。但是,在执行的过程中,由于受到当时国家紧缩的宏观调控政策影响,全面改革没能继续下去,农村信用社恢复"三性"的改革进入了反复时期。1984年,中国工农业生产大幅度增长,与此同时,在经济建设中出现了投资过快、货币投放过多的现象,发生了信贷失控,国务院发布《关于严格控制财政支出和大力组织货币回笼的紧急通知》,要求"各专业银行要按照人民银行总行确定的信贷计划,严格控制贷款的发放,未经批准不得突破";1985年4月,人民银行又制定了《关于控制1985年贷款规模的若干规定》,中国农业银行贯彻执行国家紧缩信贷政策,不断强化行政手段,对农村信用社也采取"一刀切"的紧缩措施:第一,从1985年开始,对农村信用社实行交存准备金制度(其比例高达30%),农业银行严格控制对农村信用社的支持款;第二,为控制信贷计划,加大农村信用社的转存任务,农村信用社"多存多贷"也不能实现,而且农村信用社的转存款利率维持原定的月息3.9‰,而农村信用社存款成本仍为5.4‰;①第三,收回了农村信用社的贷款审批权,对其乡镇企业贷款实行指标管理。显然,在信贷投放过多的情况下,国家实行宏观调控政策是完全必要的,但是,国家"一刀切"地让农村信用社也执行紧缩的信贷政策,实际上把信用社又退回到改革的起点——国家银行的基层机构,通过改革恢复的业务经营自主权又被剥夺,恢复信用社"三性"的改革出现了倒退。

  2. 1986—1989年农村信用社改革的继续深入。国家宏观调控的实行,使农村信用社的管理体制又回到了"官办"的银行基层机构上来;1986—1989年是通货膨胀严重的时期,宏观紧缩政策还在继续实行,但有了一定程度的改善。农村信用社在国家紧缩宏观形势下,改革继续深入进行。改革的内容有:一是关于存款准备金的比例,把1985年农村信用社缴纳的存款准备金由30%降低到25%,发达地区降到20%,②从1987年开始按当年新增存款的10%缴纳;二是在行往来利率方面,不仅把信用社缴纳的存款准备金利率

---

  ① 卢汉川:《当代中国的信用合作事业》,当代中国出版社2001年版,第234—235页。
  ② 尚明:《当代中国的金融事业》,中国社会科学出版社1989年版,第463页。

与农业银行的支持款利率统一起来,而且把农村信用社在农业银行的转存款利率也适当提高了;三是在贷款管理上,为保障资金安全,农村信用社每年要在税前提留呆账准备金;存放款利率,在国家基准利率的基础上可以上下浮动50%;四是在业务分工上,允许行社之间的业务交叉,信用社可以根据自身的资金实力增加对乡镇企业的贷款数量。同时,改革还要求农村信用社加强内部经营责任制等。

3. 1990—1995年改革的重点是进一步明确农村信用社的合作金融性质,规范经营管理。宏观紧缩政策的实施,虽然有利于控制通货膨胀,促进经济发展,但是客观上造成了市场疲软,居民收入增幅减小。在"双紧"形势下,政府又开始启动市场,扩大资金投放,政策的紧缩力度开始减小,农村信用社的改革又迎来了一次机遇。1990年10月,中国农业银行召开全国信用合作会议,提出:"坚持农村信用社合作金融组织性质的改革不变,坚持恢复信用社的'三性'不变,坚持由银行领导和管理信用社的体制不变",①以统一农村信用社的改革思想。同时,中国人民银行颁发了《农村信用合作社管理暂行规定》,进一步明确了农村信用社的合作金融组织的性质和改革方向以及由农业银行领导的管理体制。1991年7月,农业银行颁布《农村信用合作社管理暂行规章实施细则》,对《农村信用合作社管理暂行规定》进行补充和完善,加强对农村信用社实行规范化管理。1993年12月,国务院颁发了《关于金融体制改革的意见》提出"组建农村合作银行,把农村信用社联社从农业银行中独立出来,办成基层信用社的联合组织",但是没能坚持下来。

1990—1995年,农村信用社的改革是在国家宏观紧缩政策背景下,是在对农村信用社松绑放权的种种改革措施取消的情况下进行的,虽然明确农村信用社的改革目标要恢复合作金融性质,但改革的重点在改善农村信用社内部的经营管理、完善规章制度上,农村信用社恢复"三性"的改革基本上处于停滞状态。

(四)恢复农村信用社"三性"改革的效果

从1980年开始到1995年,恢复农村信用社"三性"的改革取得很大的成效,主要表现在:

1. 基本上改变了农村信用社是"国家银行基层机构"的管理体制。组织上的群众性得到了加强,社员的民主管理得到了重视,经营上有一定的灵活性,向独立经营、自负盈亏、自担风险的合作金融组织方向前进了一大步。

---

① 卢汉川:《当代中国的信用合作事业》,当代中国出版社2001年版,第252页。

2. 初步理顺了行社之间的关系。农业银行用经济方法管理农村信用社,改指令性计划为指导性计划,除国家规定缴纳的存款准备金和备付金外,不给农村信用社规定转存任务。在国家政策范围内,农村信用社有权决定自己的贷款投向,可以根据市场情况自主决定利率水平;在保持基层社独立法人的基础上,建立了县联社,帮助解决信用社在全县范围内的资金调剂、信息咨询、职工培训以及检查、考核信用社资金计划的执行等,农业银行开始通过县联社对农村信用社实行间接管理。

3. 农村信用社的经营管理在一定程度上得到了改善。通过制定规章制度,实行责任制,信用社内部管理开始向自主经营、自负盈亏方向发展,向打破"大锅饭"和"铁饭碗"方向发展。

4. 推动农村信用社各项业务的发展。改革后的农村信用社存贷款业务发展很快,1995年和1980年相比,存款增长了25.3倍,其中储蓄存款增长了近52倍;贷款增长了63.1倍,其中,农业贷款增长了20.7倍,乡镇企业贷款增长了88.4倍。①

但是,恢复农村信用社"三性"的改革是在"农村信用社是农业银行的基层机构"的体制下进行的,由于旧制度的惯性影响和路径依赖,人们对农村信用社恢复"三性"的改革存在不同认识,产生很大的分歧,在执行过程中也存在着偏差,这使恢复农村信用社"三性"的改革措施很难得到完全落实。而且,作为农业银行的基层机构,农村信用社没有形成上下一贯的纵向联合体系,缺少"利益代言人"来保护、争取自己的利益,自身的灵活性不能很好地发挥。在管理上,由于社员居住分散、股金小,受监管成本的约束,对农村信用社的经营管理并没有兴趣,这使得农村信用社民主管理制度也流于形式,恢复"三性"的改革未有取得预期的成果。

## 二、以"合作制"规范农村信用社的改革(1996—2002年)

(一) 以"合作制"规范农村信用社改革的原因分析

在中国农业银行领导下进行的,恢复农村信用社"三性"的改革未能取得预期的成果,但是,毕竟改革向合作金融组织方向迈进了一大步;随着中国市场经济体制的确立和市场经济的发展,农村信用社又遇到新的问题与挑战,需要进一步的改革,改革的方向就是按照合作制要求来规范农村信用社。

随着中国市场经济的发展,在广大农村形成了贸、工、农多层次综合经营

---

① 苏宁:《1949—2005中国金融统计》,中国金融出版社2007年版,第297、312页。

的格局,①多种经济形式并存。既有实行联产承包责任制的亿万个农户,还有成千上万的乡镇企业、大型的经济联合体和合作经济组织等。它们是改革中在农村出现的新的经济主体,也是市场经济条件下的资金需求者。多种经济形式必然需要多种类型的金融机构为其服务,包括合作性金融、政策性金融和商业性金融。然而,资金缺乏是农村经济发展和农村金融领域中的一个普遍特征。这些农户、中小企业和各种经济组织,在生产经营中迫切需要金融机构提供的资金支持来满足自己生产或生活需要。但是,这些分散的农户和实力弱小的中小企业很难从国家银行获得贷款,因为无论是国有商业银行、股份制商业银行,还是国家政策性银行,均未把农村这些经济组织和分散的农户作为主要服务对象。② 为了提高自身竞争力,在市场经济中取得有利的地位,这些资金实力弱小的农户、中小企业和合作经济组织需要通过合作的方式,特别是通过信用合作的方式获得资金支持,以缓解自身资金实力不足的窘境。

1993年党的十四届三中全会通过了《中共中央关于建立社会主义市场经济体制若干问题的决定》,提出了金融体制改革,国家银行市场化改革的步伐开始加快。除了政策性银行外,各专业银行为规避市场风险,都减少了对农村的资金投入,农村大量资金通过国家银行储蓄机构和农村邮政储蓄机构调往城市,农村成为资金净流出地。农村信用社为了生存也采取了商业化运作方式,其为社员服务的宗旨开始被盈利化目标取代,一方面把贷款主要投向效益比较好的养殖户、专业户和规模比较大的乡镇企业;另一方面,把大量资金转存农业银行,商业化运作的农业银行把这些转存款用于城市或工业等经济效益较高的非农领域,而农村信用社也获得转存利息。同时,有的农村信用社还把资金投向城市、购买国家债券等投资,而普通的农户、效益比较差的养殖户、专业户和小规模的乡镇企业,贷款比例下降或获得贷款的难度加大。随着农民收入的减少,农村资金短缺问题逐渐显现出来,并成为制约农村经济发展的"瓶颈",也使"三农"问题凸显。农村信用社在资金投向上对农村和农业的背离,表明农村信用社为社员的服务性特点已经异化为追求利润最大化,基本上抛弃合作制原则,③这与当时国家恢复农村信用社合作制的改革大方向相背离。

农村资金的紧缺也催生了中国农村的各种合作金融组织,如农村合作基金会和各种合会的出现,事实上它们不仅吸收存款,还发放贷款,这些非正规

---

① 资料来源:《国务院关于农村金融体制改革的决定》(1996)。
② 李恩慈等:《合作金融概论》,西南财经大学出版社1999年版,第343页。
③ 郑泽华:《中国农村金融发展问题研究》,《贵州财经学院学报》2004年第1期。

合作金融组织,利率一般很高,游离于国家政策之外,本身缺乏规范性管理;又加上各种无序竞争也对农村信用社的生存、发展产生威胁,不利于农村金融的稳定。因此,国家需要规范农村金融市场,尤其需要农村信用社发挥合作金融组织的优势,融通农村资金,起民间借贷的作用,来维护农村金融稳定。

在以上这些情况下,恢复农村信用社的合作金融性质已经刻不容缓了。

(二)按合作制要求规范农村信用社的改革

针对中国农村金融体制与农村经济发展不相适应的状况,中央开始了农村金融体制的新一轮改革。1996年8月国务院颁布了《关于农村金融体制改革的决定》,提出了农村金融体制改革的核心是"把农村信用社逐步改为由农民入股、由社员民主管理、主要为社员服务的合作性金融组织"。[1] 提出改革的步骤是:"农村信用社与农业银行脱离行政隶属关系,其业务管理和金融监管分别由农村信用社县联社和人民银行承担,然后按合作制原则加以规范。"[2] "按合作制规范"农村信用社改革主要内容有:

1. 农村信用社与农业银行脱离行政隶属关系。农业银行不再领导管理农村信用社,不再给农村信用社指令性、指导性意见,[3] 农村信用社不再向农业银行缴纳存款准备金,而改向中国人民银行缴纳;县联社负责农村信用社的业务管理,农业银行与农村信用社不再是上下级的行政隶属关系,而是平等的合作关系。

2. 按照合作制原则重新规范农村信用社。一是改变以前单一的股权结构,吸收农民、个体工商户、乡镇企业,增加团体股,吸收职工股,强调社员入社自愿。二是规范分配制度。实行分红不保息,按交易量返还利润。三是规范民主管理,发挥农村信用社"三会"的民主管理作用。四是规范服务方向,规定对社员的贷款要占全部贷款金额的50%以上。五是建立农村信用社的行业自律组织。[4]

3. 强化中国人民银行对农村信用社的监管。人民银行各级分行,要在农村信用社的机构设置、利率和风险管理、投资方向和有关人员任职资格等方面,加强对农村信用社的监管。[5]

---

[1] 资料来源:《国务院关于农村金融体制改革的决定》(1996)。
[2] 同上。
[3] 易棉阳、陈俭:《中国农村信用社的发展路径与制度反思》,《中国经济史研究》2011年第2期。
[4] 资料来源:《国务院关于农村金融体制改革的决定》(1996)。
[5] 同上。

4. 加强县联社建设,改革和完善农村信用社县联社在管理协调、组织资金调剂、清算结算、现金供应和回笼、信息咨询和教育培训等服务职能。

5. 建立农村合作银行。在城乡一体化程度较高的地区,已经商业化经营的农村信用社,经整顿后可以组建成农村合作银行。① 合作银行可改制为按照商业银行经营方式来运作的股份制合作银行,但是,1997年和1998年的文件,强调为社员提供金融服务,实际上建立农村合作银行的决议被否定了。

(三) 按合作制要求规范农村信用社改革的效果

按合作制要求规范农村信用社的改革,取得了一定的效果:在产权方面通过清资扩股,农村信用社吸收多种经济形式入股,相对扩大了股本金;在民主管理制度上,设立"三会"制度,搭建起来了规范管理的框架,从形式上恢复了农村信用社的民主管理制度;在管理体制上,农村信用社脱离农业银行管理后,其业务管理由县联社负责,农村信用社开始获得相对独立的自主权,经营上也开始有灵活性,内部管理开始逐步向规范化发展;在资金投向上,强调为社员服务,支农投入明显增加。据统计,1996年,农村信用社的农业贷款为1486.6亿元,占贷款余额的23.3%,到2002年农业贷款增加到5563.6亿元,②占贷款余额的40.3%,比1996年增长17个百分点。但是,农村信用社改革并没有带来效益的提高,反而使亏损更加严重,农村信用社商业化明显,农民贷款难问题并没有得到解决。③ 而且农村信用社还没有建立起完善的法人治理结构,改革流于形式。

# 第三节 农村信用社恢复的合作金融制度异化

## 一、农村信用社恢复的合作金融制度异化的表现

中国恢复农村信用社合作金融性质的改革取得了很大的成绩,特别是1996年以来,按照合作制原则规范对农村信用社的改革,在产权制度、民主管理、资金投向及管理体制等方面,初步建立起农村合作金融的制度架构,使农村信用社表面上披上了合作金融的外衣。但是,改革形式主义严重,特别是随着经济体制的变革,经济和金融环境的巨大变化等多方面的原因,我国

---

① 资料来源:《国务院关于农村金融体制改革的决定》(1996)。
② 苏宁:《1949—2005中国金融统计》,中国金融出版社2007年版,第314、326页。
③ 姚会元,陈俭:《农村信用社制度异化分析》,《学术交流》2008年第9期。

农村信用社逐渐背离了合作金融制度,发生了异化,主要表现在以下几个方面。

(一) 农村信用社产权设置存在缺陷

国外合作金融比较发达的国家,其合作金融组织一个重要特点就是产权比较清晰,合作金融产权能够量化到社员身上。多年来,中国农村信用社在政府的控制下,走的是"官办"道路,而不是合作金融组织的"民办"道路,广大社员并不认同农村信用社是合作金融组织,更不认同是自己的金融组织。无论是恢复农村信用社"三性"的改革,还是按照合作制规范农村信用社的改革,其产权改革具有明显的缺陷:在股权设置中,都没有建立起体现合作金融组织所具有的个体所有产权,农村信用社往年积累不能在改革中量化到每个社员身上,社员的"所有者权益"无法得到体现,即使农村信用社盈利了,其利润大部分被提取为公积金、公益金等不可量化的集体资产;社员虽然也享受按股分红和按交易量返还利润,但是实际情况是社员股金比较小,在有些地方农村信用社社员股金所占比例不足 2%,得到的收入较少,农村信用社日常营运的大部分资本金,没有通过股权改革改变长期以来农村信用社实际存在的"所有者缺位",无论是农村信用社盈利或亏损,因为同社员利益关系的股金所占份额较小,发挥的作用有限,这样不会对社员利益产生多大影响,也无法激励社员去监督和管理农村信用社经营活动;而且在现有产权条件下,农村信用社资产实际被内部职工控制,大部分农村信用社亏损严重,亏损社普通社员无法分红,而亏损社的职工社员可以照样分红,实际上,农村信用社的产权被政府控制。因此,农村信用社对广大社员并没有吸引力,农村信用社远离了社员。

(二) 在管理制度上背离"合作制"式民主

中国农村信用合作社在成立时按合作制原则组建,实行"一人一票"原则,可以确保社员参与监督和决策,实行民主管理。但是,农村信用社在成立至今的五十多年里,真正意义上由社员自己管理的时间很短。近年来,随着农村信用社的规模扩大以及金融业竞争加剧,经营活动日趋复杂,其管理更趋向于专业化和集中化,聘请专业人员进行管理,经营管理权掌握在管理人员手中,形成内部管理层,出现"内部人控制"的现象。在理论上,尽管农村信用社社员代表大会是最高权力机构,理事会和监事会由社员代表大会选举产生,经营管理者要受到社员代表大会中理事会和监事会的监督。但长期以来,农村信用社法人治理结构没有建立起来,农村信用社社员代表大会很少召开,基本上流于形式,农村信用社管理权实际上落入政府任命的官员和专业人员手中,社员不能有效地对内部管理人员的行为实施最终控制。并且,随着盈利趋向的加强,内部管理人员形式了利益共同体,出现内部人控制甚至失控现象,民主管理原则逐渐被削弱。同时,在农村信用社的股权结构中,由于社员的股本金很小,约束力不够,监督和参与管理成本较高,使社员缺乏参与管理的积极性和主动性。

### (三) 非互助性倾向明显

农村信用社在创立之初,作为合作金融组织通过各种灵活而方便的措施,为广大农户提供互助优惠的金融服务,支持了农村经济的发展。然而,改革开放以来,随着社会主义市场经济的发展,金融行业竞争加剧,社员从农村信用社得到的贷款不仅比重低,而且处于不断下降的趋势。根据温铁军对中国 15 省的 24 个地区的农户借贷情况的研究表明:1995—1999 年农村社员从农村信用社贷款的比重呈下降趋势,且 70% 以上社员的贷款需求是通过民间借贷的方式得以解决。[①] 何梦笔和陈吉元对广东、浙江、湖北、山西和陕西 5 省的 256 户社员的调查结果也证明:有贷款需求的社员中,从农村信用社得到贷款的仅有 10%,而 86% 以上的贷款需求是通过民间金融机构得到解决。[②] 可见,农村信用社的互助合作的性质没有得到真正体现。而且,农村信用社与社员之间的贷款程序与商业银行基本相同,贷给谁、贷多少及抵押担保程序,均由农村信用社主任说了算,非社员贷款比重也在 30%～50%。[③] 所以农民从来不认为农村信用社是他们自己的互助性合作金融组织,而是把农村信用社当作政府部门的附属机构。

## 二、农村信用社合作金融制度异化的原因

农村信用社改革的目标就是要恢复其合作金融性质,但是,改革并没有取得预期的目标,恢复农村信用社合作金融制度发生了异化,主要原因在于以下几个方面。

### (一) 对合作金融的认识存在误区

#### 1. 混淆了合作金融与集体金融的区别

合作金融和集体金融是两种不同的概念。集体金融包含下面几点内容:

---

[①] 温铁军:《农户信用与民间借贷研究——农户信用与民间借贷课题主报告》,中经网 2001 年 6 月 7 日。
[②] 何梦笔、陈吉元:《农民金融需求及金融服务供给》,《中国农村经济》2000 年第 7 期。
[③] 谢平:《中国农村信用合作社体制改革的争论》,《金融研究》2001 年第 1 期。

第一,一切信贷活动被纳入国家的信贷计划之中;第二,基本按照国家银行的规定来经营业务;第三,财产归社员集体所有。集体金融组织是适应集体经济发展需要而存在的,是计划经济的产物,国有金融组织的补充,政府对其有绝对的控制权。从所有制关系来看,集体所有制是公有制的组成部分,是公有化程度较低的层次,是准国有制。当个人加入了集体,个人的私人所有权也就遭到了否认,私人产权就变为集体所有,也就是说集体金融的产权不能量化到个人,而是属于集体。此时,个人的私人产权变得模糊不清了,事实上,所有者是缺位的,因此其集体产权是虚置的。而合作金融是弱者的联合组织,为抵抗大资本的剥削,在资金上实现互助合作的组织形式,它是一种独立的经济形式。在经济活动中发挥自己独立的经济主体作用,不隶属于哪个经济组织;在产权上承认并且尊重社员个人对合作金融财产的私有性质。虽然,社员提供的资金被合作金融组织共同使用,但是,社员始终拥有财产所有权,产权是清晰的。两种产权形式的最主要不同之处在于是否保留最终所有者的个体财产所有权。①

长期以来,我国把农村信用社看作是集体金融。在农村信用社成立初期,把农村信用社定义为劳动群众集体所有的合作金融组织,在表述上已经开始把农村信用社和集体金融混为一体了,不过,那时候农村信用社与国家银行关系处理得比较好,合作金融的个体产权还是得到了体现。在社会主义改造基本完成后,在强大的意识形态下,个体产权开始被模糊,随着农村信用社不断被下放给社队,农村信用社失去了独立性,社队对其有支配权;收归银行管理后,农村信用社完全执行银行的规定,扮演国家银行基层机构的角色,农村信用社的私人产权逐渐变为集体产权,合作金融也就变为集体金融;1962年人民银行公布的《关于农村信用社若干问题的规定(试行草案)》对农村信用社的性质做了规定,"我国的农村金融组织有两种所有制:一是全民所有制的国家银行;一种是集体所有制的信用合作社"。② 鉴于农村信用社在几次下放和回收后事实上扮演着国家银行基层机构的角色,1979年,国务院在《恢复农业银行的通知》中规定:"农村信用社是集体金融组织,又是农业银行的基层机构。"这样农村信用社从内容形式上完全过渡到集体金融组织了,并成为准国有金融机构了。但是,在恢复农村信用社的合作制改革中,仍然没有摆脱旧式思维的窠臼,特别是在 1980—1995 年恢复农村信用社"三性"时期,仍坚持农村信用社是在农业银行领导下的集体所有的合作金融组织,

---

① 李树生:《合作金融》,中国经济出版社 2004 年版,第 186—187 页。
② 卢汉川:《中国农村金融历史资料(1949—1985)》,湖南省出版事业管理局,1986 年,第 403 页。

混淆了集体金融与合作金融的区别,把合作金融的外在表征套在集体所有的农村信用社身上,误认为在农业银行领导下恢复农村信用社"三性"就是恢复农村信用社的合作金融属性。殊不知,这种做法与真正的合作金融相差甚远。1996年后,虽然认识到了合作金融不属于集体金融,并按照合作制的要求对农村信用社进行改革;但是,在农村信用社的产权改革上,社员除了按股分得少量红利外,大部分盈余、公积金和公益金等都转化为不可量化的集体资产,不能真正体现出属于社员个人所有的合作金融产权。所以,改革仍然没有摆脱"农村信用社属于集体金融组织"的惯性思维,致使农村信用社产权关系模糊,社员并不关心农村信用社的改革,也不关心它的经营管理,这是按合作制规范农村信用社的改革未能取得成功的根本原因。

2. 简单套用西方合作经济组织的原则

根据国际合作金融的发展,国内学者对合作金融的基本原则进行了概括,认为主要表现为四个方面:自愿性、互助共济性、民主管理性、非营利性。[①] 农村信用社的改革也比较注重从理论上满足这几个方面的要求,很多金融界和理论界的学者也都认为,只要这几个条件满足了,恢复农村信用社的合作金融属性的目标就达到了。在实践中,从20世纪80年代以来,中国恢复农村信用社合作金融性质的改革,也比较注重恢复合作制的外在特征,简单套用西方合作经济原则,虽然对合作金融的恢复起到了一定的作用,但总的说来,只具有合作金融的外衣,没有合作金融的实质,形式主义严重。

第一,关于自愿性。为了让群众自愿入股,在农村信用社改革中,一般都向群众承诺了加入信用社的"美好前景",如实行股金保息分红的政策,承诺主要为社员服务、社员享有贷款优先权、利率优惠及按照交易量返还部分利润给社员,而不入股或退股一般都要付出从信用社贷不到款的风险,而入股信用社的股金是存款化股金,可以获得高额股息收入,最起码可以做到"稳赚不赔",还可以有机会获得贷款服务。并且参加社员大会还有"免费午餐",这些都是"得"大于"失"的好事。因此,绝大多数农户是在这种情况下"自愿"入股的。但是持有这样的入股动机,是不会真正关心农村信用社的经营管理的。因为没有按照真正合作金融组织那样,设立可以量化到每个人的产权结构,让社员积极主动地参加合作金融组织,民主管理信用社,实现互助融资。

第二,关于互助性。中国农村信用社在改革中,一直强调要"把农村信用社改革成为社员群众服务的资金互助组织,要起民间借贷的作用",这在党和政府的文件中多次规定,但是农村信用社的改革并没有把这些政策落实到实

---

① 谢平:《中国农村信用社体制改革的争论》,《金融研究》2001年第1期。

处。在已经商业化的情况下,农村信用社在实际执行过程中,在资金投向上,一般选择效益好的养殖户、专业户和大型乡镇企业。而普通农户和中小型乡镇企业由于风险大、无抵押品很难从农村信用社获得贷款。国家还规定到2000年农村信用社对社员发放的贷款要不低于贷款总额的50%,不少农村信用社就增大向效益好的社员、乡镇企业贷款数额,来满足这个硬性规定,而普通农户社员依旧无法获得贷款,互助性无从谈起。

第三,关于民主管理。在农村信用社的改革中,逐渐恢复了农村信用社的独立性,建立了社员代表大会、理事会、监事会,恢复了它们的职权,民主的架子搭起了,以为这样就可以实现合作制了,没有考虑到实行农村信用社的民主管理是个长期的、缓慢的过程,更没有考虑到农村信用社被"内部人控制"的事实,在产权关系模糊的情况下,农村信用社的"三会"不起任何实质性作用,民主管理流于形式,农村信用社的内部约束机制不起作用。

第四,关于非营利性。虽然国际合作联盟把非营利性作为合作金融的原则,但是随着资本主义经济的发展,许多合作金融组织资金出现了剩余,合作金融组织开始把资金投向城市或其他效益比较好的非农产业,追求利润最大化。然而,在中国农村信用社的改革中,简单套用了国际合作联盟提出的非营利性原则,改革文件并没有提到农村信用社的营利性问题,如1997年《农村信用合作社管理规定》,提出合作制是"由社员入股组成、实行民主管理、主要为社员提供金融服务"。1998年《国务院转发中国人民银行〈关于进一步做好农村信用合作社改革整顿规范管理工作的意见〉的通知》把合作制原则表述为"自愿入股、民主管理和主要为社员服务",[①]实际是农村信用社改革"无盈利主义"方案;国内有的学者甚至把营利性原则与为社员服务对立起来,实际上把非营利性作为合作金融的特征或原则。事实上,中国农村信用社的亏损严重,有些农村信用社负债累累,无法生存,不盈利怎能生存?如果连生存都成了问题何以为社员服务?只有盈利才能具备为社员服务的经济基础,农村信用社追求盈利也是为了更好地服务社员;因此,非营利性并非农村信用社的经营原则。

因此,恢复农村信用社的合作制改革中,虽然借用了国际合作金融组织的一些基本原则,使农村信用社具有合作金融一些表面特征,但是缺乏与中国实际结合的基础,形式主义严重,没有合作金融的实质。

---

① 邢军峰、杜洋,《信用合作社原则与其规模的关系探讨——兼论农村信用社改革》,《金融理论与实践》2010年第12期。

(二) 改革理论和政策上的失误

1. 农村信用社存在多元目标的冲突

亚洲金融危机爆发后,四大国有银行进行商业化改革,逐渐退出农村地区和农业领域,特别是农业银行为规避风险,大规模撤并农村金融网点,收缩农村金融战线;而从农业银行剥离出来的政策性金融机构——农业发展银行,在实际运营中其业务仅限于粮棉贷款的发放和回收,资金是封闭性运行,不对农户发放贷款;这样在农村金融领域里存在着巨大的真空,农村信用社成为农村金融领域里唯一的正规金融机构,同时承担着多种功能:一是为农户服务的合作金融功能,二是为"三农"服务的政策性功能,三是营利性的商业性功能,也演绎出与功能相对应的经营目标:为农户服务目标、为"三农"服务目标和营利性目标,而在实践中,农村信用社的多元性目标之间存在着矛盾和冲突。

由于农村信用社点多面广,经过多年的发展,深深扎根农村,与农民联系紧密,在农村有天然的优势,又加上农村信用社无法与国内其他国有金融机构相抗衡,因此农村信用社的定位只能在农村。然而,农村是落后地区,农民是弱势群体,农业是弱质产业,农民又缺乏抵押品,因此在农村投资普遍存在着高风险,这是一般金融机构不愿向农村放贷的主要原因;农村信用社在追求营利性目标下,其在农村的贷款一般也是选择经济效益较好的专业户、承包户和大型乡镇企业,普通农户一般无缘得到农村信用社的贷款,这使得营利性目标与为农户服务的目标相冲突;为"三农"服务的目标,本是政策性金融机构的任务,但让农村信用社来承担必然存在着政策性亏损,在得不到政策补贴和优惠的情况下,农村信用社为了生存,走上了商业化道路,追求营利性目标是必然的理性选择,这是营利性目标与为"三农"服务目标之间的冲突;为"三农"服务包含为农户服务,但是农业、农村和农民问题是个大问题,农村信用社在现有的资金条件下无力服务"三农",这是为"三农"服务目标与为农户服务目标之间的冲突。

多重目标不仅会造成农村信用社经营思想混乱,而且在管理中易出现机会主义问题。在贷款中的呆账、坏账和死账大量增加或出现严重亏损时,农村信用社的管理者不是从自身的经营管理中吸取教训,而是倾向于表白自己所承担的政策性义务和非营利性,与监管当局讨价还价。① 而且农村信用社在承担政策性任务的同时,又从事商业化经营,必然存在道德风险,在制度不

---

① 谢平:《中国农村信用合作社体制改革的争论》,《金融研究》2001年第1期。

完善的情况下,其亏损时必然无止境地向政府索要补贴。中央监管当局以最后贷款人的角色不得不给农村信用社提供补贴以化解其风险。

世界金融发展史表明,为农户服务、为"三农"服务及自身的营利性并不是矛盾的,完全可以统一起来,如现在法国的合作金融组织便是集合作性、政策性和商业性于一体,而且能够发挥各自的优势。在中国要让这几种目标能够协调起来,关键是:让农村信用社承担为农户服务的互助性功能,就必须要为农村信用社创造合作金融运作的条件及环境;让农村信用社承担为"三农"服务的政策性功能,就要为农村信用社提供政策性扶持和补贴;让农村信用社在为农户服务和为"三农"服务中盈利,以提高自己服务能力,更好地服务"三农",实现可持续发展。

2. 内部人控制严重

长期以来,农村信用社作为国家银行在农村的基层机构,其职工在工资、奖金、医疗和其他福利待遇等方面与国家银行一致,端起了"铁饭碗"和国家银行共吃"大锅饭",农村信用社职工逐渐形成了一个利益群体,这个利益群体为了维护自身利益,保持自己的"铁饭碗",对农村信用社进行合作制的改革持消极态度。如1986年,国家体改委和人民银行决定信用社进行"脱钩"试点,在农村信用社职工内部引起了震荡,影响了业务的发展,最后不得不由人民银行出面宣布"农村信用社由农业银行代管"才平息,实际上仍在维持农村信用社是"国家银行基层机构"的管理体制不变。随着农村经济形势的发展变化,国家下决心进行农村信用社恢复合作制的改革,1996年开始农村信用社与农业银行进行"脱钩",农村信用社交给中国人民银行管理,中国人民银行集行业管理和金融监管为一身,削弱了其监管能力,致使农村信用社管理松散且效果不明显,农村信用社缺乏约束力,自主权过大,这样,脱离农业银行领导的农村信用社彻底成为一个相对独立的利益群体了。农村信用社换了"婆婆"本来不是什么坏事,但是按照合作制原则来规范农村信用社,必然触犯农村信用社职工利益;为安抚农村信用社职工,提高他们积极性,在1998年的农村信用社改革方案中,强调吸收职工股,把农村信用社职工吸收为社员,并提高职工社员股金水平,农村信用社职工凭借其大额股金可以获得可观的红利。1998年的改革方案还要求扩大职工社员参入社员代表大会、理事会和监事会的比例,加大了职工社员参加民主管理的力度,在农村信用社民主管理流于形式的情况下,下放给农村信用社的经营自主权就落到农村信用社内部职工社员手中,外部社员不能对内部社员实行有效的控制,逐渐形成了农村信用社"内部人控制",甚至出现"内部人控制失控"的局面。即农村信用社内部职工,利用其代理农村信用社的管理权,在日常的经营管理活动中,谋取自身利益而侵害社员利益。如很多信用社职工在亏损状态下,仍能够享受到分红,很多信用社职工收入严重脱离了农村信用社的实际经营状况。① 改革除了农村信用社内部职工受益外,大多数农民社员没有从农村信用社改革中获益,其贷款不能由农村信用社来解决,不能对农村信用社的经营管理产生任何实质性影响,农村信用社的经营管理决策全部由农村信用社内部人员说了算。

3. 农村信用社的利益没有受到保护

农业是弱质产业,农村资金具有分散、小额等特点,任何金融机构在农村经营就要付出很大的交易成本;而农村合作金融组织紧密联系农民,在农村有天然的优势。因此,世界上很多国家都很重视对合作金融组织的扶持和资助,并通过各种手段对农村合作金融组织的利益进行保护。中国农村信用社在成立初期也得到了政府的贷款支持和政策优惠,使农村信用社较好地发挥了合作金融组织的互助融资的功能。但是,随着农村信用社管理权几次被下放和上收,农村信用社逐渐变为国家银行的基层机构,享受着与国家银行一样的待遇。在农村信用社恢复合作制改革的初期,这种体制并没有改变,而农村信用社并没有得到合作金融组织应有的资金支持和优惠政策。长期以来,农村信用社把资金转存到农业银行,转存款利率低于吸收农民存款的利率,利率倒挂造成亏损。据统计,农村信用社的存款成本(存款平均利率+存款费用率)在1984年为6.1%、1985年为7.2%、1986年7.62%、1987年为7.92%、1989年为16%,而农村信用社在农业银行各种存款的综合利率在1987年为6.0%,1989年为10%,1987年利率倒挂了约1.92个百分点,亏损了11.4亿元,1989年利率倒挂了6个百分点,亏损39.4亿元。② 在治理通货膨胀期间,国家实行"紧缩性"宏观调控政策,农村信用社和国家金融机构一样执行紧缩性货币政策,根本没有考虑到农村信用社的实际情况,收紧了对农村信用社的信贷控制,取消其自主权,严重忽略了农村信用社改革刚刚取得的初步成果,使恢复农村信用社"三性"的改革遭到挫折、倒退。在治理通货膨胀时,政府还出台了两次保值储蓄存款政策,即对储蓄户的存款利率实行保值补贴,增加了存款成本,利息收入不敷利息支出,致使农村信用社的存款和贷款利率严重倒挂。首次开办保值储蓄存款时,农村信用社共出现了5.8亿元亏损,而人民银行仅补贴1亿元,亏损总额的83%由农村信用社自己负担;1993年开办第二次保值储蓄,1994年农村信用社实付贴息24亿

---

① 谢平:《中国农村信用合作社体制改革的争论》,《金融研究》2001年第1期。
② 徐笑波等:《中国农村金融的变革与发展》,当代中国出版社1994年版,第56—57页。

元,①而人民银行没有给予补贴。据统计,保值贴补所造成的亏损在许多信用社中占亏损总额的 30%～40%,②巨额的贴息使很多农村信用社由盈利社变为亏损社。

在按照合作制要求对农村信用社的改革中,虽然农村信用社与农业银行脱离了行政隶属关系(即"脱钩"),但是,农业银行利用其长期管理农村信用社的优势,乘机在"脱钩"过程中,通过资产划转和分割向农村信用社转嫁不良资产,使农村信用社在改革过程中产生了新的呆账、坏账。1999 年国家在关闭合作基金会时,又强制性地把部分合作基金会合并到农村信用社,也带进部分呆账。由于亏损得不到政府的全额补贴,加上一些被转入的呆坏账、不良资产等,成为农村信用社的沉重包袱,严重影响了农村信用社的正常运行。而四大国有银行在 1998 年二次金融改革过程中,剥离出 1.4 万亿元的不良贷款,财政部是实际的出资人。③ 由于没有国家资金的外部注入来化解农村信用社的历史包袱,国家在制定优惠贷款政策时,财政部门又不负担为农村信用社补贴利息,而农村信用社还必须执行国家制定的支持农业发展的政策,这对农村信用社的发展是极为不公的,也不利于农村信用社扭亏转盈,不利于服务农业、农民和农村经济,必然制约着农村信用社向为社员服务的合作金融方向发展。

(三) 农村合作金融发展缺乏必要的条件

根据国外农村合作金融发展的经验可知,农村合作金融组织的良好运行必须具有一定的环境条件,才能保证其正常、顺利发展。这些环境条件主要是:专门的行政机构来保证其独立性,政府必要的扶持,完善的合作金融法律体系,行业自律组织及中央银行的监管和扶持等。而在中国农村信用社之所以未能恢复合作金融组织的本来面目,一个重要原因就是缺乏合作金融运行的这些环境条件,使农村信用社发展的内在"冲动"与外部政策环境出现了矛盾性。

1. 缺乏专门的行政管理机构来保证农村信用社的独立性

为保证农村合作金融组织的独立性,世界很多国家对农村信用社的管理是由相应的管理机构代表,而不是设立专门的管理机构;也有一些国家设置专门的管理机构,通过办理资格审查、登记和取缔、业务指导、财务检查、教育

---

① 王奉文等:《银行在企业改制中的策略调整》,《经济学消息报》1998 年 3 月 20 日。
② 陈雪飞:《农村信用社:理论与实践》,中国经济出版社 2005 年版,第 228 页。
③ 刘乾坤、舒眉:《工行改制路线图 主导权归央行而财政部只是辅助》,《全球财经观察》2005 年 3 月 11 日。

培训内部职员等措施加强对农村合作金融的行政管理。如印度的信用合作组织在1919年改由各省直接管理后,中央政府、省、和地方政府分别设立合作事业发展局、合作事业管理处、合作登记官,既坚持对信用社扶持协助的方针,又坚持管理信用社自主自立的原则,避免信用社对政府的依赖。① 而中国农村信用社作为农村正规的合作金融组织一直是由国家银行负责管理,特别是由农业银行负责管理,政府没有设立专门的行政管理机构来对农村信用社进行管理,这使农村信用社长期以来一直依附于农业银行,成为其分支机构,不能实现其独立性;农业银行作为一个独立的经济实体,在管理农村信用社时常常采取"搭便车"行为,或将其负的外部性转嫁给农村信用社,如挪用农村信用社的资金,或向其转嫁不良资产,农村信用社缺乏独立性,不利于合作金融制度的恢复。

2. 缺乏政府必要的扶持

为了促进合作金融的发展,许多国家在税收和金融政策给予合作金融组织特殊的优惠和支持。如市场经济发达的美国,在1937年国会通过法案,免征非营利性的合作金融组织——信用合作社的一切税收,并且也没有要求信用合作社有缴纳存款准备金的任务;德国税法在关于"法人税"中也规定,合作银行、信用合作社、互助合作金库等合作金融组织均为非征税法人;日本政府也给予合作金融免税或减税的优惠;瑞典政府向合作社提供大量的低息贷款,并给合作社一定的财政补贴。②

然而,我国农村信用社在恢复合作制的改革中,缺乏政府必要的税收扶持。虽然,在改革初期政府对农村信用社免征营业税。但是,从1986年起国家先后对农村信用社开征了营业税、所得税及其他附加税种,营业税税率与国家银行几乎一致,完全将农村信用社和国家银行一样看待。1997年在农村信用社的规范制改革中,国务院曾规定在税收上优惠以扶持农村信用社,但实际操作过程中并没有执行下来,即使农村信用社出现了亏损,也必须缴纳营业税、城市维护建设税、教育附加费、防洪保安基金、价格调节税、房产税、土地使用税等税种,各项税收总计达各项业务收入的10%以上,盈利社还要缴纳所得税。③ 据统计,1987—1999年,农村信用社共上缴营业税和所得税等税负342亿元,占亏损总额的39%。④

而且,我国农村信用社在改革过程中也缺乏必要的金融支持,尤其是农

---

① 马忠富:《中国农村合作金融发展研究》,中国金融出版社2001年版,第208页。
② 张元红等:《当代农村金融发展的理论与实践》,江西人民出版社2002年版,第110页。
③ 陈雪飞:《农村信用社:理论与实践》,中国经济出版社2005年版,第228页。
④ 马忠富:《中国农村合作金融发展研究》,中国金融出版社2001年版,第209页。

村信用社承担支持"三农"的政策性业务,贷款利息比较低,而农村信用社资金来源主要靠吸收存款,成本比较高,长时期的存贷款利率倒挂,造成了农村信用社的亏损,却又得不到补偿,这是农村信用社经济效益低下、风险加大的一个重要原因。政策性亏损加上沉重的税收负担严重影响了农村信用社的改革与发展,也是造成农村信用社普遍采取商业化经营目标而偏离合作制改革的重要原因。

3. 合作金融缺乏法律保护

为促进合作金融事业的发展,许多国家都制定了专门的合作金融法律,如美国的《联邦信用社法》、日本的《农林中央金库法》、德国的《德国合作银行法》等。[1] 并且这些合作金融法律随着经济形势的变化和合作金融事业的发展而不断丰富和完善,这给合作金融提供了有力的保障,使合作金融组织在设立、经营和监管等方面都依法进行,也使合作金融组织享受的权利有法律依据和保护,避免了政府或其管理机构对合作金融组织的随意性侵害,保证了合作金融健康、稳定的发展。

中国农村合作金融缺乏法律保障。新中国成立以来,由于对合作社的认识不断地发生变化,还没有一部关于合作社的法律,更遑论有关于农村信用社的法律。正是这个原因,农村信用社的利益缺乏法律保障而不断遭受"侵害",如曲折发展时期管理权的多次下放和回收,改革时期的许多不良资产和包袱都是外界管理部门或政府不尊重农村信用社的实际情况,对农村信用社权益随意地剥夺的结果,这也从侧面说明了中国农村合作金融缺乏法律保障。虽然,为规范对农村信用社的管理,中国人民银行也多次颁布农村信用社管理的有关规定,如1997年颁布的《农村信用合作社管理规定》,但这些规定是部门法规,只对规范农村信用社内部和外部管理起作用,而不具备普遍的法律效应。

4. 缺乏有效的监管和扶持

世界上有合作金融立法的国家,其监管机构都依法对合作金融监管,主要内容有:一是事前监管,即为保证合作金融健康运行的预防性监管,包括市场准入监管、金融风险监管等;二是事后监管,即为解决合作金融机构经营困难或发生经营危机时而采取的措施,包括最后援助措施、依法清算措施等。[2] 各国对合作金融组织的监管主体和其他银行企业的监管主体一样都不是相同的。如美国对合作金融组织的监管就呈现出多头监管的特点,美国还设立国家信用联盟管理局,依照合作金融法对合作金融组织进行监管。日本由处

---

[1] 马忠富:《中国农村合作金融发展研究》,中国金融出版社2001年版,第212页。
[2] 李树生:《合作金融》,中国经济出版社2004年版,第238页。

在合作金融体系"金字塔"顶端的中央农林金库对合作金融组织进行监管。

根据《中国人民银行法》规定,中国人民银行是中国唯一的金融监督和管理机构。农村信用社作为中国金融体系的组成部分,中国人民银行理所当然地是对农村信用社进行监管的主体。农村信用社自创立以来,一直是由中国人民银行领导和监管。虽然几次下放给社队管理,使人民银行领导和管理农村信用社出现了短暂的中断,但农村信用社由人民银行领导和监管的体制并没有发生实质性变化。1979年开始的中国金融改革恢复了中国农业银行,为支持农村经济体制改革,中国人民银行把领导和管理农村信用社的任务交给了农业银行来承担,从此,农业银行作为专业银行代替人民银行对农村信用社直接进行监督和管理;在农业银行领导和管理期间,仍维系着农村信用社作为国家银行的基层机构的体制不变,而且农业银行代管时期的大部分年份通货膨胀严重,对农村信用社控制很紧,使农村信用社缺乏独立性和灵活性。1996年农村信用社开始与农业银行脱离行政隶属关系,中国人民银行重新承担对农村信用社监督和管理的职能;为发挥中国人民银行监管职能,1997年中国人民银行系统内部从上到下设立了合作金融的监管部门,依据《中国人民银行法》《农村信用合作社管理规定》《农村信用合作社联合社管理规定》对农村信用社进行监管,以确保农村信用社的稳健运行和维护农村金融的稳定。但是,由于农村信用社本身没有自上而下的金融管理机构,每个分散于广大农村地区的信用社都是独立的法人,不像其他专业银行是统一的法人,中国人民银行直接监管农村信用社要付出很大的监督成本;农村信用社的行业管理虽然由县联社管理,但县联社又归人民银行设立的农改办管理,这样中国人民银行既是行业管理者,又是监管者,造成了人民银行对信用社的监管效率不高,致使农村信用社出现了内部人员控制农村信用社的局面。

中国农村信用社在农业银行和人民银行的监管下并没有得到足够的扶持,而且风险剧增,有的农村信用社已经达到了破产的边缘。如农村信用社在改革过程中产生的"历史包袱"①让农村信用社自己来消化,使许多农村信用社负债累累,而且亏损面不断扩大。农村信用社还在执行和其他商业银行一样的存款准备金率,根本没有体现监管部门对农村信用社的监管责任,更没有体现对农村信用社应有的特殊"关照",农村信用社的利率浮动以及业务市场准入都受到限制,无法与其他商业银行展开公平竞争等,这些都没有考虑到合作金融的特性而给以必要的支持和保护,最终,农村信用社恢复的合

---

① 通常包括这三部分:农业银行和农村信用社脱钩时遗留的呆账、保值储蓄的贴补支出、合作基金会带进的呆账。

作金融性质没有实质性进展。

5. 缺乏行业自律管理组织

国外合作金融发展比较好的国家,一般都设有行业自律管理组织,该组织由下级合作金融组织入股成立,有多级法人型和上虚下实型。前者的每一级都具有独立法人资格,是独立的经营体系;后者的上级不承担具体的经营业务。① 行业自律管理组织的主要功能不是管理而是提供各种服务,包括全国或全地区范围内的资金调剂、提供咨询、结算和培训等,行业自律管理组织是农村合作组织金融健康运行的重要保证。

中国农村信用社一般规模比较小,分散在广大农村地区,而且每个信用社都是独立的法人,理应建立全行业的自律管理组织。但是,中国农村信用社长期在农业银行的管理和领导下,农业银行作为上级包办了农村信用社的一切管理,其行业自律管理组织不可能建立起来。1996年开始结束农业银行和农村信用社行政隶属关系,中国人民银行负责管理农村信用社。虽然加强了县联社建设,实际结果是县联社成为农村信用社的领导机构了,县联社又归人民银行设立的农改办管理;这样,中国人民银行既是行业管理者,又是监管者。由于农村信用社数量多、规模小、分布广等特点决定了中国人民银行对农村信用社的监管要付出更多的成本,且监管效率不高,而且人民银行既是行业管理者又是监管者,也不符合农村信用社改革的规定。只有在全国真正建立起农村信用社自上而下的行业自律管理组织,发挥其内在的管理协调、组织资金调剂、清算结算、信息咨询和教育培训等服务职能,对外可以为合作金融争取应有权利和利益,才能使农村信用社稳健运行。

### 三、农村信用社合作金融制度异化的实质:各相关利益方不断博弈的结果

中国农村信用社恢复的合作金融制度异化,其实质是各相关利益方即农业银行、农村信用社、农民、地方政府和中央政府之间不断博弈的结果。

(一)农业银行、农村信用社和中央政府之间的博弈

1979年农业银行重新建立后,农村信用社的领导和管理权便集中在农业银行。农业银行对农村信用社有很大的控制权:审核农村信用社的业务计划、核定农村信用社的基准利率和浮动幅度、考核农村信用社领导干部的任职等。农村信用社没有独立性和自主性,农村信用社对农业银行有转存任务,大量资金被指令转存到农业银行,成为该行的重要资金来源,而且农业银

---

① 陆建平:《国外合作金融组织管理体系的模式及其借鉴》,《财经问题研究》1999年第11期。

行还利用农村信用社点多面广的优势代理其在农村的部分业务,以期节省农业银行在农村地区高昂的交易成本。如果让农村信用社恢复"合作"金融性质,使农村信用社成为独立自主的经济实体,就意味着农业银行的这些权力和利益的丧失。对此,农业银行作为一个独立的利益群体是"心有不甘",在实际行动上,农业银行在执行中央关于农村信用社改革的有关政策过程中,多次强调"农村信用社由农业银行管理的体制不变",即农村信用社的改革是在微妙的"关系"中进行的,哪些改,哪些不改,关系双方彼此都心中有数的,改革是在维持农村信用社是农业银行基层机构体制不变的前提下,进行一些恢复农村信用社业务自主权的改革,这是其一。其二,在这种关系的格局下,如果真正恢复农村信用社的合作金融性质,就意味着农村信用社由"官办"变为"民办",农村信用社职工便丧失了"铁饭碗",不能和国家银行共吃"大锅饭"了,农村信用社职工也将失去国家工作人员身份,这对农村信用社职工来说一时是无法接受的。因此,农村信用社职工普遍对恢复农村信用社合作制的改革持消极态度,而且很容易和农业银行结成"利益联盟"来对抗中央政府恢复农村信用社合作制的改革。这种情况在国家治理通货膨胀期间表现得最为明显。1984年,出现了全国性的通货膨胀,中央政府为治理通货膨胀,实施了紧缩宏观调控政策。农业银行利用管理上的有利条件,对农村信用社采取了严格的紧缩措施,如提高农村信用社的存款准备金率(远超过专业银行的13%)和增加在农业银行的转存款任务,谋取自身利益(因为转存款利率低于一般存款利率),使农村信用社多存不能多贷,实际上是收回了农村信用社通过改革刚刚取得的部分权利,又使农村信用社又回到归农业银行管理的原有体制上。同时,在1986年由于世界银行的"建议",全国范围内出现了农村信用社和农业银行的"脱钩"风潮,使信用社70余万职工人心浮动、思想混乱,给农村信用社和农业银行都造成很大的震荡。为此农业银行领导多次要求中央政府(由中国人民银行代表)明确答复"农村信用社由农业银行管理的体制不变"。为治理通货膨胀、维护农村金融的稳定,中国人民银行(代表中央政府)不得不重申,"农村信用社由农业银行代管",维持现有体制不变,才平息这场风波,致使中央政府提出的恢复农村信用社"三性"的改革停滞不前。

  1992年中国确立了社会主义市场经济体制改革方向,农业银行也开始由专业银行向商业银行转变。随着中国金融体制的改革顺利进行和农村经济发展,1996年中央政府提出了在农村"建立合作金融为基础、政策性金融和商业金融分工负责的农村金融体系",要求农村信用社与农业银行脱离行政隶属关系,并按照合作制的要求来规范农村信用社的改革。在中央政府的压力下,农业银行被迫与农村信用社"脱钩"(实际上二者的"利益联盟"关系开始破裂)。但是,在资产的分割上,农业银行乘机向农村信用社转移不良贷款,使农村信用社背上不良贷款的"历史包袱",亏损严重。1997年东南亚金融危机爆发后,中央政府要求四大商业银行加强风险防范。为规避风险,农业银行乘机撤销了在农村的分支机构,收缩阵地,原在农村的很多政策性业务和商业性业务都落到农村信用社头上,使农村信用社成为服务"三农"的"主力军";在得不到中央政府补贴的情况下,农村信用社不堪重负,亏损面不断扩大,追逐利润便成为理性的选择,为社员服务的合作金融功能被异化。

(二) 农村信用社、农民社员和中央政府之间的博弈

中央政府要农村信用社恢复合作金融性质,以实现农户获得低成本资金支持,发展农村经济。然而,农村信用社恢复"三性"的改革是在农业银行的领导下进行的,形式主义严重,改革未能取得中央政府的预期目标。1996年以后,中央政府要求按照合作制重新规范农村信用社,农村信用社与农业银行脱离行政隶属关系,其金融监管由中国人民银行承担。[①] 按合作制规范农村信用社意味着农村信用社的职工可能要面临着失去"铁饭碗"的风险,建立"三会"民主管理组织意味着农村信用社的大事包括信用社的领导人选和信用社职工的工资待遇等,都要由社员民主决定,必然威胁到农村信用社主任、理事长的权力和职工的利益。中央政府为了"安抚"农村信用社内部人员,设立职工股,即让农村信用社内部人员入股成为农村信用社的社员,股金比一般社员高而且可以分红,并且在"三会"中提高职工社员的比例,在中国人民银行监管不力的情况下,形成了"内部人控制"农村信用社的局面,"内部人"利用其作为农村信用社改革执行者的优势,千方百计地保持或巩固自己利益,阻挠恢复农村信用社合作制的改革;同时,也使广大农民社员无法得到农村信用社的资金支持,虽然中央政府要求农村信用社对社员的贷款要达到50%的政策,但是农村信用社一般把资金投向效益比较好的专业户、养殖户和大型乡镇企业,以达到50%的硬性规定,广大农民社员和中小企业仍旧无法得到贷款支持,只有求救于民间借贷甚至高利贷。因此在"内部人控制"下,农村信用社的改革流于形式,无法实现真正的合作金融。

在农村信用社的改革过程中,农民对恢复农村信用社的"合作制"也没有多大的热情。因为在农民眼中,农村信用社是"官办"的金融机构,农村信用社职工都是"公家人",即使农民掏钱入股,农村信用社也不会改变这个事实。

---

① 资料来源:《国务院关于农村金融体制改革的决定》(1996)。

农民怕政策变,怕再搞"归大堆的集体化",而且农村信用社亏损严重,农民怕像合作基金会那样"血本无归",因此对入股和扩股都持慎重态度。纵观农村信用社的改革,无论是恢复农村信用社的"三性",还是按照合作制规范农村信用社,都没有抓住改革的要害,即没有建立起能够量化到社员个人的私人产权。这种改革的不到位,导致农民不会认为合作金融组织是自己的金融机构。农民对"三会"民主管理也不感兴趣,因为农民股金额很小,农民不会为了几十元的股金去"监督"和"管理"农村信用社而得不到任何好处。农民更情愿把钱存到信用社,成为"存款化股金",可以获得比较高的利息收入,根本没有想到去搞什么"合作"。在这种情况下,农村信用社很难成为农民的合作金融组织。

(三)农村信用社、地方政府和中央政府之间的博弈

按照国家政策规定,农村信用社是农民群众的合作金融组织,其资金来源于农村,又服务于农村,是以实现社员互助融资为其经营目标。因此,农村信用社的业务发展必然受到地方政府的干预。在中国实现工业化和城市化的大背景下,各地实现农村工业化和农村城市化,缺乏足够的资金支持。在财政资源稀缺的状态下,地方政府总是想方设法维持对农信社的控制状态,以更方便地使用金融资源。而且,地方政府为了地方利益和所谓的"政绩",普遍采取了"搭便车"行为,不断强制农村信用社把资金投向乡镇企业,而很少或完全不承担农村信用社亏损的责任,博弈的结果是中央政府成为农村信用社亏损的最后贷款人和买单人。

总之,中国农村信用社恢复"合作制"的改革中,存在多个相关利益方,它们之间有不同的利益诉求。这些利益群体利用农村信用社改革政策设计的缺陷,在博弈过程中不断采取自己利益最大化的策略,结果达到了制度的无效均衡,最终使恢复农村信用社合作金融制度异化,改革流于形式,未能取得预期的目标。

## 第四节 农村信用社与政府及国家银行之间的关系

### 一、农村信用社的产权实际上属于中央政府所有

世界上合作金融比较发达的西方国家,在合作金融组织成立时期,政府对合作金融提供了大量资金支持,包括低息贷款、减免税负、财政补贴,甚至政府投资入股,从外部注入资金直接促进了合作金融的持续发展。随着合作

金融组织的发展、壮大,政府都及时地退出了自己股份,减少了干预,让合作金融自主发展,但是对合作金融的支持并没有改变。中国农村信用社在初创时期,也得到了中央政府的大力支持,包括政府投入的大量宣传、组织成本及贷款支持、减免税负和亏损补贴等,为农村信用社的建立、发展和壮大做出了很大的贡献。但是,与世界其他国家不同的是,中国政府并没有随着农村信用社的发展而及时退出对农村信用社的控制,反而强化了控制,特别是在1958年"大跃进"以后,农村信用社两次被下放给社队和收归银行管理,并最终成为国家银行的基层机构,受中央政府的控制。

在恢复农村信用社合作制的改革时期,政府对农村信用社的直接控制有所减弱,但是政府仍然保持着强大的控制力,尤其对农村信用社产权的控制。农村信用社被政府当作集体金融组织,又被当作农业银行在农村的基层机构。在这种体制下,中国农业银行代管农村信用社,实质上是代表中央政府行使对农村信用社的控制权,而最终所有权属于中央政府。因为集体金融产权否认个人所有者权利,产权不能量化到个人,也就是说集体金融的产权不属于任何个人,而属于名义上的集体。实际上,这个集体由哪些人构成,哪些人对归属自己名下的财产拥有处置权、转让权等都是不明确的,也无法使之明确。① 事实上,所有者是缺位的,这种缺位最容易被政府控制。所以1984年的清资核产和扩股,只能增加农村信用社的资本金,不能形成合作金融企业那样的投资关系,因为社员股金与农村信用社财产积累不能构成对应的量化关系,更不能由社员支配和转让,社员只能凭股金获得股息收入,其股金是"存款化股金",股金不承担农村信用社的风险责任,体现的是农村信用社和职工之间的债权与债务的关系,而不是投资关系,所以农村信用社不属于社员所有。1996年以后,虽然不再提"农村信用社是集体金融",但是由于在农村信用社的清资扩股过程中,社员股金偏低,按照股金得到的收入很少,农村信用社提取的积累过多,而这些积累属于社员集体所有,不能和社员的股金对应和量化,虽然有些学者把农村信用社产权称为"复合产权",②但仍没有摆脱农村信用社是"集体金融"的窠臼,实质上农村信用社产权属于中央政府所有,而不属于地方政府。因为地方政府常常利用农村信用社的政策性目标搭中央政府便车,强迫农村信用社给地方政府或企业贷款,很多贷款都无法收回,使中央政府背负了巨大的包袱,而地方政府却不承担任何责任。在这种产权关系下,中央政府最终为农村信用社的一切损失买单。同时,中央政府还投入了政府信誉,那些亏损的信用社,有些已经严重资不抵债,却还在照

---

① 厉以宁:《论新公有制企业》,《新华文摘》2003年第12期。
② 马忠富:《中国农村合作金融发展研究》,中国金融出版社2001年版,第158页。

常经营。而且亏损社的职工社员可以照样分红,这与市场机制的要求不相适应,根本原因是政府信誉在维持着农村信用社的运转,存款人也不会相信农村信用社会倒闭,即使倒闭,政府也不会让他们的利益受损。① 而且,农村信用社工资制度按照国家规定的标准发放,人事编制仍由政府控制,农村信用社的职工身份是国家干部或国家工作人员,根本体现不出农村信用社的合作金融属性。因此,从农村信用社的产权运转和管理形式看,农村信用社的产权实际上属于中央政府所有。这种产权形式是地方政府乘机"搭便车"而不负担成本的根本原因,也是农村信用社恢复合作制改革未能成功的重要原因。

## 二、从农业银行管理到人民银行管理:约束有余而激励不足到激励有余而约束不足

在这一时期,从管理体制来看,农村信用社经历了从农业银行管理到人民银行管理的体制,其中在农业银行管理的体制下,农村信用社受到的约束有余而激励不足;而在人民银行管理的体制下,农村信用社受到的激励有余而约束不足。

### (一)在农业银行管理的体制下:约束有余而激励不足

在农业银行管理时期,恢复农村信用社"三性"的改革虽然取得一定的进展,农村信用社取得了一定的自主权和灵活性,但改革是在维持"农村信用社作为农业银行的基层机构"的体制下进行的,农业银行对农村信用社的控制并没有实质性减轻。农村信用社在农业银行的领导下也不可能取得合作金融组织所具有的独立性、灵活性和民主性。对农村信用社的管理可以给农业银行带来巨大的利益:农村信用社按照规定向农业银行缴纳存款准备金和转存款,由于农村信用社转存款利率低,很多地区的农业银行任意提高存款准备金比例和规定转存任务,农业银行对农村信用社的资金有严重的依赖性,将其转存款作为农业银行资金来源的重要组成部分,并纳入资金来源计划加以安排。

由表4.1可知,从1986年到1989年农村信用社与农业银行资金关系中,农村信用社上缴农业银行的存款准备金和转存款在1986年达493.30亿元,占农村信用社存款余额的51.3%,超过一半。到1989年增长到656.80亿元,所占农村信用社存款余额虽有所下降,但仍接近40%。而且农村信用

---

① 周脉伏:《农村信用社制度变迁与创新》,中国金融出版社2006年版,第113页。

社的资金利用率也很低,一直没有达到国家规定的农村信用社自主运用资金率年底要达65%的标准。1989年6月底,全国农村信用社缴纳人民银行特种存款48.6亿元,购买财政债券26.8亿元。这样,在农业银行和国家金融财政的双重压力下,农村信用社自主资金利用率仅达50%多一些的水平,[①]年底才达到57.8%,离国家规定的标准还差7.2个百分点。即使在农村信用社可用资金部分,又受到农业银行贷款规模、贷款方向的限制,而且地方政府也对农村信用社贷款进行干预,出现各种行政性贷款和摊派,使农村信用社资金运行和效率受到极大的影响;随着国家宏观调控政策的实行,这些被强化了的外部约束,极大地束缚了农村信用社的发展,也使农村信用社背离了合作金融发展轨道。

表4.1　农村信用社与农业银行的资金关系　　　（单位:亿元）

| 项目＼年份 | 1986 | 1987 | 1988 | 1989 |
|---|---|---|---|---|
| 存款余额[1] | 962.30 | 1225.20 | 1399.80 | 1669.50 |
| 存款准备金[2] | 216.30 | 262.40 | 275.97 | 289.60 |
| 转存银行款[3] | 277.00 | 328.93 | 301.46 | 367.20 |
| [4]=[2]+[3] | 493.30 | 591.33 | 577.43 | 656.80 |
| [4]÷[1]（%） | 51.30 | 48.30 | 41.30 | 39.34 |
| 资金利用率(%) | 58.60 | 58.30 | 59.30 | 57.80 |

资料来源:徐笑波等:《中国农村金融的变革与发展(1978—1990)》,当代中国出版社1994年版,第48、50页。

在农业银行的管理下,农村信用社不仅所受约束有余,而且缺乏激励。由于农业银行对农村信用社的存款准备金和转存款实行指令性控制,且转存款的利率倒挂问题相当严重,使农村信用社亏损。如,农村信用社的存款成本在1987年高于在农业银行存款利率1.92%,1989年超过6%,实际上就这一项这两年的亏损额就达50.8亿元。农村信用社还要开展保值储蓄存款,两次保值储蓄存款共贴息29.8亿元,政府共补贴1亿元,农村信用社净亏28.8亿元。在农业银行的管理下,国家把农村信用社当作银行一样的企业来征税,从1986年开始开征了营业税、所得税、能源交通税、教育附加费等十余种税种,并实行八级累进税制,从而增加了农村信用社的负担,使其税后盈利额减少。这些政策的实施,使农村信用社负担繁重、亏损经营,严重影响了农村信用社的效率,也使农村信用社缺乏活力和激励。

---

① 徐笑波等:《中国农村金融的变革与发展(1978—1990)》,当代中国出版社1994年版,第50—51页。

## (二) 在人民银行管理的体制下：激励有余而约束不足

农村信用社和农业银行脱离行政隶属关系以后,在中国人民银行管理下,出现了相反的情况,即对农村信用社激励有余而约束不足。农村信用社和农业银行"脱钩"以后,来自农业银行的管理没有了,由县联社对其管理,而县联社又归中国人民银行的农改办管理,实质上归中国人民银行管理,中国人民银行集行业管理和业务监管于一身,削弱了其对农村信用社监管能力,这样就使农村信用社彻底形成了相对独立的利益群体。在中国人民银行监管无力的情况下,农村信用社内部人员利用其掌握的信息、资源和作为改革的具体执行者等有利条件,控制农村信用社,形成了"内部人控制"的局面。他们对农村信用社恢复合作制的改革持消极态度,使改革形式主义严重。而且在农村信用社在内部人控制下,采取有利于自身利益的策略,表现在：第一,在外部业务上,片面追逐商业化盈利,甚至使农村信用社偏离了支农方向,广大农民社员告贷无门；1997年年底,中国人民银行虽然提出了要对农户提供不需要任何抵押的小额贷款,而且还要求"到2000年农村信用社对社员发放的贷款不低于50%",然而为获取利润,不少农村信用社把贷款投向经济效益比较好的专业户、养殖户及大型乡镇企业和联合组织,来满足达到50%的硬性规定,而普通农民社员仍旧得不到贷款支持。第二,在内部管理上,虽然农村信用社改革的1997年方案中,为激励农村信用社内部员工,规定在农村信用社内部设立职工股,这样,内部职工社员除了工资和奖金外,还可以按股分红,一些农村信用社职工社员利用这一优势在亏损经营的状态下仍旧坚持分红。

# 第五节　农村信用社的经济绩效与不足

## 一、农村信用社的经济绩效

改革开放以来,中国经济体制处于不断变革当中,农村金融体制也处在不断改革中。在中国金融体系中,涉农正规金融机构主要有中国农业银行、中国农业发展银行、邮政储蓄机构和农村信用社；而中国农业银行是商业银行,在农村的金融业务很少；中国农业发展银行是政策性银行,其业务仅限于粮油和农副产品收购；邮政储蓄机构,在农村只办理存款业务不办理贷款业务,起"抽水机"作用。就支持农业、农民和农村经济发展方面,和正规农村金融机构相比,农村信用社的资金投入最多,是主要的资金力量。据统计,农村信用社发放的农业生产贷款占所有农业生产贷款的60%以上,对农户发放的贷款占正规金融机构发放贷款的80%以上,农村信用社提供70%以上的乡镇企业贷款。① 农村信用社在支持"三农"工作中发挥了重大作用。

(一)为农民贷款提供资金支持

随着农村经济体制改革特别是家庭联产承包责任制的实行,农民不仅是消费的主体,而且成为生产经营的主体,大大激发了农民的生产潜能,促进了农村商品经济发展和农民收入增加。伴随着农民收入的增加,农民在农村信用社的存款也会增加。那么,农村信用社对农民的贷款也会随着农村商品经济的发展和农村信用社存款的增加而增加(如表4.2)。

表4.2 1980—2002年农村信用社存贷款业务 (单位:亿元)

| 项目<br>年份 | 各项存款余额 | 农户存款余额 | 各项贷款余额 | 农户贷款余额 | 集体农业贷款余额 | 乡镇企业贷款余额 | 农户贷款所占比例(%) |
|---|---|---|---|---|---|---|---|
| 1980 | 272.3 | 117.0 | 81.6 | 16.0 | 34.5 | 31.1 | 19.6 |
| 1981 | 319.6 | 169.6 | 96.4 | 25.2 | 35.7 | 35.5 | 26.2 |
| 1982 | 389.9 | 228.1 | 121.2 | 44.1 | 34.8 | 42.3 | 36.4 |
| 1983 | 487.4 | 319.9 | 163.7 | 75.4 | 28.2 | 60.1 | 47.1 |
| 1984 | 624.9 | 438.1 | 354.5 | 181.1 | 38.4 | 135.0 | 51.0 |
| 1985 | 724.9 | 564.8 | 400.0 | 194.2 | 41.4 | 164.4 | 48.5 |
| 1986 | 962.3 | 766.1 | 568.3 | 258.3 | 44.7 | 265.3 | 45.4 |
| 1987 | 1225.2 | 1005.7 | 771.1 | 347.5 | 64.5 | 359.3 | 45.1 |
| 1988 | 1399.8 | 1142.3 | 910.2 | 371.7 | 80.1 | 443.8 | 40.8 |
| 1989 | 1699.5 | 1412.1 | 1088.3 | 415.9 | 107.3 | 539.9 | 38.0 |
| 1990 | 2144.9 | 1841.8 | 1410.3 | 518.2 | 134.1 | 700.4 | 36.7 |
| 1991 | 2709.3 | 2316.7 | 1808.6 | 631.4 | 169.9 | 912.7 | 35.0 |
| 1992 | 3477.7 | 2867.3 | 2452.8 | 759.5 | 222.6 | 1294.7 | 31.0 |
| 1993 | 4297.0 | 3576.8 | 3143.9 | 881.0 | — | 1730.9 | 28.0 |
| 1994 | 5681.2 | 4816.0 | 4168.6 | 1081.0 | — | 2279.4 | 26.0 |
| 1995 | 7127.9 | 6195.6 | 5234.0 | 1360.0 | — | 2779.1 | 26.3 |
| 1996 | 8793.6 | 7670.6 | 6364.7 | 1487.0 | — | 3264.6 | 23.6 |
| 1997 | 10555.8 | 8257.0 | 7326.1 | 2408.0 | — | 3467.8 | 33.1 |
| 1998 | 12191.5 | 10441.0 | 8340.2 | 2659.3 | 784.4 | 3761.1 | 31.9 |
| 1999 | 13358.1 | 11217.3 | 9225.6 | 3039.6 | — | 4187.3 | 33.0 |
| 2000 | 15129.4 | 12355.3 | 10489.3 | 3588.0 | — | 4568.9 | 34.2 |

---

① 马忠富:《中国农村合作金融发展研究》,中国金融出版社2001年版,第96页。

续表

| 项目<br>年份 | 各项存款余额 | 农户存款余额 | 各项贷款余额 | 农户贷款余额 | 集体农业贷款余额 | 乡镇企业贷款余额 | 农户贷款所占比例（%） |
|---|---|---|---|---|---|---|---|
| 2001 | 17263.5 | 13821.4 | 11971.6 | 4417.6 | 1334.1 | 4843.4 | 37.0 |
| 2002 | 19875.5 | 15405.8 | 13937.7 | 3237.7 | — | 5141.0 | 23.2 |

资料来源：中国金融学会编《中国金融年鉴》各期与苏宁主编的《1949—2005中国金融统计》。

图4.1　1980—2002年中国农村信用社对农户贷款份额变化趋势

由表4.2可以看出，农村信用社的存款在1980年为272.3亿元，以后逐年增加，到2001年增长到17263.5亿元，增长了62.4倍；农户在农村信用社的存款在1980年为117亿元，到2001年增长到13821.4亿元，增长了117.1倍，农户的存款增长速度高于农村信用社总的存款增长速度；随着农户在农村信用社存款的增加，农村信用社对农户的贷款也在增加，由1980年的16亿元增长到2001年的4417.6亿元，增长了275.1倍。

虽然，农村信用社对农户的贷款余额的绝对值一直在增加，但农户贷款在农村信用社贷款总额中所占相对份额并不是一直增加，而是如图4.1所示，大略呈"M"字形波动，即先上升、下降、然后再缓慢回升、再下降。20世纪80年代初，对农户的贷款不仅绝对数在增加，而且相对数也在增加。例如从1980—1984年，农村信用社对农户的贷款由16.0亿元增长到181.1亿元，在1980年农村信用社对农户的贷款余额占信用社所有贷款余额19.6%。随着农村信用社恢复"三性"改革的逐步实行，农村信用社贷款逐渐灵活，农户得到的贷款增加很快,到1984年对农户的贷款占51%,超过一半。以后随着治理通货膨胀和乡镇企业的发展,对农户贷款比例有所降低,到20世纪90年代中期,一直徘徊在30%以下,1996年为23.6%,达到改革以来的最低点,仅比1980年多4个百分点,农民出现了贷款难的局面。此后,开始了按照合作制规范农村信用社的改革,强调贷款主要为社员服务,并在1999年农村信用社开始向农户开展小额贷款业务,农户获得贷款相对比例在提高,到2001年达到37%,比1980年超出16.4个百分点。农村信用社对农户贷款的增加(2002年有所减少),虽然没有解决农户贷款难问题,但是毕竟使农户贷款难的情况有所缓解。

在农户贷款构成上,农村信用社对农户贷款主要投向种养业、农户生活贷款和农村工商业贷款。其中,农村种养业是农村信用社资金的主要投向。如表4.3可知,种养业在农户贷款中所占比重很高,在1984年占66.1%,以后逐渐减少,但是相对比重仍然很大,1992年以前一直占60%以上。农户的生活贷款,1984年占农户贷款的17.0%,随着农民生活水平的提高,农村信用社对农户的生活贷款比重一直呈下降趋势,到1993年减少到7.9%;而对农户从事工商业和其他行业的贷款呈增加趋势,这两项加起来由1987年的20.3%,增加到1993年的33.5%。中国农户贷款构成的变化,表明了农户贷款需求由生活性贷款向生产经营性贷款转变、农村经济由单一的种养业向多种经营方向发展,农村经济的商品化程度大大加深了。从这种意义上来说,农村信用社对农户的贷款支持,为解决农户生产、生活困难和发展农村工商业,促进农村市场经济发展有重要意义。

表4.3 中国农户贷款构成变化趋势 (单位:%)

| 年份 | 1984 | 1985 | 1986 | 1987 | 1988 | 1989 | 1990 | 1991 | 1992 | 1993 |
|---|---|---|---|---|---|---|---|---|---|---|
| 农户贷款 | 100.0 | 100.0 | 100.0 | 100.0 | 100.0 | 100.0 | 100.0 | 100.0 | 100.0 | 100.0 |
| 种养业贷款 | 66.1 | 65.8 | 66.2 | 65.8 | 63.2 | 63.0 | 62.5 | 62.0 | 60.7 | 58.6 |
| 生活贷款 | 17.0 | 15.6 | 14.0 | 12.9 | 12.1 | 10.9 | 10.2 | 9.3 | 9.0 | 7.9 |
| 工商业贷款 | — | — | — | 10.4 | 20.4 | 11.7 | 11.8 | 12.4 | 12.7 | 13.4 |
| 其他 | 16.9 | 18.6 | 19.8 | 9.9 | 4.3 | 14.4 | 15.5 | 16.3 | 17.6 | 20.1 |

资料来源:苏宁主编的《1949—2005中国金融统计》。

(二) 为乡镇企业融资提供大量资金支持

改革开放以来,随着中国农村经济体制的改革,在农村地区出现了农副产品加工、购销、运输及其他服务行业,称为乡镇企业。乡镇企业的产生及发展不仅有利于农村经济的发展,对解决农民就业、农民增收和增加地方财政收入有直接作用,而且对农村实现工业化、城市化有重要意义。但是,乡镇企业是中国农村改革中出现的新生事物,邓小平曾高度评价说:"农村改革中,我们完全没有料到的最大收获,就是乡镇企业发展起来了,突然冒出来搞多种行业,搞商品经济,搞各种小型企业,异军突起。"① 可见,我国乡镇企业是在没有得到国家信贷计划支持情况下产生的,其原料、资金、设备、劳动力都由自己解决;因此,乡镇企业在发展过程中,普遍存在着资金缺乏的情况。为增加地方财政收入和转移农村劳动力,地方政府开始对乡镇企业采取扶持态度。在解决乡镇企业资金时,地方政府普遍对农村信用社的经营活动进行干预,为乡镇企业的融资提供支持。由表4.2可知,1980年农村信用社向乡镇企业提供的贷款为31.1亿元,到2002年,农村信用社对乡镇企业的贷款达5141亿元,是1980年的165.3倍。大量的资金贷给了乡镇企业。由表4.4可知,1980年以来乡镇企业贷款所占比重很大,在1980年,乡镇企业贷款所占比重为38.1%,到1989年,农村信用社对乡镇企业的贷款占49.6%,首次超过了对农业贷款(为47.7%)。1990年乡镇企业贷款占农村信用社所有贷款的50%,成为农村信用社最大的贷款对象。1991年,创历史最高水平,达55.7%,农村信用社对乡镇企业的贷款超过一半的情况,一直保持到1996年。以后,随着乡镇企业的改制、产业转型与结构调整,很多乡镇企业亏损,信用降低,对其贷款风险加大,农村信用社对乡镇企业的贷款有所减少,但是,大部分年份仍在40%以上。农村信用社大量资金投向乡镇企业,为乡镇企业的发展、壮大做出了不可磨灭的贡献。

表4.4 1980—2002年中国农村信用社贷款结构变化趋势 (单位:%)

| 年份 项目 | 农业贷款 | 乡镇企业贷款 | 其他贷款 | 合计 |
| --- | --- | --- | --- | --- |
| 1980 | 61.9 | 38.1 | 0 | 100 |
| 1981 | 63.2 | 36.8 | 0 | 100 |
| 1982 | 65.1 | 34.9 | 0 | 100 |
| 1983 | 63.3 | 36.7 | 0 | 100 |
| 1984 | 61.9 | 38.1 | 0 | 100 |
| 1985 | 58.9 | 41.1 | 0 | 100 |
| 1986 | 53.3 | 46.7 | 0 | 100 |
| 1987 | 53.4 | 46.6 | 0 | 100 |
| 1988 | 49.5 | 48.8 | 1.7 | 100 |
| 1989 | 47.7 | 49.6 | 2.7 | 100 |
| 1990 | 45.8 | 50.0 | 4.2 | 100 |
| 1991 | 39.0 | 55.7 | 5.3 | 100 |

---

① 《邓小平文选》第3卷,人民出版社1993年版,第238页。

续表

| 项目<br>年份 | 农业贷款 | 乡镇企业贷款 | 其他贷款 | 合计 |
| --- | --- | --- | --- | --- |
| 1992 | 40.4 | 52.3 | 7.3 | 100 |
| 1993 | 36.3 | 55.1 | 8.6 | 100 |
| 1994 | 19.5 | 54.6 | 25.9 | 100 |
| 1995 | 20.9 | 53.1 | 26 | 100 |
| 1996 | 23.4 | 51.3 | 25.3 | 100 |
| 1997 | 24.2 | 47.3 | 32.1 | 100 |
| 1998 | 31.9 | 45.1 | 33.0 | 100 |
| 1999 | 32.9 | 45.4 | 21.7 | 100 |
| 2000 | 34.2 | 43.6 | 22.2 | 100 |
| 2001 | 36.9 | 40.5 | 22.6 | 100 |
| 2002 | 40.3 | 36.5 | 23.2 | 100 |

资料来源：中国金融学会编《中国金融年鉴》各期和苏宁主编《1949—2005 中国金融统计》。

农村信用社还通过调整贷款结构，优化资金投向，不断拓宽业务领域，在满足支农资金需要的前提下，按照当地经济发展要求积极稳妥地支持乡镇企业调整结构，扶持了一批效益好、产品适销对路的乡镇企业和农村其他工商业持续高速发展。

（三）支持农业结构调整，促进农业发展起关键作用

支持农业生产是农村信用社的主要任务。由表4.4可知，在1980年农村信用社对农业的贷款占61.9%，以后随着乡镇企业的发展，而对农业的贷款逐渐减少，1994年达到最低点，仅占19.5%，使农村信用社资金出现非农化倾向。随着农村信用社的改革，1997年中国人民银行提出到2000年农村信用社对农业的贷款达到35%，农村信用社对农业的贷款有所增加，到2002年增加到40.3%。虽然并不能扭转农村信用社资金非农化的局面，但农村信用社的农业贷款余额占全部金融机构农业贷款余额比重的81%。[①] 农村信用社对农业的贷款，为农业结构的调整起关键性作用。表现在：第一，农村信用社按照国家政策要求，在为粮棉油生产提供大量贷款的同时，也因地制宜，支持发展多种经营，促进了农业、林业、牧业、副业、渔业全面发展，为养殖业、园艺业等劳动密集行业提供了大量的贷款，从而调整了农业产业结构，提高规模化、集约化和标准化水平。第二，农村信用社也积极支持那些品种优良、特色鲜明、附加值高的优势农产品，调整了农业产品结构。第三，随着农

---

① 郭家万：《中国农村合作金融》，中国金融出版社2006年版，第17页。

村信用社减少农业贷款、增加非农资金投入,一个重要结果就是支持了中国非农产业的发展,从而引起农业富余劳动力向非农产业和城镇转移,调整了农村就业结构。农村信用社通过在资金上支持农业结构调整,促进农业产业升级,有利于促进现代农业的发展。

### (四) 农村信用社在扶贫工作中发挥着重要作用

农村经济发展落后、农民贫困的一个重要原因就是农村资金的匮乏。农村信用社是处于农村基层的金融机构,服务贫困地区和贫困户是中国扶贫工作的重要内容。一方面,农村信用社执行国家的扶贫政策,发放国家对农村地区的扶贫资金。从1986年开始,中国人民银行设立扶贫专项贷款,贷款规模从最初的每年23亿元,逐年大幅增加,并通过再贷款等措施不断加大对农村地区的投入。1999年至2002年,人民银行共安排农村信用社再贷款1000多亿元。而且,国家还通过农村信用社为贫困农户发放了低保,在服务贫困地区和贫困户方面发挥了极其重要的作用。另一方面,农村信用社为贫困户发放生产、生活贷款,解决贫困户的生产、生活问题,2000年开始又在全国办理农户小额信用贷款和农户联保贷款,2002年二者的比例分别达到89%、49%,受益农户达5684万户,占贷款需求农户数的49%,占全部农户数的25%。① 农户小额贷款的利率低、覆盖面大,对缓解农户生产、生活困难有一定的积极作用,在某种意义上也是解决农户贫困的一种手段。农村信用社为贫困户发放小额贷款能够增加农户收入,使更多的贫困人口走向富裕之路。世界银行指出,大规模脱贫是中国改革开放以来最大的成就之一。据统计,1978年中国农村贫困人口达2.5亿,在20世纪80年代全国农村贫困人口年均减少1370万,90年代年均减少620万,② 到2002年中国贫困人口下降到2800多万,取得这样的成绩,农村信用社发挥了重要作用。

## 二、农村信用社存在的不足

### (一) 资金外流严重

中国农村经济体制的改革促进了农村商品经济的发展,农村货币化程度加深,也为农村信用社改革提供了契机。农村信用社是经营货币业务的金融组织,随着农村商品经济发展,农村信用社存贷款业务发展很快。如表4.5所示,农村信用社在改革初期的1980年存款余额为272.3亿元,到2002年

---

① 资料来源:《2002年第四季度货币政策执行报告》,中国人民银行网站,2003年2月20日。
② 陈端计等:《新中国56年来反贫困的回顾与反思》,《青海社会科学》2006年第1期。

农村信用社存款余额达 19875.5 亿元,是 1980 年的 73 倍,农村信用社存款的增加,为贷款的增加提供了经济基础;但是,农村信用社存款和贷款之间存在着巨大的"剪刀差"。如表 4.5 和图 4.2 所示,随着农村信用社的存款和贷款的增加,其存贷款"剪刀差"也一直在增加并且有不断扩大的趋势。1980 年为 190.7 亿元,到 2002 年为 6083.5 亿元,是 1980 年的 31.9 倍,据统计,从 1980 年到 2002 年的 23 年间,农村信用社的存贷款"剪刀差"共有 4 万亿元以上,存贷款"剪刀差"的增加说明了农村信用社资金外流严重。

表 4.5　1980—2002 年中国信用社存贷款变动趋势　　（单位:亿元）

| 年份<br>项目 | 1980 | 1983 | 1989 | 1990 | 1993 | 1995 | 1997 | 2000 | 2002 |
| --- | --- | --- | --- | --- | --- | --- | --- | --- | --- |
| 存款余额 | 272.3 | 437.4 | 1699.5 | 2144.9 | 4297.0 | 7127.9 | 10555.8 | 15129.4 | 19875.5 |
| 贷款余额 | 81.6 | 153.7 | 1088.3 | 1410.3 | 3144.0 | 5234 | 7326.1 | 10489.3 | 13792 |
| 存贷差 | 190.7 | 323.7 | 611.2 | 734.6 | 1153.0 | 1893.9 | 3229.7 | 4640.1 | 6083.5 |

资料来源:苏宁:《1949—2005 中国金融统计》,中国金融出版社 2007 年版。

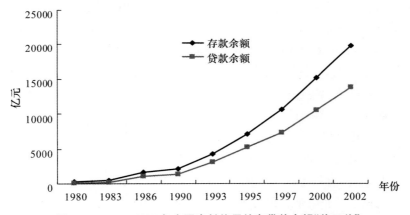

图 4.2　1980—2002 年中国农村信用社存贷款余额"剪刀差"

农村信用社资金外流的原因很多,最主要有两个:一个来自农村信用社本身。主要是农村信用社在"内部人控制"下,商业化趋向明显,经营以盈利为目标,出现了资金非农化趋势,有的农村信用社把资金向发达地区转移,有的投向了城市。另一个原因是来自国家的,即农村信用社每年向国家银行缴纳存款准备金、转存款、备付金、购买国债等形式造成大量资金外流。其中,1996 年以前,农村信用社的资金外流主要通过向人民银行和农业银行缴纳转存款和准备金。如表 4.6 所示,农村信用社在农业银行的转存款数量很大,在 1982 年转存 299.6 亿元,占农村信用社存款余额的 76.8%,且总量呈增加趋势;1985 年总数达 401.4 亿元,而相对比例在减少,占 55.4%;到 1996

年,农村信用社在农业银行的转存款为426.8亿元,加上在中国人民银行的存款共1493.0亿元,占农村信用社存款余额的17.1%,这是1980年以来比例最低的一年,但是如果加上信用社缴纳的存款准备金712亿元,这两项共占农村信用社存款余额的21.1%。而1997以后,农村信用社除了缴纳转存款和准备金外,还要存放中央银行财政性存款、购买国家投资债券和有价证券及投资等形式向中央银行转存资金,资金外流量估计每年在1000亿元以上。① 其中,1997年为2569.2亿元,以后逐年增加,到2002年达到4371.7亿元,②大量资金转存到国家银行,虽然有利于保持国家信贷收支的平衡,但是客观上造成了农村信用社资金外流,这是农村信用社对农村供给不足和"三农"问题得不到有效解决的重要根源之一。

(二) 资金非农化严重

农村信用社资金非农化主要是指农村信用社贷款不是主要投在农业领域,而是投向乡镇企业和其他工商业等非农领域。1980年农村信用社的农业贷款为50.53亿元,由表4.4可知,已经占农村信用社贷款余额的61.9%,农村信用社的大部分资金投向农业领域。随着乡镇企业的崛起和农村商品经济的发展,农业贷款的相对比例下降很快,但是在1988年以前一直占一半以上。1989年起,农村信用社的农业贷款比重开始让位于乡镇企业贷款,乡镇企业的贷款首次超过农业贷款,到1996年乡镇企业贷款一直保持在一半以上。而在1994年农村信用社农业贷款比重下降到历史上的最低点,即只占到农村信用社贷款余额的19.5%,比乡镇企业贷款少25.1个百分点,也比农村信用社其他工商业贷款少6.4个百分点。之后,开始缓慢回升,但是2002年以前,一直低于40%。农村信用社农业贷款余额所占比重的下降,大部分资金投向了乡镇企业和其他工商业等非农领域,表明农村信用社资金非农化严重。

农村信用社资金非农化还表现在资金非农户化。1980年以来,随着农村商品经济的发展,农村信用社营利性倾向明显,把资金更多地投向获利较大的乡镇企业、个体工商户或其他工商业,结果农村信用社贷款构成中,农户贷款在存款中所占比例较小,并且一直呈走低趋势。农村信用社农户存贷款余额增长变动中,农户存贷款之间存着巨大的"剪刀差",农户存贷比一直很低,而且最高年份1984年是41%。随后不断下降,到1996年农户存贷比下

---

① 何广文:《新农村建设的金融投入困境及其政策选择》,《小城镇建设》2006年第3期。
② 苏宁:《1949—2005中国金融统计》,中国金融出版社2007年版,第317、327页。

表 4.6　1980—1996 年农村信用社转存款变动

(单位:亿元)

| 年份<br>项目 | 1982 | 1983 | 1985 | 1987 | 1989 | 1990 | 1993 | 1995 | 1996 |
|---|---|---|---|---|---|---|---|---|---|
| 存款余额(1) | 389.9 | 487.4 | 724.9 | 1229.2 | 1699.5 | 2144.9 | 4297.0 | 7127.9 | 8739.6 |
| 贷款余额(2) | 121.2 | 163.7 | 400.0 | 774.2 | 1088.3 | 1410.3 | 3144.0 | 5234 | 6364.7 |
| 转存款余额(3) | 299.6 | 367.0 | 401.4 | 328.9 | 651.6 | 773.9 | 1976.0 | 1218.4<br>(农行1030.5) | 1493.0<br>(农行426.8) |
| 准备金 | — | — | — | 262.4 | — | — | — | 875.4 | 712 |
| (3)÷(1) | 76.8% | 75.3% | 55.4% | 26.8% | 38.6% | 36% | 46% | 23.3% | 17.1% |

资料来源:苏宁:《1949—2005 中国金融统计》,中国金融出版社,2007 年。

降到19%，处于最低点，以后有所回升，但是大部分年份低于30%。① 农户存贷款之间的"剪刀差"有不断扩大的趋势，说明了农村信用社吸收农户的存款比给农户的贷款多，农村信用社的资金非农化严重，这是造成农户贷款难、收入低的关键性因素之一。

（三）农村信用社亏损严重

1980年农村信用社开始恢复合作制以来，亏损社呈不断增多、亏损面不断扩大的趋势。由表4.7可以看出，1980年，农村信用社及联社营业部亏损社有15219个，占总数的27.4%，1981年、1982年有所下降，分别占21.0%、19.5%。但是1983年又回升到31.2%，亏损社达17554个，比1980年高出3.8个百分点。1984年亏损社有所减少，即使在最少年份的1987年，亏损社也有6870个，占总数的11.2%。1989年亏损社开始增加，达25625个，占亏损社总数的43.5%，到1996年亏损社增加到26206个，占52.9%，超过了农村信用社及联社营业部总数的一半以上。

表4.7　1980—1996年农村信用社及联社营业部亏损社部比例

| 项目<br>年份 | 信用社及联社营业部总数<br>（个） | 亏损社个数<br>（个） | 亏损社部比例<br>（%） |
| --- | --- | --- | --- |
| 1980 | 55532 | 15219 | 27.4 |
| 1981 | 55044 | 11554 | 21.0 |
| 1982 | 55209 | 10753 | 19.5 |
| 1983 | 55935 | 17554 | 31.2 |
| 1984 | 58255 | 17362 | 29.8 |
| 1985 | 58603 | 11259 | 19.2 |
| 1986 | 59194 | 9018 | 15.2 |
| 1987 | 61195 | 6870 | 11.2 |
| 1988 | 60897 | 8233 | 13.5 |
| 1989 | 58970 | 25625 | 43.5 |
| 1990 | 58200 | 24370 | 41.9 |
| 1991 | 57885 | 16894 | 29.2 |
| 1992 | 52763 | 11266 | 21.4 |
| 1993 | 50856 | 10577 | 20.8 |
| 1994 | 50745 | 16771 | 33.1 |
| 1995 | 50417 | 22554 | 44.7 |
| 1996 | 49532 | 26206 | 52.9 |

资料来源：何广文：《合作金融发展模式及运行机制研究》，中国金融出版社2001年版，第180—181页。

---

① 姚会元，陈俭：《农村信用社制度异化分析》，《学术交流》2008年第9期。

1996年以后,开始按照合作制规范农村信用社的改革,但并没有改善信用社的亏损状况,反而出现了更加严重的亏损。这可以从表4.8(中国农村信用社所有者权益①变动表)来说明。由表4.8可知,1996年农村信用社深化改革以来,农村信用社资金实力增强,实收资本也不断增加,从1996年的401.12亿元,增加到2001年787.57亿元,增长了1.96倍;但是,农村信用社所有者权益却不断减少,甚至呈负增长;在1996年农村信用社所有者权益为547.73亿元,1998年减少到151.40亿元,1999年为-84.8亿元,到2002年逐渐减少到-279.39亿元,而且,农村信用社每年的结转的收益也为负值。在实收资本不断增加的情况下,农村信用社的所有者权益不断减少,这说明农村信用社在不断亏损,且亏损增加速度大于实收资本的增加速度。

农村信用社严重亏损使其资金头寸不足,不仅影响其正常的经营活动,而且容易引起支付困难,风险剧增,严重削弱了农村信用社支农能力,其自身经营也无法步入可持续发展的轨道。

农村信用社亏损原因很多,有来自外部的政策性亏损,也有内部的经营性亏损。总的来说,主要表现在这几个方面:

1. 政策性的亏损。长期以来,中国农村信用社执行合作性功能并不明显,执行商业性功能和政策性功能还比较明显,而执行商业性功能主要是农村信用社追求营利性目标造成的,执行政策性功能主要是保值储蓄、支持农业经济开发和农村经济结构调整等。其中造成农村信用社亏损的主要政策就是在农村开展的保值储蓄,即对存款户的存款实行保值贴补,致使农村信用社存款利率高于贷款利率。如1988年到1994年,治理通货膨胀期间办理了两次保值储蓄,两次保值储蓄共亏损29.8亿元,中国人民银行只补贴1亿元,其余28.8亿元全由农村信用社自己买单。而且,农村信用社对农业的贷款利率一般都低于商业银行对农村发放贷款利率水平,也没有上浮到中央银行规定的最高浮动界限(40%),与近10%的官定银行贷款利率水平严重倒挂,②严重的存贷款利率倒挂是中国农村信用社长期经济效益低下和发生亏损的最根本原因。

2. 资金来源成本高。一般情况下,金融中介机构的利润主要来源于客户存贷款利率差,相应的成本主要是存款利息支出,而存款利息支出与存款数额、利率成正比例。金融中介机构的存款又包括定期储蓄存款(定期存款)和活期储蓄存款(活期存款),定期储蓄存款利率要比活期储蓄存款利率高。

---

① 是指所有者在企业资产中享有的经济利益,是投资者对企业净资产的所有权,其金额为资产减去负债的余额,即所有者权益=资产-负债。
② 何光:《中国合作经济概观》,经济科学出版社1998年版,第391页。

表 4.8　中国农村信用社所有者权益变动

（单位：亿元）

| 年份<br>项目 | 1995 | 1996 | 1997 | 1998 | 1999 | 2000 | 2001 | 2002 |
|---|---|---|---|---|---|---|---|---|
| 所有者权益 | 631.95 | 547.73 | 310.01 | 151.40 | −84.48 | −209.56 | −228.04 | −279.39 |
| 其中：实收资本 | 377.70 | 401.12 | 630.52 | 658.08 | 653.81 | 716.03 | 787.57 | 480.60 |
| 当年结益 | −81.04 | −111.21 | −63.68 | −165.84 | −220.85 | −160.40 | −130.27 | −59.47 |

资料来源：苏宁：《1949—2005 中国金融统计》，中国金融出版社 2007 年版。

我国农村信用社的资金主要来源于农户的存款,在农户的储蓄存款构成中,定期储蓄存款占绝对大的比例。如表 4.9 所示,1980 年以来我国农户在农村信用社的定期储蓄总量是不断上升的,1982 年为 154.1 亿元,到 2002 年增长到 11303.1 亿元,增长了 72.3 倍,大部分年份占比都在 70% 以上,其中,最高年份出现在 1996 年和 1997 年,占比达 82.1%。农户定期储蓄存款占绝对大的比重使农村信用社的资金成本高,是农村信用社发生亏损的重要原因。

表 4.9　1980—2002 年农村信用社农户存款结构变动　　（单位:亿元）

| 项目<br>年份 | 存款余额 | 农户储蓄<br>存款 | 储蓄比例<br>（%） | 农户定期<br>储蓄存款 | 定期比例<br>（%） | 农户活期<br>储蓄存款 | 活期比例<br>（%） |
|---|---|---|---|---|---|---|---|
| 1980 | 272.3 | 117.0 | 43.0 | — | | | |
| 1981 | 319.6 | 169.6 | 53.1 | — | | | |
| 1982 | 389.9 | 228.1 | 58.6 | 154.1 | 67.6 | 74.0 | 32.4 |
| 1983 | 487.4 | 320.3 | 65.7 | 218.5 | 68.2 | 101.9 | 31.8 |
| 1984 | 624.9 | 438.1 | 70.1 | 285.5 | 65.2 | 152.6 | 34.8 |
| 1985 | 724.9 | 564.8 | 77.9 | 384.0 | 68.0 | 180.9 | 32.0 |
| 1986 | 962.3 | 766.1 | 79.8 | 547.4 | 71.5 | 218.7 | 28.5 |
| 1987 | 1225.2 | 1007.9 | 82.3 | 709.92 | 70.4 | 298.0 | 29.6 |
| 1988 | 1399.8 | 1139.2 | 81.4 | 788.3 | 69.2 | 350.9 | 30.8 |
| 1989 | 1699.5 | 1404.1 | 82.6 | 1076.7 | 76.7 | 327.4 | 23.3 |
| 1990 | 2144.9 | 1841.0 | 85.8 | 1453.9 | 79.0 | 387.2 | 21.0 |
| 1991 | 2709.3 | 2319.4 | 85.6 | 1826.3 | 78.7 | 493.0 | 21.3 |
| 1992 | 3477.7 | 2867.4 | 82.5 | 2273.8 | 79.3 | 593.2 | 20.7 |
| 1993 | 4297.0 | 3576.9 | 83.2 | 2845.1 | 79.6 | 731.8 | 20.4 |
| 1994 | 5681.2 | 4816.0 | 84.8 | 3810.5 | 79.1 | 1005.5 | 20.9 |
| 1995 | 7127.9 | 6195.6 | 86.9 | 5013.2 | 80.9 | 1182.4 | 19.1 |
| 1996 | 8793.6 | 7670.6 | 87.2 | 6294.4 | 82.1 | 1123.0 | 17.9 |
| 1997 | 10555.8 | 9132.1 | 86.5 | 7495.6 | 82.1 | 1636.5 | 17.9 |
| 1998 | 12191.5 | 10444.0 | 85.7 | 8492.5 | 81.3 | 1948.6 | 18.7 |
| 1999 | 13358.1 | 11217.3 | 84.0 | 8903.2 | 79.4 | 2314.3 | 20.6 |
| 2000 | 15129.4 | 12355.3 | 81.7 | 9491.2 | 76.8 | 2864.2 | 23.2 |
| 2001 | 17263.5 | 13821.4 | 80.0 | 10417.1 | 75.3 | 3404.3 | 24.6 |
| 2002 | 19875.5 | 15405.8 | 77.5 | 11303.1 | 73.4 | 4102.7 | 26.6 |

资料来源:中国金融学会《中国金融年鉴》各期和苏宁《1949—2005 中国金融统计》。

农村信用社之所以出现农户定期储蓄存款比重过高,主要原因是:中国农村实行联产承包责任制后,集体经济组织开始解体,农户成为独立的生产者和经营者,积极性提高,农户收入大幅度增加,从而引起了农户在农村信用社存款的增加。而中国农户的投资意识普遍还比较落后,又加上农村基本的医疗、养老和教育等问题还没有解决,农户还需要存钱来解决这些问题。因此,农户一般还是选择传统的储蓄存款特别是定期储蓄作为投资的最主要方式。

3. 资金回收率低。中国农村信用社贷款回收率低,这是个不争的事实,每年沉淀很多资金。中国农村信用社经营的主要对象是农户和乡镇企业。而农户居住分散,贷款额度小,交易成本比较高;农户主要经营农业,农业是弱质产业,经营风险大,农业贷款风险高;又加上农户的生产贷款和生活贷款无法区分,又缺乏抵押品,一遇到天灾,很多贷款无法正常收回。

而对乡镇企业贷款的回收率也不高。20世纪80年代,在地方政府的干预下,乡镇企业经历了一个外延式大发展时期,从1990年开始,乡镇企业贷款规模一直超过农业贷款规模,并占农村信用社所有贷款余额的一半以上。但是,随着中国产业结构调整和乡镇企业改制,乡镇企业普遍效益不好、经营困难,很多贷款成为呆账、滞账,难以收回,又加上一些企业借改制之机逃废债务,农村信用社亏损面比较大,甚至出现了20世纪90年代末的全行业亏损。

4. 资产质量比较差。中国农村信用社资产质量很差,特别是1996年以后,农村信用社和农业银行脱离隶属关系,农业银行向农村信用社转嫁了许多呆账、坏账等不良贷款,在关闭农村合作基金会时也给农村信用社带进了部分呆账,成为农村信用社的"历史包袱"。农村信用社的不良贷款比重比较大,一般在50%以上,大大超过商业银行的比例,使农村信用社资产质量比较差,积聚了大量的风险。据统计,2001年年底,全国农村信用社不良贷款5290亿元,占贷款总额的44%,当年有46%的农村信用社亏损,有58%的农村信用社已经资不抵债。① 2002年,农村信用社不良贷款为5147亿元,占贷款总额的36.9%,比上年略有减少,但远远高于中央银行规定的警戒线。

全国各地农村信用社普遍存在着不良贷款,有些省份农村信用社的不良贷款比重更大。如表4.10所示,四川南充市61个农村信用社从1997年到2001年,农村信用社的不良贷款占贷款总额的比重分别为:111.4%、70.3%、86.8%、65.4%、72.9%;虽然说不良贷款所占比例呈不断下降的趋势,但是,2001年农村信用社的不良贷款仍高达72.9%,而且其预期贷款、呆滞贷款和呆账贷款比例分别为11.6%、37.1%和24.2%,各项指标远远高于中央银行的规定。

---

① 周脉伏等:《解决三农问题的根本出路:农村市场化》,《农业经济问题》2004年第5期。

不良贷款占贷款总额的比重大,说明了农村信用社的资产质量差、风险大,必然造成农村信用社的亏损,这已经成为农村信用社的进一步发展的制约条件。

表 4.10　1997—2001 年四川省南充市农村信用社不良贷款比例构成

(单位:%)

| 年份<br>项目 | 1997 | 1998 | 1999 | 2000 | 2001 |
| --- | --- | --- | --- | --- | --- |
| 预期贷款 | 63.9 | 41.9 | 42.1 | 21.8 | 11.6 |
| 呆滞贷款 | 40.7 | 16.3 | 32.5 | 19.8 | 37.1 |
| 呆账贷款 | 6.8 | 12.1 | 12.2 | 23.8 | 24.2 |
| 合计 | 111.4 | 70.3 | 86.8 | 65.4 | 72.9 |

资料来源:2001 年福特基金资助项目《为低收入农户提供可持续金融服务的实验性研究》抽样调查数据。

# 第五章 农村信用社多元模式的改革深化时期(2003—2010年)

## 第一节 新世纪初农村信用社多元模式改革的原因

20世纪90年代末,我国出现了严重的"三农"问题。由于粮食供大于求,出现了销售不畅,价格下跌,粮食生产开始连续滑坡。1998年粮食产量为51229.53万吨,到2000年下降到46218万吨,到2003年又进一步下降到43070万吨,为90年代以来的最低水平。农产品价格持续低迷,农业整体效益下滑,2002年农户出售稻谷、小麦和玉米的每亩收入分别比1995年减少了112.9元、73.6元和101.7元。与此相适应的是,农民收入增幅明显下降,1990—1997年为5%,1998—2000年仅为2.9%,[①]一些粮食主产区农民收入甚至还出现了负增长。农业投资不断减少,农村资金缺口很大,2002年达到8903.8亿元。[②] 又加上农民负担重、农村上学难、看病贵、社会保障水平低下等问题,严重影响了农民种粮的积极性,一些农民弃田抛荒,这已经威胁到我国粮食安全、农业的稳定和可持续发展。

党中央高度重视"三农"问题,始终把"三农"问题放在党的工作和国家经济社会发展的战略位置。进入新世纪,特别是2002年党的十六大召开以后,党中央明确提出,"统筹城乡经济社会发展,建设现代农业,发展农村经济,增加农民收入,是全面建设小康社会的重要任务",并把解决"三农"问题作为全党工作的重中之重,做出了"两个趋向"的重要论断和我国总体上已到了"以工促农、以城带乡"的发展阶段的基本判断,制定了"多予、少取、放活"和"工业反哺农业、城市支持农村"的基本方针,这意味着我国进入了城乡关系调整的新时期。2002年开始,我国开始废除农业税的试点改革,加大对种粮农民的补贴,不断推出强农、惠农的新举措,提高了农民种粮积极性,对农村经济发展和农民增收起到良好的效果。

然而,"三农"问题的根本解决不仅需要政府财政资金的支持,同时还需

---

[①] 宋洪远:《"十五"时期农业和农村政策回顾与评价》,中国农业出版社2006年版,第3页。
[②] 国务院农村综合改革工作小组办公室课题组:《建立现代农村金融制度问题研究》,中国财政经济出版社2011年版,第67页。

要政府金融政策的支持,特别是农村金融政策的支持。实际上,农村经济的发展离不开农村金融的支持,农村金融在发展农村经济和提高农民收入方面发挥着关键性的作用。所以,在我国城乡关系调整中,要支持农业和农村经济的发展,解决我国"三农"问题,农村金融及其体制改革显得极其重要。但是,我国农村金融发展日益表现出与农村经济发展不相适应的状况:亚洲金融危机爆发后,四大国有商业银行撤并了在农村地区县以下的基层机构和网点;进入新世纪,为应对中国加入WTO所面临的挑战,我国政府加大对国有商业银行的综合改革力度,要求商业银行按照国际惯例构建业务运作模式和经营机制,商业银行之间竞争加剧,并不断收缩经营网点,集中抢占优势市场,最终在农村开展业务的商业银行只剩下农业银行一家;由于贷款权上收,在农村地区,农业银行的基层机构和邮政储蓄机构一样,只吸收存款、不发放贷款,成为农村资金的"抽水机"。如遍布城乡的农村邮政储蓄机构在1997—2002年间吸收的存款分别为1710.65亿元、1078.96亿元、2289.22亿元、2747.52亿元、3555.88亿元、4421.41亿元,6年共计15803.64亿元,大量资金流出农村。而农业发展银行只是负责粮棉油收购,资金封闭运行,不对农民放款。所以,在农村地区唯一提供信贷服务的正规金融机构只有农村信用社一家,农村信用社成为农村金融的"主力军",被寄予厚望。

然而,由于历史的原因和现实的政策、体制等多方面的影响,农村信用社还存在很多问题,难以承担支农的重任,突出表现在以下几个方面:

首先,农村信用社的产权关系模糊不清。1980年以来恢复农村信用社合作性质的改革没能实现产权为社员所有的、社员参与管理和主要为社员服务的合作金融组织的属性,社员受交易成本的约束对农村信用社的经营管理漠不关心,并不认可农村信用社是他们自己的资金互助组织。由于农村信用社规模小、入股额度小、股权过于分散,原有的管理体制难以体现,绝大多数股权人的经营决策权和监督管理权难以落实,农村信用社受"内部人控制"较严重,商业化、营利性倾向明显,普通农户贷款难度很大。"谁投资,谁管理,谁负责"的问题没有得到很好的解决,社员的权利无从体现,更得不到保障。因此,农村信用社产权关系模糊不清,存在严重的缺陷。

其次,作为在农村地区唯一提供金融服务的正式金融机构,农村信用社商业化严重,大量资金外流。亚洲金融危机爆发以来,农村信用社成为在农村服务的唯一正规金融机构,农村金融供给严重不足。然而,由于体制的原因,农村信用社被"内部人控制",商业化趋势明显,资金外流,且有日益严重的趋势。如1997年农村信用社的存贷差为3229.7亿元,2000年为4640.1

亿元,2002年为5937.8亿元。① 存贷差的扩大说明了农村信用社资金外流严重,成为继农业银行、邮政储蓄银行之外的第三个"抽水机"。大量资金流出农村,加剧了农村"融资难"的问题,农村资金缺乏已成为制约农村经济发展的"瓶颈",使"三农"问题日益突出。

第三,农村信用社的经营发生困难,出现了严重的整体性亏损。多年来,在农村信用社的历次改革中,由于受历史原因的影响,农村信用社的控制权在政府手中,农村信用社逐步成为"官办"的基层金融机构,丧失了合作金融性质。尽管1980年以来,开始恢复农村信用社的合作制属性,但其官办体制并没有得到改变,县联社成为管理信用社的行政机构,农村信用社的"三会"形同虚设,社员的民主权利也没有保障。在这种体制下,农村信用社的经营按照上级的指示,存款利率、贷款利率以及信贷规模都受到限制;同时,还要承担国家规定的保值储蓄和购买金融债券等政策性的亏损业务;再加上没有良好的激励约束机制,造成了农村信用社不良贷款畸高,甚至出现了严重的整体性亏损,农村信用社经营发生困难。据统计,2002年年底,全国农村信用社净资产合计为－3300多亿元,资本充足率为－8.45%,资本净额为－1217亿元,历史亏损挂账近1500亿元,全国农村信用社有55%处于亏损境地,②农村信用社存在巨大的风险,它的作用与农民的需求和政府的要求相距甚远,农村信用社的改革必须寻找新的突破口,这已刻不容缓。

同时,农村信用社的改革还与我国区域经济发展不平衡性相关。长期以来,由于地理位置、要素禀赋、经济基础、历史文化等方面的差异,我国区域经济经济发展呈现出非均衡的发展格局。特别是改革开放以来,沿海重点发展,形成了东部、中部和西部之间的差距。尽管政府采取各种政策,诸如"西部大开发""振兴东北老工业基地""中部崛起"等,以促进区域协调发展,中西部经济实力得到一定的提高,区域协调发展战略取得了一定的成效,地区差距扩大的速度得到抑制。但我国东、中、西三大地区之间的经济发展差距还是明显存在的,并且有不断扩大的趋势。据统计,2001年,我国地区GDP占全国GDP的比重,东部占57.3%,中部占25.6%,西部占17.1%;而且,地区人均GDP与全国人均GDP的比值,东部为1.52,中部为0.77,西部为0.6,③可见,中西部地区与东部地区有明显的差距。东部地区经济比较发达,比如上海,其人均GDP已达到世界发达国家水平。在发达的东部地区,

---

① 根据中国金融学会编《中国金融年鉴》与苏宁主编《1949—2005中国金融统计》整理。
② 郑醒尘:《我国第二轮农村信用社改革的进展和经验》,《中国经济时报》,2012年10月15日。
③ 王军:《缩小差距推动区域协调发展》,《瞭望新闻周刊》第40期,2005年10月3日。

工业比较发达,城乡一体化程度比较高,农村信用社服务对象早已转向乡镇企业和农村养殖大户,商业化明显,如果按照传统的合作制来改革农村信用社显然是不合理的。而广大的中西部地区经济发展还很落后,特别是西部地区还处在传统的农业区,工业不发达,农村信用社服务对象还主要是广大的农户,而且贷款以小额为主,主要解决农户生产和生活困难。如果农村信用社采取商业化的模式来经营,显然对农户是不利的。地区经济发展的不平衡性,必然要求金融服务的多样性和多层次性。过去农村信用社的历次改革都是依靠政府推动,忽视全国多样性而采取"一刀切"的做法已经不适应新的经济社会发展形势。因此,按照各地经济发展的实际情况,采取因地制宜的方针,对农村信用社实行多种模式改革已经成为农村信用社进一步改革的必然逻辑。

## 第二节 农村信用社多元模式的改革

### 一、农村信用社多元模式改革历程

(一)农村信用社多元模式改革的试点及全面展开(2003—2007年)

1. 农村信用社多元模式改革的试点(2003年)

早在2000年7月,国务院就批准了中国人民银行和江苏省政府共同拟订的农村信用社改革试点方案。经过两年多的实践,江苏省农村信用社改革取得了很大的成就。在此影响下,2003年6月,国务院出台国发[2003]15号文件,发布了深化农村信用社改革的方案。该方案确定吉林、山东、江西、浙江、江苏、陕西、贵州、重庆8省(市)为改革的试点地区。试点改革的主要内容有:

第一,提出了深化农村信用社改革的指导思想和总体要求。针对农村信用社产权和法人治理问题、管理体制和资产质量问题,中央政府提出:"以服务农业、农村和农民为宗旨,按照明晰产权关系、强化约束机制、增强服务功能、国家适当支持、地方政府负责的总体要求,加快农村信用社管理体制和产权制度改革,把农村信用社逐步办成由农民、农村工商户和各类经济组织入股,为农民、农业和农村经济发展服务的社区性地方金融机构,充分发挥农村信用社农村金融主力军和联系农民的金融纽带作用,更好地支持农村经济结构调整,帮助农民增加收入,促进城乡经济协调发展。"[1]

---

[1] 资料来源:《国务院关于印发深化农村信用社改革试点方案的通知》,国发[2003]15号。

第二,深化信用社改革应遵循市场经济原则、服务"三农"的原则、因地制宜与分类指导的原则、责权利相结合的原则。

第三,以法人为单位,改革农村信用社的产权制度和组织形式。在农村信用社的产权制度方面,试点省份的农村信用社可以结合本地的经济发展水平和农村信用社本身的情况,从股份制、股份合作制以及合作制三种模式中自行选择。在农村信用社的组织形式方面,提出各地可因地制宜地从选择股份制银行机构、县(市)联社统一法人、县乡各为法人的体制。①

第四,将农村信用社的管理权下放给省级政府。省政府依法管理农村信用社,负责指导农村信用社的改革,帮助打击农村逃废债,防范和处理辖区内金融风险,维护农村金融稳定,但是不干涉农村信用社具体的日常经营活动。试点省份成立省联社等省级管理机构②,代表省政府对辖区内农村信用社实行管理、指导、协调和服务职能。③

第五,中国银监会作为国家银行的监管机构,承担对农村信用社的金融监管职能。将对农村信用社的监管职能与行业管理职能分开,突破了多年来将行业管理职能同监管职能集于中国人民银行一身的做法,从而为农村信用社的风险防范提供了制度约束。

第六,国家出台多项扶持政策,帮助消化信用社历史包袱。为促进改革试点的顺利开展,在防范道德风险前提下,对试点地区的信用社,国家给予扶持政策(被称为"花钱买机制"改革思路)。一是对亏损信用社 1994—1997 年期间因执行国家宏观政策开办保值储蓄而多支付保值贴补息给予补贴。二是从 2003 年 1 月 1 日起,对试点地区所有信用社的营业税按 3% 的税率征收,对西部地区试点的信用社一律暂免征收企业所得税,对其他地区试点的信用社,一律按其应纳税额减半征收企业所得税。三是对试点地区的信用社,采取发行专项中央银行票据和专项再贷款两种方式给予适当的资金支持,建立资金支持和农村信用社改革成效挂钩的正向激励机制,帮助农村信用社化解历史包袱,增强农村信用社服务能力。四是允许信用社贷款利率灵活浮动,贷款利率可在基准贷款利率的 1.0 至 2.0 倍范围内浮动。④

2. 农村信用社多元模式改革的全面展开(2004—2007 年)

2004 年中央一号文件提出,"加快改革和创新农村金融体制,建立农村金融机构为农村社区服务的机制,明确县域内各金融机构为'三农'服务的义

---

① 资料来源:《国务院关于印发深化农村信用社改革试点方案的通知》,国发〔2003〕15 号。
② 主要有北京、上海、天津、重庆四个直辖市建立了以直辖市为法人单位的农村商业银行和宁夏、海南将省会城市的农村信用社和省联社合并改制为农村商业银行。
③ 同①。
④ 同上。

务。"提出要"加大农村信用社改革的力度,缓解农村资金外流"。同时,要求"总结农村信用社改革试点经验,创造条件,在全国逐步推开"。

2004年8月,国务院出台〔2004〕66号文件,公布了《关于进一步深化农村信用社改革试点的意见》,农村信用社改革的试点工作开始在全国范围内展开。

第一,该意见认真总结了8省市改革试点的经验,并指出了改革中出现的问题。在试点工作中各地形成了一些好的经验和做法:一是地方政府高度重视,加强领导;二是各有关部门加强协调、密切配合,落实试点扶持政策;三是尽快组建省级管理机构;四是规章制度先行,使改革试点规范有序进行;五是具体工作分阶段、有重点、按计划进行;六是改革工作与监督管理、风险防范、支农服务统筹兼顾。改革试点过程中也出现一些新情况、新问题。例如,农村信用社交由省级人民政府管理后,如何进一步落实有关各方的监督管理责任;在不同产权制度下,如何建立完善的法人治理结构,做好"三农"服务工作;如何切实转换农村信用社经营机制和有效地加强信贷风险管理等。这些问题需要在进一步深化改革中逐步解决。

第二,明确提出了深化农村信用社改革试点的指导原则,并对中央政府、地方政府和农村信用社所承担的责任进行了初步划分:中央政府负责监管,地方政府负责行业管理并承担责任,农村信用社自身要自主经营、自我约束和自担风险。

第三,明确进一步做好农村信用社改革试点工作的要求。即明确职责分工,落实监督管理责任;深化产权改革,完善农村信用社法人治理机构;转换经营机制,提高经营管理水平;改善农村金融服务,加大金融支农力度;认真落实扶持政策,形成政策合力。

第四,进一步扩大农村信用社改革试点范围,将试点范围扩大到全国29个省、自治区和直辖市。根据国务院的统一部署,按照自愿参加、严格审核的原则,国务院同意北京、天津、河北、山西、内蒙古、辽宁、黑龙江、上海、安徽、福建、河南、湖北、湖南、广东、广西、四川、云南、甘肃、宁夏、青海、新疆21个省、自治区和直辖市,作为进一步深化农村信用社改革的试点地区。

2003年农村信用社试点改革以来,在国家监管机构依法实施监管的基础上,省级地方政府分别选择组建省联社(26个省、自治区、直辖市)、改制为全市统一法人的农村商业银行(北京市、上海市)以及市、区(县)两级法人的农村合作银行(天津市)等三种管理模式。但是,绝大部分省份选择了组建省联社模式。产权组织形式上,农村信用社采取了三种形式:股份制、股份合作制和合作制,出现了农村商业银行、农村合作银行和县农村信用社统一法人及县、乡两级法人四种组织形式。这次改革由于其推进力度、政府的参与程度、涉及的广泛性均为以前改革从未有过,被业内人士称为真正意义上的第一次改革。到 2007 年 8 月,随着海南省农村信用社联社挂牌成立,全国组建农村信用社省联社的工作已经全面完成,也表明第一次改革的基本结束。

(二)农村信用社多元模式改革的深入实施和攻坚(2008—2010 年)

以"花钱买机制"为出发点的第一次改革,虽然取得了积极的成效,但并未完全实现其目标。其中最突出的就是农村信用社的机制、产权及农村融资等问题。从机制方面而言,虽然农村信用社建立了"三会一层"的现代金融企业运行模式,但是由于没有与之相匹配的硬实力和软实力,比如股权结构、管理机制等,使机制的改革出现"形似"而非"神似",换汤不换药,使农村信用社三会之间没有形成有效的权力制衡,其法人治理机制难以有效发挥作用。同时,从管理层上看,在改革中产生的省联社,本是由县联社入股建立,理应为县联社提供服务,但是在实际的运行中,县联社成为省联社的隶属机构。在对农村信用社的管理中,省联社行政化严重,农村信用社不对社员承担责任,而只对省联社负责,不仅缺乏激励机制,也难以形成有效的约束机制,严重制约了信用社法人治理机构的完善和经营机制的转换等工作的深入开展,导致农村信用社的创新动力不足,涉农信贷服务仍然薄弱。因此,农村信用社改革需要深入实施和攻坚,以解决农村信用社的机制和产权等深层次问题。

2008 年 2 月 26 日,银监会召开全国农村中小金融机构监管会议。指出,我国农村金融机构在体制、产权、治理结构与创新能力等方面不符合现代金融企业制度的要求,也不适应农村经济发展形势,特别是与社会主义新农村建设的要求还存在很大差距。为此,要提高对农村金融改革的重要性和紧迫性的认识。会议提出:一要按照"政企分开,规范管理;服务为主,稳定县域;因地制宜,形式多样;市场运作,循序渐进"的原则,稳步推进省联社改革工作。二要坚持股份制方向为主导,稳步推进产权改革进程,加快统一法人组建进度,鼓励条件成熟的农村商业银行择机上市,支持引进境内外战略投资者。三要加大法人机构重组力度,稳步推进跨区域战略投资和兼并重组,适度放宽投资入股比例、资本地域限制和风险融资渠道。四要立足自身发展,发挥扶持政策正向激励作用,突出抓好内控管理和公司治理机制建设,加快经营机制转换,切实把改革推向内部、引向深处。即我国农村信用社多元模式的改革开始由"深化改革试点"全面转入"深入实施和攻坚"阶段,被称为"第二次改革"。这一阶段改革的主要内容包括:

第一,关于农村信用社的跨区经营。早在 2007 年 4 月 28 日,由北京农村商业银行独资设立湖北仙桃农商村镇银行挂牌成立,农村合作金融机构第一次迈出了跨区域经营、资本输出的步伐。全国农村中小金融机构监管会议召开后,农村合作金融领域频频出现跨区域经营与股权运作。2008年6月27日,银监会公布《农村中小金融机构行政许可事项实施办法》,允许农村商业银行、农村合作银行可以跨区域经营设异地支行。同年9月,天津滨海农村商业银行在喀什市设立分支机构,实际上这是我国农村信用社跨省区设立支行的第一家。随后,我国跨区域经营的农村合作金融机构不断增加,12月15日,江苏省常熟农村商业银行在南通市设立了海门支行、张家港农村商业银行在南通设立通州支行。2010年12月,重庆农村商业银行在香港挂牌上市,成为我国第一家社会公众持股的农村中小金融机构,对我国农村中小金融机构的改革发展产生积极影响,也标志着我国农村信用社多元模式改革取得了阶段性成果。

第二,关于省联社的改革。在这一阶段的改革中,针对省联社采取行政化手段管理使辖内农村信用社一级法人独立地位难以体现的弊端,2008年10月12日通过的《中共中央关于推进农村改革发展若干重大问题的决定》指出:"改善农村信用社法人治理结构,保持县(市)社法人地位稳定,发挥为农民服务主力军作用",明确了农村信用社的定位。2009年银监会在《关于全面深化农村信用社改革的征求意见稿》中,将农村信用社明确定位于"社区型农村银行业金融机构",而不是片面追求一级法人制大银行的"重庆模式"[1];新一轮改革以来成立的省联社,由于其权责不分、定位模糊,职能将向服务型转变,以淡化行政色彩。

第三,关于农村信用社的股权改革。2008年6月27日,中国银监会公布了《农村中小金融机构行政许可事项实施办法》,允许异地自然人或法人投资入股,农村信用社资本金来源范围得到拓宽,推动了农村信用社的股权结构多元化。在农村信用社的股权结构中,有自然人(包括单个自然人和职工)、企业法人和外来投资机构(有的还引入了战略投资者)。2006年7月,杭州联合银行与荷兰合作银行和国际金融公司签订了合作协议,成功引入国外战略投资者,在国内农村合作金融机构中是第一家。2008年7月,交通银行投资入股常熟农村商业银行,开创了国内优秀银行投资参股农村商业银行的先例。北京、上海等地的农村商业银行也引入了国外优秀银行作为战略投资者。但是,由于农村信用社的股权结构中,资格股股东多,股金少,占的比例大;而法人股股东少,股金相对较大,占的比例小,极易造成大股东控制农

---

[1] 2008年6月29日,重庆农村商业银行挂牌,成为全国首个由省级农村信用联社改制而成的省级农村商业银行。

村信用社的弊端。针对这种情况，2010年银监会提出实施股权改造工作的总体目标是："全面取消资格股，加快推进股份制改造；稳步提升法人股比例，优化股权结构；有效规范股权管理，健全流转机制，用五年左右时间将农村合作金融机构总体改制为产权关系明晰、股权结构合理、公司治理完善的股份制金融企业，为建立现代农村金融制度奠定良好基础。"[1]这表明，股份制是农村信用社今后的发展趋势，农村信用社改革开始由多元化模式向单一的股份制模式转变，多元模式改革开始终结。

## 二、农村信用社多元模式改革取得的成效

从2003年开始至2010年，农村信用社改革实行多元化模式，成效显著。农村信用社（包括农村商业银行、农村合作银行，下同）的存贷款业务不断增加，资本充足率得到提高，不良贷款比例和亏损大幅度下降。同时，产权关系和治理结构改革也取得了很大的进展，支农服务能力也显著提高。这次改革与过去相比有了很多重大突破，取得了一定的成效，主要表现在以下几个方面。

（一）历史包袱得到有效化解，农村金融服务能力有所提高

中国人民银行通过安排专项再贷款和发行专项中央银行票据来置换农村信用社的不良资产，又通过税收减免、利率优惠等多项扶持政策，有效化解了农村信用社的历史包袱，使农村信用社抗风险能力显著提高，农村金融服务能力也有所提高，农村金融主力军地位明显提升。

1. 不良贷款余额减少与不良贷款率降低

2003年，我国开始的新一轮农村信用社多元模式改革中，中国人民银行向农村信用社注入了1650亿元专项票据或再贷款，用于置换农村信用社的不良贷款，解决农村信用社的历史包袱。随着各项扶持政策的落实到位，我国农村信用社的不良贷款余额呈减少趋势，不良贷款率呈下降趋势。如表5.1所示，2003年农村信用社新一轮改革以来，按四级分类口径统计，全国农村信用社不良贷款余额由2002年年末的5147亿元，到2010年年末减少到3183亿元，8年减少了1964亿元；农村信用社的不良贷款比例由2002年年末的36.9%，到2010年年末减少到5.6%，减少了31.3个百分点。不良贷款余额的减少和不良贷款占比的不断下降，表明改革后农村信用社抗风险能力的显著提高。

---

[1] 《关于加快推进农村合作金融机构股权改造的指导意见》，中国银行业监督管理委员会，2010年11月9日。

表 5.1　2002—2010 年农村信用社不良贷款余额及占比　（单位:亿元）

| 年份 | 2002 | 2003 | 2004 | 2005 | 2006 | 2007 | 2008 | 2009 | 2010 |
|---|---|---|---|---|---|---|---|---|---|
| 不良贷款 | 5147 | 5049 | 4504 | 3300 | 3562 | 2883 | 2965 | 3490 | 3183 |
| 占比(%) | 36.9 | 29.7 | 23.1 | 14.8 | 13.7 | 9.3 | 7.9 | 7.4 | 5.6 |

资料来源:中国人民银行和中国银行业监督管理委员会网站。

2. 资本充足率大幅提升,盈利能力不断增强

随着农村信用社股权改革的顺利推行,增资扩股进度加快,农村信用社的资本充足率也大幅提升。2002 年年末,农村信用社的股本金为 483 亿元,2010 年增加到 3460 亿元,增加了 6 倍;农村信用社资本充足率由 2002 年年末的－8.45%,快速提升到 2007 年的 11.2%,2010 年资本充足率为 8.7%,[1]平均资本充足率达到了 8%的监管标准,已经步入良性发展轨道。改革的同时,农村信用社的盈利能力也开始增加。据统计,2004 年度全国农村信用社全行业首次实现了年度统算盈余,盈余金额达 104.62 亿元,其中有 26245 家农村信用社实现盈余,盈余面为 81%。从分省情况看,全国有 25 个省(市)的农村信用社以省统算实现盈余,其中浙江、江苏、山东、山西、北京等 5 省(市)盈余较多;甘肃、内蒙古、安徽、四川、广西、吉林、湖南、河北、贵州、广东等 10 个省(自治区)在 2004 年度实现了扭亏为盈,[2]2005 年以后盈余继续增加,2005 年至 2008 年全国农村信用社实现盈利余额分别为 180 亿元、280 亿元、440 亿元、545 亿元。[3] 农村信用社的盈利水平出现了逐年提高的好势头。

3. 支农服务能力有效改善,农村金融主力军地位明显提高

随着农村信用社历史包袱不断化解和盈利能力的不断提高,其支农服务能力也得到有效改善,支持"三农"的能力明显增强,支持力度也不断加大,农村金融主力军地位显著提高。截止到 2010 年年末,全国农村信用社资产为 10.6 万亿元,各项存款余额达 8.6 万亿元,贷款余额达 5.7 万亿元,贷款余额的市场份额为 11.9%,[4]与 2002 年年末相比,提高了 1.3 个百分点。全国农村信用社涉农贷款为 3.9 亿元,占同期各项贷款的比例为 68.4%,与扩大改革试点后的 2005 年相比,涉农贷款增加了 2.9 万亿元,占同期各项贷款比例

---

[1] 张荔、王晓研:《中国农村信用社法人治理的异化与回归》,《金融理论与实践》2011 年第 10 期。

[2] 资料来源:《2004 年度全国农村信用社经营状况明显好转》,中国银行业监督管理委员会网站,2005 年 1 月 18 日。

[3] 资料来源:《2005—2008 年中国货币政策执行报告》,中国人民银行网站。

[4] 资料来源:《2010 年第四季度中国货币政策执行报告》,中国人民银行网站,2011 年 1 月 30 日。

提高了 22.4%。农户贷款余额为 2 万亿元,占农村信用社各项农业贷款的 35.1%,占全部银行机构农户贷款的 78%,农村信用社支农服务能力有效改善,农村金融主力军地位明显提高。

(二)产权改革稳步推进,产权制度和组织形式呈现多元化格局

1. 清资核产,明晰原有产权关系

清资核产工作是保证农村信用社产权制度改革顺利推进的重要基础,是落实各项改革扶持政策的前提条件,直接关系到我国农村信用社改革的进程。因此,多个省份都制订了本地农村信用社清资核产的方案,做好清资核产工作,其主要目的是全面清查农村信用社资产、负债及所有者权益状况及经营情况,为推进农村信用社改革提供真实的会计财务信息;重点核查农村信用社不良贷款情况,为制定有针对性的清收办法和措施提供依据;分析掌握农村信用社的现有股权结构及其增减变动情况,为推进农村信用社增资扩股,明晰产权关系奠定基础;进一步摸清农村信用社经营发展中存在的问题和隐患,为改善经营、强化管理、防范风险明确工作重点和方向。通过清资核产,明确了股东的出资额,厘清了农村信用社与原股东的关系,对农村信用社历年积累进行了处理,对资能抵债的农村信用社,在提足股金分红、应付利息、风险准备金和各类保险基金等各项拨备的基础上,对原有股金进行了增值;对资不抵债的农村信用社,用历年积累进行冲抵亏损挂账,不能冲抵的留在后续化解。同时,规范整顿原有股金,在尊重原有股东意愿的情况下,按照有关规定将原有股金等额转为新股金。

2. 增资扩股,构建新的产权关系

在农村信用社试点开始时,就提出,把农村信用社逐步办成"由农民、农村工商户和各类经济组织入股,为农民、农业和农村经济发展服务的社区性地方金融机构"。[①] 各地农村信用社都在原有股权基础上,广泛吸收农民、农村工商户和各类经济组织入股,不断扩大入股范围,增强资金实力,尽快达到中央银行资金的扶持标准。可见,这时农村信用社的增资扩股,既是深化改革中明晰产权关系的需要,也是取得中央银行资金支持、化解历史包袱,达到国家"花钱买机制"的重要前提和手段。因此,各地农村信用社都积极开展了增资扩股运动,并结合信用社自身情况,自主选择了资格股和投资股两种增资扩股方式,以增大资本规模、增强资本实力,并借助专项票据发行兑付的考核要求,有效提高了增资扩股的合规性,确保增资扩股的股金主要来源于农

---

① 资料来源:《国务院关于印发深化农村信用社改革试点方案的通知》,国发〔2003〕15 号。

民、农村工商户和各类经济组织,确保入股股金不是来自财政性资金、存款化股金、贷款化股金,保障了入股资金全部为货币资金,全部股金为民有性质的资金。① 通过增资扩股,明确了农村信用社资本"为谁所有"的问题,构建了新的产权关系。

3. 产权制度和组织形式形成了多元化格局

按照国务院的部署和要求,各地农村信用社根据改革的目标,按照"因地制宜、分类指导"的原则,结合自身的实际情况选择符合自身实际情况的产权改革模式和组织形式。一般来说,东部非农产业发达的地区,农村信用社多选择股份制的农村商业银行模式,中西部经济欠发达地区多选择股份合作制的农村合作银行和县乡统一法人模式,经济比较贫困的地区多选择合作制的县乡两级法人模式。但是,由于市场化的导向和监管部门的实际政策引导,在改革实践中,农村信用社普遍放弃了乡镇各为一级法人的组织模式,转向股份制、股份合作制或县(市)为单位组织统一法人。经过这次改革,农村信用社的产权制度和组织形式呈现多样化格局。据统计,截止到 2010 年年底,全国共成立农村商业银行 84 家,农村合作银行 216 家,没有条件成立农村商业银行或农村合作银行的农村信用社,一般也把县乡两级法人制统一到县一级法人模式,全国以县(市)为单位的统一法人社由 2002 年年末的 94 家增加到 2010 年年末的 1976 家。② 可见,2003 年以来的新一轮改革中,农村信用社的产权制度和组织形式形成了多元化的格局。

(三) 基本建立起"三会一层"的法人治理结构

中国人民银行通过政策扶持农村信用社的改革,支持的重点还是尽快让农村信用社建立起完善的法人治理结构,强化激励约束机制,加强内部控制。如在专项票据的考核要求下,全国农村信用社按民主管理的原则进行了治理结构的规范化改革,基本上都建立了"三会一层"的法人治理组织结构。"三会"是指社员(股东)代表大会、理事会(董事会)、监事会,"一层"就是高级管理层。制定了"三会"和"高级管理层"成员的选聘办法、选聘程序、议事规则、工作制度,明确了各自的分工,确定了各自的职责,决策、执行和监督相互制衡的管理体制初步形成。各农村信用社按照统一法人制度的要求,已初步建立授权授信管理制度、不良贷款责任追究制度、财务管理制度、劳动用工制度

---

① 蓝虹、穆争社:《中国农村信用社改革的全景式回顾、评价与思考》,《上海金融》2012 年第 11 期。
② 资料来源:《2010 年第四季度中国货币政策执行报告》,中国人民银行网站,2011 年 1 月 30 日。

等相关内控管理制度,加强了内部管理,初步建立起一种动态的激励、约束、奖惩机制。通过建立"三会一层"的法人治理结构,明确了"向谁负责"的问题,农村信用社的内控建设取得初步成效,风险防控能力也不断提高。

(四)初步建立起新型监督管理体制

将农村信用社的管理权下放给省级政府,试点省份的省级政府成立省联社等省级管理机构,负责对辖区内信用社的管理、指导、协调和服务。农村信用社的风险责任由省级政府承担,省级政府坚持政企分开的原则,对信用社依法管理,不干预信用社具体的经营活动。① 银监会作为国家银行的监管机构,承担对农村信用社的金融监管职能。银监会主要负责制定规章制度、机构设立、变更、终止及其业务范围,审查高级管理人员的任职资格,向省级政府提供监管数据及有关信息,对风险类机构提出风险预警,并协助省级政府处置风险等。② 这样,对农村信用社的金融监管职能与行业管理职能分开,突破了多年来将行业管理职能同监管职能集于中国人民银行一身的做法,从而为农村信用社的风险防范提供了制度约束。省联社作为县级农村信用社的持股单位,也是农村信用社的行业管理者,承担着辖区内农村信用社的协调、沟通、业务指导、培训、资金调剂、产品创新、信息服务和结算等职责,对农村信用社加强和完善内控机制、防范金融风险起到一定作用。

### 三、农村信用社多元模式改革取得成效的主要原因

(一)中央政府和地方政府为农村信用社改革提供了政策支持和资金保障

2003年农村信用社多元模式改革前,农村信用社恢复合作制的改革未能取得成功。而且农村信用社在服务"三农"的过程中,承担了很多政策性亏损,积累了大量呆账、坏账,亏损严重,资产质量差,不良贷款比重大,盈利能力低,经营效率低,历史包袱重。新一轮改革中,中央政府出台多项扶持政策,帮助消化信用社历史包袱。同时,国家对农村信用社改革的各项扶持政策都进行了兑现。截止到2010年年末,国家拨付农村信用社的保值贴补息88亿元,减免营业税、所得税760亿元,中央银行对农村信用社安排资金支持1718亿元,共化解历年亏损挂账788亿元,亏损挂账额较改革之初降幅达

---

① 资料来源:《国务院关于印发深化农村信用社改革试点方案的通知》,国发〔2003〕15号。
② 同上。

60%,共有 1770 个县(市)已全额消化了历年亏损挂账。① 地方政府也采取各种政策积极配合农村信用社改革。省级政府从中国人民银行手中接过农村信用社的管理权,对农村信用社的亏损担责。省级政府成立省联社等省级管理机构,对农村信用社行使管理权。主要包括:帮助农村信用社进行股权改造,构建新型产权关系,完善法人治理结构,而且还帮助农村信用社催收债务、建立各种内控制度,防范金融风险,为农村信用社提供协调、咨询、信息服务和结算及人员培训等服务。中央政府和地方政府的支持为农村信用社新一轮改革提供了政策支持和资金保障,是农村信用社多元模式改革取得成效的关键性原因。

(二)农村经济发展和农民收入增加促进了农村信用社业务的发展和利润的增加

党的十六大以来,为解决"三农"问题,统筹城乡经济社会协调发展,党中央、国务院制定了"工业反哺农业、城市支持农村"和"多予、少取、放活"的指导方针,不断推进农村改革,采取一系列惠农政策,促进了农村经济发展和农民增收。首先,粮食产量稳步提高。2004—2010 年,我国粮食连续 7 年增产;2010 年,全国粮食总产量达到 54,647.7 万吨,比 2003 年增加 11578.2 万吨,增长了 26.9%。其次,农民收入稳步增加。2010 年,全国农村居民人均收入达到 5919 元,比 2002 年增加了 3443.4 元,增加了 1.39 倍,自 2004 年以来实现了连续 7 年较高速度增长。在农民收入构成中,工资性收入也快速增长。2005—2009 年农民工资性收入由 1175 元增加到 2061 元,占农民纯收入的比重由 36%提高到 40%。在农民收入构成中,转移性收入也快速增长。中央政府先后出台了多项惠农政策,使农民的转移性收入大幅度增加。2004 年农民的转移性收入为人均 116 元,到 2009 年增加到 398 元,占农民人均纯收入的比重也由 3.9%上升到 7.7%。② 农村经济的发展、农民收入的增加,为主要依靠存贷款业务的农村信用社提供了广阔的发展空间。农村信用社的存款业务、贷款业务发展迅速。据统计,2010 年年末,农村信用社的各项存款达 8.6 万亿元,贷款达 5.7 万亿元,分别比 2002 年年末增加了 3.32 倍、3.13 倍,占全国金融机构各项存贷款余额的比例分别为 11.8%和 11.9%。③ 农村信用社的利润主要来源于存款和贷款的利率差,其存贷款业务的规模性

---

① 王智鑫:《我国农村金融改革发展历程》,《金融发展评论》2012 年第 7 期。
② 宋洪远:《"十一五"时期农业和农村政策回顾与评价》,中国农业出版社 2010 年版,第 159 页。
③ 资料来源:《2010 年第四季度中国货币政策执行报告》,中国人民银行网站,2011 年 1 月 30 日。

增长,成为农村信用社获得利润来源的可靠渠道,使农村信用社的整体经营实力显著增强,总体风险状况持续好转,风险补偿能力快速提升。

(三)农村信用社在农村金融领域的垄断地位为其改革提供稳定的市场份额和高利差

早在1956年年底农村信用社就基本上形成了"一乡一社",成为国家银行的得力助手,共同构成了一个农村金融整体。20世纪90年代末,随着国有大型商业银行撤离农村,县以下农村地区的正规金融机构就只剩农村信用社了,事实上形成了农村信用社在农村金融领域的垄断地位①。2006年12月,虽然银监会提出放宽农村金融机构的准入门槛,在农村地区引入村镇银行、专业贷款业务的子公司和社区性信用合作组织三类金融机构,②作为农村金融改革的突破口。但是,由于农村经济的自然风险和市场风险并存,为了可持续发展,这些处在初建时期的金融机构投在农村的信贷资金总量少、比例低,而在城市工业领域投入较多,并没有改变农村信用社的垄断地位,农村信用社在农村金融领域具有绝对的优势。缺乏竞争对手的农村信用社必然在贷款定价方面处于有利地位。根据中国人民银行的规定,农村信用社执行的利率标准可以在基准利率基础上浮动0.9～2.3倍,农村信用社在具体执行过程中都无一例外地把贷款的利率上浮到最高值,使农村信用社获得了很高的存贷款利率差,一般保持在8%～10%左右。③ 远高于商业银行存贷款利差,也高于国际上平均2%的存贷款利差。农村信用社在农村金融市场中的垄断优势,能够保证其稳定的市场份额及存贷款高利差,经济效益不断好转,盈利水平不断提高,这是农村信用社多元模式改革取得成效的重要原因。

(四)农村金融信用环境的改善、农村信用社劳动用工制度的改进为农村信用社改革提供信用支持和可持续发展的原动力

随着政府不断打击恶意逃废债务,维护金融债权,农村地区信用体系建设不断完善,金融信用环境建设取得了明显进步。新一轮改革以来,随着人民银行开展信用信息基础数据库的组建,很多农村信用社开展了信用户、信用村和信用乡(镇)的评定,利用村委会和群众获得的信息,对农户进行信用

---

① 邮政储蓄银行长期只从事存款和汇兑业务,不发放贷款,直到2008年才开始办理贷款业务。
② 资料来源:《关于调整放宽农村地区银行业金融机构准入政策的若干意见》,中国银行业监督管理委员会,2006年12月25日。
③ 张丽青、姜成彪:《我国农村信用社改革的成效、挑战及对策》,《国际金融》2011年第7期。

评级,主要指标包括:农户家庭财产和收入状况、过去贷款的偿还状况、在村里的信誉度、存款情况等。农村信用社在发放贷款时,对信用等级高的农户实行贷款优先、利率优惠以及提高贷款额度的政策,鼓励农户信用贷款;那些诚实守信的农户在获得信用社的贷款优惠后,扩大生产规模,增加收益,提高了自身还款能力,也提高了自身的信用级别,从而可以从农村信用社获得更多、更大额度的贷款支持。农村信用社和农户之间的良性互动不仅能发展农村经济、增加农民收入,而且也能提高信用社发放贷款的安全性,使农村信用社服务"三农"时提高了自身的可持续发展能力。同时,对不守信的农户进行信用低评或列入信用"黑名单"并在网上公示,信用等级低评的农户很难再获得贷款或利率优惠支持。同时,实行联保贷款政策也给不守信农户道德压力和道德约束,农户违约的道德成本和经济成本都很高。因此,在农村地区基本形成了"好借好还,再借不难"的良好信用环境,农村信用社放款的安全系数也大大提高。

农村信用社新一轮改革前,员工文化素质普遍偏低,知识结构老化,高素质复合型人才匮乏,严重制约了农村信用社的发展。新世纪以来,为了面对金融市场化发展与金融人才的竞争,农村信用社在体制改革的同时,也不断改进劳动用工制度,大部分信用社建立了工资与绩效相联系的激励考核机制,并通过招考、招聘等方式引进了大量专业性人才,充实了人才队伍,调整人才结构,为农村信用社的发展输入了新鲜血液。而且,农村信用社还基本建立了员工培训制度,主要通过脱产学习、在职培训和组织培训班,加强内部员工的培训,提高员工的业务水平和综合素质。这些措施为农村信用社培养了一批懂经济、懂技术、懂政策的经营管理人员,为农村信用社的改革发展提供了人才保障,是农村信用社改革取得成效、能够可持续发展的原动力。

## 第三节 农村信用社多元模式改革的评价及实质

### 一、农村信用社多元模式改革的评价

农村信用社的多元化模式改革成效显著,但是,农村信用社还存在一系列复杂的问题,主要表现在以下几个方面。

(一)增资扩股行为异化,股金的真实合规性比较差

在改革中,中央政府承诺给农村信用社的不良贷款及亏损给予一定的补贴,但是,补贴都设定了一定的条件,如对农村信用社的股本金、资本充足率

等都设有一定的限制。为了得到中央的专项补贴,很多农村信用社都开展了增资扩股、扩充资本金的"运动"。据调查,2000年以后是我国农村信用社增资扩股的高峰期,特别是在2004年农村信用社增资扩股中,其实收资本规模的平均值是2000—2003年期间平均值的10倍。[1]这对农村信用社提高资本充足率有一定的积极作用。但是,增资扩股活动的"大跃进"使增资扩股行为异化,股金的真实合规性比较差,表现在以下两个方面。

一是增资扩股靠行政化推动,而非社员自愿入股。在农村信用社的股权改革中,为达到中央政府设定的标准,获得中央政府的资金补贴,许多农村信用社靠行政化手段推进增资扩股运动。为了达到增资扩股目标,各级信用社都成立了专门机构。一方面,把入股任务落实到基层信用社,由基层信用社主任负责,基层社又把任务落实到信用社职工。通过设立奖惩制度,对完成任务的基层社进行奖励,对未能完成任务的基层社进行惩罚;同样,基层信用社对完成任务的职工进行奖励,对未能完成任务的职工进行惩罚。另一方面,广泛发动和宣传。信用社还深入农村,通过村委会宣传入股的好处,如在贷款、利率和分红等方面给以承诺,淡化风险提示,以便完成增资扩股任务,改革完全偏离了入股自愿的原则。在行政力量主导下,入股者入股的目的是为求得贷款或分红,他们并不是现代企业制度下的真实股东,也不可能去参与农村信用的经营管理,农村信用社的内部治理不可能真正得到改善。

二是贷款股金化、存款股金化严重。农村信用社改革试点中,为获得中央政府的补贴,很多农村信用社都有强烈的增资扩股、扩充资本金的内在冲动。由于农村信用社改革在制度安排中被中央限定为社区性地方金融机构,所以在政策设计方面,农村信用社增资扩股一般都限定在县域内的农村地区。在广大的中西部地区,县域的农村经济不发达,企业数量少、规模小,而且资金实力弱,这就从根本上限制了农村信用社的增资扩股计划。为了能够实现资本金、股本金增长的目标,一些农村信用社采用了贷款入股、存款入股的方式进行增资扩股,形成了"贷款化股金""存款化股金"。其中,以贷款入股主要是指信用社对贷款人贷款的直接扣除,作为入股股金,这种形式包括农户贷款入股、职工贷款入股和企业贷款入股的现象。如甘肃通渭农村信用社截留村民贷款的10%,[2]强制农民入股。实际上,农村信用社发放的贷款来源于客户的存款,采取贷款入股的方式使贷款人成为所谓的"股东",这些股东把从贷款扣除入股的股金看作是进一步获取贷款的资格,或获取贷款利率优惠的条件,或取得分红的本金,等于拿国家的钱(或别人的钱)来获取自

---

[1] 韩俊:《中国农村金融调查》,上海远东出版社2009年版,第268页。
[2] 杨超:《甘肃通渭农村信用社截留村民贷款强制入股》,搜狐新闻2009年8月17日。

身的利益,理性的农民一般会接受这种入股方式,但是入股农民不会关注股金运行的绩效,也没有动力去关心农村信用社的经营管理。以存款入股的方式进行增资扩股,形成了"存款化股金",这部分股金既能保息又能分红,实质上就是存款,相应的存款人成为股东,并作为债权人只关心自己的存款利息与分红,并不关心信用社的经营管理。虽然中央银行也注意到了贷款化股金、存款股金化的现象,制定了更加严格的补贴标准,禁止"以贷求股""以存入股",但实际情况是存款股金化、贷款股金化依然严重。

实际上,中央银行要求农村信用社增资扩股的目的,是通过股权改革引进不同形式的投资主体,特别是引进法人主体,借此机会来转换农村信用社经营机制和建立完善的内部治理机制,增强农村信用社支农能力。但是,很多农村信用社却把增资扩股异化为"贷款化股金""存款化股金",股金的真实合规性比较差,不可避免地给农村信用社埋下了股金虚增的巨大风险。

(二)农村信用社股权过于分散,股东缺乏参与意愿,"内部人控制"的状况没有根本改变

农村信用社的股权结构中,股金开始主要由农户构成,法人股只占极少数。在增资扩股运动中,又吸收了信用社职工、个体工商户和企业法人组织入股,使农户股得到一定程度的稀释。但是,当前农村信用社的股权仍以农户股为主,股权分散的局面并没有根本改变。虽然央行和银监会采取提高法人股东和自然人股东的持股比例等方式,来改变农村信用社股权分散的状况,但是我国大部分农村信用社所处县域的农村经济不发达,法人企业少,股权构成还是以自然人股权为主,特别是农户的股权占绝大多数。据统计,2010年年末,全国农村信用社自然人股东达2158万人,持股比例为67.6%。其中内部职工股东、社会自然人股东数量为92.7万、2065万,持股比例分别为11.3%、55.1%。法人股东仅为9.29万家,[①]持股比例为32.4%。虽然新一轮改革改变了农村信用社长期以来以单一农户股的股权构成,但是农户作为自然人仍是农村信用社最大的股东,大量的股份分散在农户手中,不利于产权的集中。

对每个农户来说,入股的目的是为了获得贷款,但是大部分农户入股股金较少,一般在100—200元之间,仅达到了信用社入股金额的最低标准。而且,农村信用社主要分布在农村的集镇上,"一乡一社"的情况比较多,分散的农户不会为了几百元去离家几里或几十里的农村信用社去参与管理,管理成

---

① 张荔、王晓研:《中国农村信用社法人治理的异化与回归》,《金融理论与实践》2011年第10期。

本过高使得农户没有积极性去行使和维护自己股东权益。而且大部分农户受教育程度不高,金融知识缺乏,行使自己股东权利的能力不够。而企业作为法人入股农村信用社,形成了法人股东,但是我国农村信用社企业法人股东的比例还比较低,即使其股份比重高于普通农户,但是作为资格股,在表决时每个社员只有一票的投票权;作为投资股的话,一股一票,虽然单个企业股的股份比单个农户大得多,但相对于企业的资产和收入来说,股金所占比例低,在县域中小企业融资难的情况下,企业入股信用社的主要目的还是为了获得贷款支持,并不是为了参与或行使自己股东的权利。企业和农户一样,入股的目的都是为了从农村信用社获得贷款,并没有参与其管理的积极性和主动性。这样,农村信用社的经营管理权就自然落到高级管理层的内部人手中,他们利用农户和中小企业股东的贷款需求对其"要挟"或控制,也使农户和中小企业的股东权力不能正常行使,农村信用社"内部人控制"的状况并没有根本改变。

(三)农村信用社"三会"形同虚设,权力相互制衡的法人治理结构没有完全形成

新一轮改革以来,农村信用社按照民主管理的原则,通过增资扩股,不断改革和完善治理结构,县级信用联社还建立了"三会一层"的法人治理组织结构。按照规定,农村信用社是由入股社员共同所有,社员通过民主选择产生社员大会,社员大会选举理事会和监事会。理事会相当于董事会,决定农村信用社的重大事务,并选聘经营管理人员组成高级管理层,高级管理层向理事会负责;理事会和监事会对社员大会负责,这样就初步建立起权力相互制衡的法人治理组织结构。但是,县联社建立的农村信用社"三会一层"的法人治理组织结构形同虚设,权力相互制衡的法人治理机制并没有形成,在农村信用社的经营管理中未能发挥应有的作用。

第一,形式化的社员代表大会,并不能体现社员行使民主管理农村信用社的权力。中国人民银行于1997年发布的《农村信用合作社章程(范本)》(简称《合作社章程》)明确规定,社员代表按社员人数的一定比例由本社社员选举产生,社员代表每届任期三年,社员大会每年至少举行一次。但是,很多农村信用社都没有按照规定定期举行社员大会,有的只是在重新选举社员代表时才召开社员大会。名义上,社员代表大会是农村信用社的最高权力机构,社员通过社员大会行使民主权利,但是,农村信用社社员大会的作用有限,并不能体现社员行使对农村信用社民主管理的权利。很多信用社社员的文化程度低、金融知识和管理经验缺乏,又加上自身的股金比较少,所以很多

社员不仅缺乏管理能力,也缺乏参与的动力,由社员对农村信用社行使民主管理和决策权只是一种理想状态,而不具有现实基础。实际上,农村信用社的经营管理和决策权掌握在理事长、监事长和主任等主要领导手中,他们都是由省联社提名或任命,他们并不向社员大会负责,而向省联社负责;社员大会并没有真正成为信用社的最高权力机构,信用社的主要权力并不是由社员大会来行使,决策也不是由社员代表做出的。更多的情况是,社员大会只是起到一种形式上的认可作用。实际上,整个社员大会基本上受农村信用社操作与控制,社员大会对农村信用社的年度财务预决算、利润分配、亏损弥补和清算等重要事项的审议、批准和监督也就无从谈起。由此形成了委托人与代理人之间权力的严重倒置,造成的结果就是农村信用社社员代表大会的职能不能发挥应有的作用。

第二,理事会、经营管理层的职责定位不清,理事会成员与经营管理层相互渗透。《合作社章程》中明确规定:"理事会是农村信用社社员大会常设执行机构,理事长由理事会选举产生,理事长为市(地)联社的法定代表人。农村信用社的主任应该是由理事会提名报上级批准后由理事会聘任,信用社理事长不能兼任信用社主任,实行理事长领导下的主任负责制。"但在实际操作过程中,农村信用社理事长、主任都是由省联社提名或任命,大部分信用社的权力主要集中在信用社理事长身上,信用社主任位列"第二",只负责农村信用社的业务经营,很多应该由经营管理层负责的职能,如贷款审批、财务收支等还被控制在理事长手中,这样就造成了理事长和主任权责交叉和权限模糊。而且,理事会成员与经营管理层相互渗透甚至重合,职责重叠,所以理事会在履行检查其决议的实施、监督联社业务活动的合法、合规性等职责时,既充当"裁判员"的角色,又充当"运动员"的角色,既不利于管理层的经营管理作用的发挥,也不利于理事会职责的有效实施。事实上,在经营管理中,经营层对理事会的决议也并不是完全配合,不能完全按照理事会确定的发展目标改善经营状况和开展相关业务。① 客观上,造成了农村信用社的经营管理缺乏有效的内部监督,理事会不能达到对管理层权力的约束和制衡;相反,信用社主任的权力渗透到理事会,使理事会成了为其行政权力服务的工具。

第三,监事会流于形式,监督制衡作用也没有得到有效发挥。《合作社章程》明确规定,联社监事由社员代表和市(地)联社职工代表组成。职工代表由职工代表大会推选并向社员大会提名。监事会的主要职责是向社员大会报告工作,对理事会、管理层的经营管理和财务管理提出质询和监督,等等。

---

① 王文莉、罗新刚:《农村信用社支农服务问题及其改革路径研究》,《宏观经济研究》2013年第11期。

实际上,监事会也是形同虚设,因为农村信用社还没有推行独立监事制度,监事会成员除了职工代表外,很多都是兼职,没有人员编制,在社员大会弱化的情况下,他们对信用社经营的监管缺乏效率和动力。有的监事长在联社还分配有业务任务,在县联社中位置排在理事长、主任之后,位列"第三"(相当于副主任),对理事会决议和主任的决定服从的多,提出质询的少,对联社的经营管理、财务风险和其他不合规行为等监督不力,只能充当内部简单的稽核、审计职能,①不能形成对信用社有效的内部监管,也无法发挥对代理人的制约作用,权力相互制衡的法人治理机构还无法实现。更多的情况是,监事在自身利益驱动下,发挥其"监事的职能"与信用社达成合谋,实现利益交换,从而监事会实质上也被信用社和地方政权利用和掌控。②

虽然农村信用社改革在形式上明晰了产权关系、搭起了法人治理机构的框架,但是在法人治理机构框架中,社员没有参与的激励,也就没有积极性和主动性去参与农村信用社的经营管理。"三会一层"的管理体制形同虚设,相互制衡的权力关系并没有发挥作用,而且也缺乏对产权和法人治理结构的制度保障,造成了农村信用社改革形式化,内部管理并没有发生根本性变化。这表明,人员还是原班人马,社员大会以及各项选举只不过是走走过场,社员的民主权利没有得到真实有效的保障,农村信用社的章程也形同虚设。

(四)农村信用社成为省联社的隶属机构,难以体现独立法人地位

在农村信用社改革中,鼓励各地农村信用社依照本地区经济发展状况和自身发展情况,选择不同形式的改革。但是,各地在改革中,多数地区选择了县联社一级法人模式,再由县联社入股成立省联社,而省联社又是代表省级政府行使本省管理权。实际上,省联社承担行业管理、行政管理和行业监管等多种职能为一体,这种模式,为省级地方政府干预提供了可能,加强了省级政府对辖区内农村信用社的控制力。虽然制度上规定省联社是由县联社入股建立,选出社员代表大会、理事会、监事会,并通过他们行使民主管理权力。但是,省联社行政化严重,其主要领导多是省政府按照厅级、副厅级行政级别任命,他们对省政府负责,而不是对来自县联社的社员负责,省联社已经成为领导和管理农村信用社的行政机构。

省联社对农村信用社行使行政管理权,农村信用社成为省联社的隶属机构。表现在:一是人事方面,省联社按照处级、科级等行政级别,提名农村信用社的理事长、副理事长、主任、副主任等高级管理者,然后交给"三会"投

---

① 王东胜:《深化农村信用社改革后续问题的探析》,《新疆金融》2009 年第 10 期。
② 韩俊:《中国农村金融调查》,上海远东出版社 2009 年版,第 315 页。

票等额选举,"三会"的选举只是形式上的认可,根本不能按照《合作社章程》的有关规定,独立自主地选择代表社员利益的理事长、监事长及主任等高级管理者,农村信用社人事权被控制在省联社手中。本来省联社由一级法人的县联社入股成立,按照规范的法人治理形式,省联社应该对其股东——县联社负责,并为县联社提供服务。实际上,省联社成了县联社的上级"老板",县联社要向省联社负责,而不是向它的股东、社员负责,使得农村信用社的委托(农村信用社及县联社为委托人)代理(省联社为代理人)的关系发生逆转,本应是委托人选择代理人,实际操作中却变成了代理人选择委托人,使得农村信用社的法人治理体现出"逆向治理"的特征。① 二是业务经营管理方面,省联社按照国有商业银行的方式管理县联社,省联社理事长与县联社理事长签订经营目标责任书,使县联社不能自主经营,独立法人地位的"独立"性难以体现,阻碍了农村信用社改革目标的实现。三是县联社经营管理方面,存在被上级行业管理部门干预和控制的现象。省联社作为县联社的上级行业管理部门,上收了县联社的信贷管理、财务收支等权力,并在"利润指标""绩效考核"和"人均费用额控制"等方面进行硬性规定,均采取"一刀切",脱离各地实际,使县级联社自身的社员代表大会、理事会等职能实质已被架空,②县联社的独立自主经营受到限制,制约了农村信用社法人治理结构的改革和完善。

### (五)农村信用社金融创新能力弱化,农村贷款难问题依然严重

省联社对农村信用社的行政管理,在制度上采取"一刀切",即在一个省联社辖区范围内,都执行统一的政策,没有考虑到各地农村信用社的个体差异性,如地理位置、资金实力和经营条件等,更没有考虑到农村信用社联合社的独立法人地位。省联社对农村信用社的行政管理,在信贷方面,突出表现在对农村信用社信贷管理的控制上,即农村信用社的信贷权被"上收"集中在省联社手中。省联社同样用"一刀切"式的管理方法,来规范农村信用社的信贷管理,如对农村信用社的贷款业务审批设置一定的权限,对那些不遵守规定进行超权限放款的责任人进行处罚;又加上片面追求"零风险"的信贷管理目标,忽视高风险带来高收益,并对放款人实行终生追究制,使基层信用社的放贷员不敢放款。客观上,造成了农村信用社缺乏自主发展的能力,金融创

---

① 张荔、王晓研:《中国农村信用社法人治理的异化与回归》,《金融理论与实践》2011年第10期。
② 海南银监分局课题组:《农村信用社"三会一层"管理机制运行现状调查》,《青海金融》2008年第9期。

新能力弱化。

同时,省联社对农村信用社经营管理的行政集权控制,也影响了农村信用社市场化改革与支农能力的提高。一是提高信贷准入门槛,比如对农户贷款要求有与信贷资金额度相等的"抵押物",无疑把很多需要资金的农户拒之门外,造成县联社资金的大量富余,进而通过规章制度的形式使农村信贷资金外流合法化,造成了对农村经济的金融抑制。① 二是在利润指标的考核下,各基层社法人有盈利的压力,资本"嫌贫爱富",会趋向于效益高的基础设施、社团贷款和其他长期项目,这不仅增加了农村信用社的系统风险,也增加了普通农户和中小企业获得贷款的难度,资金的供给和需求出现了错位,农村贷款难的问题依然严重。

综上所述,2003年以来农村信用社改革的目标可以简单概括为:通过建立起完善的法人治理结构,提高农村信用社服务"三农"的能力。在改革中,中央政府把农村信用社管理权交给省级政府管理,并以票据置换的方式承担农村信用社50%的不良资产,客观上提高了农村信用社的资本充足率,降低了农村信用社的亏损率和不良贷款率,改善了农村信用社的财务经营状况,促进了农村信用社的可持续发展。然而,在改革中,虽然农村信用社建立起"三会一层"的管理框架,但是,"三会一层"的管理体制形同虚设,农村信用社的权力被理事长和主任等"内部人控制",相互制衡的权力结构并没有发挥作用。在外部管理上,省联社代表省级政府对农村信用社实行行政管理,但省联社承担多重角色,角色之间经常发生冲突。如省联社在辖区内按照统一的标准对农村信用社进行规范化管理,客观上有利于提高农村信用社盈利水平与抗风险能力。但是,压缩了农村信用社的独立发展的空间,阻碍了农村信用社改革目标的实现,使农村信用社改革偏离了服务"三农"的市场定位,农村贷款难、贷款贵问题依然未能得到有效解决,农村信用社逐渐背离了"合作制",随着金融监管部门提出向"股份制"发展,农村信用社的"合作制"开始终结。

**二、农村信用社多元模式改革的实质:各相关利益方博弈的短暂均衡**

在农村信用社改革发展过程中,从一开始就存在多个利益群体,这次农村信用社实行多元模式的改革中也存在多个利益群体,他们分别是:中央政府、地方政府、省联社、农村信用社和社员。这些利益群体代表不同的利益,它们之间不断进行博弈,最终达到制度的短暂均衡。

---

① 曾华:《农村信用社省级联合社的功能定位:思路与对策》,《金融发展评论》2011年第7期。

## （一）中央政府和地方政府之间的博弈

1980—2002年,中央政府(以中国人民银行为代表)主导的恢复农村信用社合作制的改革未能达到预期目标,而且还引起了农村信用社更为严重的问题,如农村信用社资产质量差、资本充足率低,出现了整体性、大面积亏损,有的农村信用社面临着破产的边缘。在这种情况下,中央政府必须思考农村信用社下一步改革的方向。鉴于农村信用社恢复的合作金融发生异化,商业化严重,法人治理结构中"内部人控制"问题以及国际农村合作金融商业化的经验,2003年中央政府决定试点农村信用社多元模式的改革。由于在20世纪80年代恢复农村信用社合作制的改革中,农村信用社承担的政策性目标使地方政府存在着搭中央政府便车的行为,地方政府通过强迫农村信用社给地方政府或企业贷款,而这些贷款很多都无法收回,使农村信用社背负了巨大的包袱,最后又由中央政府买单。这一次的改革,中央政府把农村信用社的管理权交给省级地方政府管理,避免对农村信用社新增的风险承担责任。实际上,中央政府把风险分摊给各地省级政府,这对中央政府来说无疑是一种理性的选择。

省级地方政府为什么能够接受资不抵债、大面积亏损的农村信用社? 首先,中央政府承诺对农村信用社的亏损进行补贴,也就是说,把农村信用社交给地方政府是有前提条件的,即中央政府要给亏损的农村信用社一定的补贴。由于农村信用社承担着很多政策性功能,形成了农村信用社的不良贷款或历史包袱,客观上造成了农村信用社的亏损,如果这些问题不及时解决,农村信用社不可能持续发展,改革也无法进行。然而,这些问题仅靠农村信用社自身的力量是不可能解决的。所以,新一轮改革由中央政府出资化解农村信用社一半的不良资产及历史包袱,对农村信用社改革的顺利进行提供了物质保障,这也是省级地方政府能够接手管理农村信用社的前提条件。但是,中央政府在为农村信用社出资帮助化解不良资产时,设置了资金兑付条件,如资本充足率、增资扩股、不良贷款等。也就是说,只有达到了这些条件,中央政府才能出资对亏损的农村信用社进行补贴,达不到的暂时不会得到这些补贴,这迫使省级政府承担起对农村信用社改革的责任。在具体操作中,为了达到中央设置的资金兑付条件,地方政府往往采取下达行政性指标的方法来实现中央政府所要求的资本充足率和股权结构条件,因为这是最有效、快捷的方法,[①]这样就必然强化了地方政府对农村信用社的行政干预。其次,

---

① 赵天冉:《农村信用社改革:成效与反思》,《经济研究参考》2009年第23期。

改革方案还规定,当农村信用社交由省级地方政府管理后出现了风险,"在省级人民政府承诺由中央财政从转移支付中扣划的前提下,中央银行可以提供临时支持"。由于省级地方政府没有建立风险准备基金,当金融风险发生后,省级地方政府对中央的"临时支持"有很强的依赖性,而且还借助于金融风险的"传染性"胁迫中央政府的资金支持,并以各种理由延缓或要求减免,从而将农村信用社金融风险处置责任转嫁给中央政府,造成省级地方政府承担的农村信用社金融风险责任虚置。① 也就是说,农村信用社的风险由"中央财政的转移支付"和"中央银行提供临时支持"来承担,即农村信用社的最后风险并不是完全由省级地方政府承担。而且,在农村信用社改革中,银监会负责农村信用社的金融监管,但是不对金融风险责任负责。省级地方政府承担农村信用社的金融风险责任,但是没有监管权。当农村信用社出现了金融风险,地方政府也会因银监局监管不力或信息传导不畅而相互推诿扯皮,结果就是让省级地方政府完全承担农村信用社的最后风险成为一句空话,事实上,中央政府成为农村信用社风险的"隐性承担者"。

农村信用社交由省级地方政府管理后,相对于中央政府来说,省级地方政府管理信息比原来更充分,而且省级地方政府可以凭借着管理者的身份,直接下达给农村信用社各种指令性计划,可以使用农村信用社的金融资源谋求地区经济发展目标和税收目标,这从农村信用社改革模式的选择中可见一斑。农村信用社多元模式改革中,农村信用社可以根据自身情况自主选择产权形式和组织模式。但是,在一些经济发达的省份,一些已经具备条件建立农村股份制商业银行的农村信用社,却仍保留着县级一级法人模式(因为县级一级法人模式比股份制商业银行更容易控制),说明地方政府并不愿意放松对农村信用社的控制,以便获取金融资源。在省级地方政府的控制下,农村信用社自主权有限,实际上成为地方政府融资的工具。从这个角度来说,省级地方政府也是其中的受益者。

(二)农村信用社与中央政府和省级地方政府的博弈

改革开放以来,农村信用社作为一个地方性很强的金融机构,由中央政府管理和控制。而中央政府在恢复农村信用社合作制的改革中,农村信用社承担着保值储蓄和购买金融债券等政策性业务,亏损严重,有的资不抵债。在这种情况下,如果仍然保持中央政府对农村信用社管理和控制的体制不变的话,那么这次改革就没有创新性,对农村信用社来说,缺乏吸引力,也没有

---

① 蓝虹、穆争社:《中国农村信用社改革的全景式回顾、评价与思考》,《上海金融》2012年第11期。

改革的动力。而农村信用社由中央政府管理变为由地方政府负责管理,这已经突破了以往改革的界限;在现行体制下,省级地方政府不会像中央政府那样让农村信用社承担保值储蓄和购买金融债券等政策性业务,又加上中央政府承诺交给省级地方政府管理后,给亏损的农村信用社给予补贴,这对农村信用社来说,是有利可图的。同时,农村信用社交给省级地方政府管理,而不是市县级地方政府管理,如果交给市县级地方政府管理,可能会出现"大跃进"时期挪用农村信用社资金、侵害农村信用社利益的情况。而交给省级地方政府管理,因为省级地方政府比市县级地方政府更有财力,抗风险的能力也比市县级地方政府强。同时,农村信用社交给省级地方政府管理后,省级地方政府有机会利用和控制农村信用社的金融资源,实现地区经济发展和税收增长目标。这样,农村信用社的管理权由中央政府管理转移到省级地方政府管理后,这三个利益群体都可以从中受益:中央政府把承担农村信用社风险责任转嫁给省级地方政府;省级地方政府负责管理农村信用社,获得了支配农村信用社金融资源的权力,为促进地方经济发展服务;而亏损的农村信用社得到补贴,且有机会选择适合自己的模式进行改革。可见,没有一个群体利益受损,所以说,农村信用社由中央政府交由省级地方政府管理,是一个处在"帕累托改进"①的状态。

(三) 农村信用社、省联社和省级地方政府之间的博弈

从某种意义上说,中央政府把农村信用社的管理权交给省级地方政府,目的是为了让省级地方政府承担农村信用社改革的责任和风险,防止省级地方政府"搭便车",避免中央财政资金对农村信用社无休止的补贴。然而,省级地方政府通过设立省联社来实行对农村信用社的管理。省联社是由各县联社入股组建的企业,这样,省联社既有行政管理的职能,又具有企业的职能。尽管农村信用社的改革方案明确规定:"省级人民政府要坚持政企分开原则,对农村信用社依法实施管理,尊重农村信用社的法人地位和自主权,不干预其具体经营决策。"②但是,在我国向市场经济转轨的过程中,地方政府已经不是单纯的政治性主体而是政治企业家,他们有地区经济增长和税收增长的经济目标,这将不可避免地出现干预信用社的经营管理和通过行政决策影响资金分配的现象。③ 在试点改革中,明确要求农村信用社"无论采取何

---

① "帕累托改进"又称"帕累托改善",是指在不减少一方的福利时,通过改变现有的资源配置而提高另一方的福利。
② 资料来源:《国务院关于印发深化农村信用社改革试点方案的通知》,国发〔2003〕15号。
③ 韩俊:《中国农村金融调查》,上海远东出版社2009年版,第253页。

种产权模式,选择何种组织形式,都要坚持服务'三农'的经营方向,信贷资金大部分要用于支持本地区农业和农民。"①这使得省级地方政府的政策干预具有合理性和常态化。

农村信用社县联社入股组建省联社的目的是通过省联社履行"管理、指导、协调、服务"等职责,改变农村信用社分散、弱小、亏损和无更高层次的联合组织等不利局面,提高获取政策支持的能力,改善经营环境,建立完善的法人治理结构和内控机制。然而,在农村信用社股权分散、社员无参与意识、法人治理不完善、"内部人控制"严重的情况下,省联社利用省级政府赋予的权力,控制农村信用社理事长、监事长及主任等高级管理者的任命和选举,并将农村信用社的信贷管理、财务收支和利润分配等各项权力上收进行行政性控制。在业务经营上,强调农村信用社的"利润目标";在风险管理上,强调"零风险",强调企业的部门利益,使省联社逐渐形成了一个具有自身目标的利益群体,这个新的利益群体只向省级地方政府负责,而不是向它的股东——县联社负责,极大地弱化了其行业管理、监督和行业服务的功能;在政策取向上,省联社通过对县联社信贷资源的控制,在资金投向、规模、期限等方面进行不当干预,使农村信用社逐渐偏离"三农"服务的趋势日益明显,不仅阻碍了农村信用社法人治理结构的完善,而且对农村信用社改革的目标也产生不利影响。

(四)社员、农村信用社和县联社之间的博弈

在改革中,虽然农村信用社的产权组织形式存在多种选择方案,但是,改革在省级政府领导下,基层农村信用社并没有真正的选择权,多数农村信用社是以县为单位组建了县联社一级法人模式。县联社一级法人模式是农村信用社入股建立起来的,一般设立在普遍比较落后的传统农业区,在这里资本募集难以达到股份制和股份合作制所需最低资本金的要求,也就无法选择股份制或股份合作制的发展模式。这些地区很多信用社不良贷款比例高,资本充足率低,亏损居高不下,甚至是"难以为继"。在这种情况下,组建农村信用社的一级法人模式——县联社,虽然原农村信用社法人独立资格被取消,但是在新模式下,那些"难以为继"的农村信用社的理事长、监事长和主任等高级管理者,虽然职位作了调整,但是待遇不会发生变化,而且可以通过县联社提高获取政策支持的能力,县联社可以在一县范围内自主地调配资金,追讨逃废债,增强单个社在县域范围内抵御金融风险的能力。从这个角度来

---

① 资料来源:《国务院关于印发深化农村信用社改革试点方案的通知》,国发〔2003〕15号。

说,那些经营状况不好的农村信用社组建县联社一级法人模式,把亏损转让给全县农村信用社共同分担,实际上搭了县联社的便车,在一定程度上能改变了自身不利的经营状况。因此,对经营状况不好的农村信用社来说,组建县联社一级法人模式比不组建的情况要好,所以他们一般也赞成改革。

但是,实行县联社一级法人的改革模式,并不是所有农村信用社都完全自愿。特别是那些经营状况好、盈利能力强的基层信用社实际上并不赞成搞县一级法人,因为盈利社用于公积金、公益金的积累较多,而且利润可以自己支配,建立县联社一级法人模式就意味着原有的公积金、公益金和利润都归大堆,被其他经营状况不好的信用社拉平了,各个基层信用社都在县联社体制下"吃大锅饭",打击了效益较好的基层社的积极性,影响其业务的开展。同时,实行县联社一级法人模式,原农村信用社的独立法人地位就不存在了,这意味着原来农村信用社高级管理者的权力被削弱了(即使实行县联社一级法人模式后他们的待遇不变),所以他们不愿实行县联社一级法人模式,而想保持自己独立的法人地位。

这次农村信用社的改革中,增资扩股,除了农民社员外,还吸收了更多中小企业入股(战略投资者占的比例比较小),农民和中小企业入股的目的是为了获得贷款及利率优惠,对农村信用社的改革并不关心,社员更不会跑到几里甚至几十里外的县城去参与县联社的经营管理与监督,县联社利用这种产权关系,控制了农村信用社的人事权、经营信贷权和利润分配权,形成了"内部人控制"的局面,而使农村信用社"三会"流于形式。实行县联社一级法人模式,增强了单个基层信用社抗风险的能力,这样社员的股金不会因农村信用社经营不善而"血本无归",从这个角度讲社员也有支持县联社一级法人模式的意愿。然而,实行县联社一级法人后,农村信用社的决策机构离农民更远,有可能使社员获得贷款的周期变长、成本变高。同时,在县联社一级法人模式下,县联社信息收集成本和监督成本都会增加,必然在贷款中提高标准,如社员贷款要求抵押品,而且贷款手续烦琐,大大降低了贷款的灵活性、便利性,也增加了社员获取贷款的难度,农村贷款难、贷款贵的问题依然得不到有效解决。

综上,农村信用社交由省级地方政府管理,实行多样化的产权形式和组织模式,实际上是各个利益群体不断博弈所达成的一个均衡。但是,这个均衡是暂时的。这是因为:一方面,省联社的设立有两面性,在改革初期对维护和稳定农村信用社改革起到了积极作用。但是,改革也形成了一个新的利益群体,这个利益群体承担多重角色,角色之间经常发生冲突,使农村信用社改革弱化了"三农"服务功能,影响了农村信用社改革目标的实现。当农村信用社摆脱困境,建立起完善的法人治理结构后,省级政府终究要从农村信用社的管理中退出,也就是说省联社也必成为今后改革的对象。所以,省级地方政府管理农村信用社,只是博弈中的短暂的均衡。① 另一方面,在改革中农村信用社可以根据自身的情况选择多种产权形式和组织模式,在这三种模式的选择中,县联社一级法人模式和股份合作制的产权形式和公司治理结构还很不完善,农村股份制商业银行的产权形式和治理结构相对完善,由于市场化的改革方向,农村信用社县联社一级法人模式、股份合作银行又有向农村股份制商业银行转化的趋势,加上中国银监会提出农村信用社改革的方向是股份制,这意味着合作制和股份合作制必将走向终结,改革的终极模式是农村股份制商业银行。所以,2003 年以来农村信用社多元模式的改革是暂时的、过渡的,实质是各相关利益方不断博弈的一个短暂均衡。

## 第四节 农村信用社与政府及国家银行之间的关系

### 一、中央政府退出对农村信用社的管理:由信誉担保到隐性担保

在恢复农村信用社合作制的改革中,农村信用社承担为"三农"服务的政策性功能。以此为契机,地方政府"搭便车",干预农村信用社给地方政府或企业贷款,很多贷款都无法收回,致使农村信用社出现了全行业的严重亏损,甚至是"难以为继",面临破产的边缘。但是,多年来中央政府不仅为农村信用社的亏损提供大量补贴,而且还一直为农村信用社提供"信誉担保",即使农村信用社发生亏损,也不会允许破产,其职工的工资、奖金福利照旧,客观上使中央政府背负了巨大的包袱。这次农村信用社改革的重要内容就是中央政府退出对农村信用社的管理,把农村信用社的管理权交给省级地方管理,中央政府仅通过银监会行使金融监管职能。一方面,省级地方政府要对农村信用社的风险承担责任。中央政府把风险转嫁给各地省级地方政府,避免中央政府承担农村信用社的风险责任,也可以避免地方政府搭中央政府便车的机会主义行为。另一方面,中央政府通过银监会行使对农村信用社的金融监管,但是并不承担监管责任,农村信用社的风险责任由省级地方政府承担,这对中央政府来说,金融风险算是转嫁出去了。但是,这次改革方案明确规定,在农村信用社出现了风险的情况下,中央政府将提供"临时支持"。这种"临时支持"将"由中央财政从转移支付中扣划",也就意味着中央政府退出对农村信用社的管理,不再是农村信用社的最后责任人,不再为农村信用社

---

① 周脉伏:《农村信用社制度变迁与创新》,中国金融出版社 2006 年版,第 174 页。

提供"信誉担保"。但是,这种退出还很不彻底。因为省级地方政府并没有建立风险准备基金,当金融风险发生后,省级地方政府依赖于中央的"临时支持",而且还借助于金融风险的"传染性"胁迫中央政府提供资金支持,并以各种理由延缓或要求减免,从而将农村信用社金融风险处置责任转嫁给中央政府,造成省级地方政府承担的农村信用社金融风险责任虚置。① 因此,虽然中央政府退出对农村信用社的管理,但从某种意义上说,中央政府还是省级地方政府处理农村信用社风险责任的间接承担者,即中央政府在退出对农村信用社的管理后,还在为农村信用社提供"隐性担保"。

## 二、农村信用社交由省级地方政府管理:激励性与约束性并存

新一轮改革的主要内容和特点就是把农村信用社交由省级地方政府管理,这对农村信用社来说,激励性与约束性并存。就激励性来说,第一,由于农村信用社在上次改革中,大部分资不抵债,处在亏损状态,需要通过一次新的改革来渡过"难关"。在中央政府的资金支持下,把农村信用社交给省级地方政府管理,让省级地方政府承担起责任,如帮助农村信用社化解不良贷款、追逃废债等,总比原来"搭便车"而不负责任要好得多;而且省级地方政府管理辖内信用社比中央政府信息充分,也更有动力,从这个角度来说,农村信用社交给省级地方政府管理,对农村信用社是一种激励。第二,允许农村信用社因地制宜,建立与各地经济发展、管理水平相适应的组织形式和运行机制。② 各地农村信用社在国家的宏观调控下和省级地方政府的管理下,结合自身情况,从合作制、股份合作制及股份制三种模式中自行选择,基本上建立了农村信用社一级法人、农村合作银行和农村商业银行三种产权形成和组织模式。突破了以往对农村信用社改革按照统一的模式实行"一刀切"的做法,使农村信用社具有一定的选择空间,这是给农村信用社一种最大的激励。第三,中央政府把对农村信用社的管理权交给省级政府,而不是交给地(市)和县、乡政府进行管理,这样就避免了农村信用社的资金随意被挪用或被地(市)和县、乡政府强制给当地企业贷款的情况,而且省级地方政府比地(市)和县、乡政府更有财力支持农村信用社的改革和发展。第四,省级地方政府有发展本省经济的冲动,需要在全省范围内动用金融资源发展地区经济,而农村信用社也需要建立一个省级金融机构,帮助农村信用社在更大范围内调剂资金供求,处理政策协调与提供培训等工作,以改变农村信用社缺乏纵向

---

① 蓝虹、穆争社:《中国农村信用社改革的全景式回顾、评价与思考》,《上海金融》2012 年第 11 期。
② 资料来源:《国务院关于印发深化农村信用社改革试点方案的通知》,国发〔2003〕15 号。

资金调剂组织来调剂资金的不利局面,以增强农村信用社的资金实力和抗风险能力。从某种意义上说,省联社的建立,使农村信用社与省级地方政府形成了利益共同体,并且这种利益关系易使二者形成合谋,以获取中央的资源,从而使农村信用社改革发生"走调",这在农村信用社增资扩股运动中表现得最为明显:中央政府提供专项票据形式承担对农村信用社的亏损补贴,但是设定了一系列资金兑付条件;在实施过程中,为了获得这笔资金,省级地方政府下达行政指标,激励农村信用社增资扩股;农村信用社采取了诸如"存款化股金""贷款化股金"等非正常的手段,增加资本金,实现中央政府所要求的资本充足率和股权结构条件,因为这是最有效、快捷的方法。第五,省级地方政府通过成立省联社具体负责对农村信用社的管理,省联社对农村信用社实行行政化管理,科层化趋势强烈。省联社的理事长、副理事长都是按照厅级、副厅级的行政级别由省级政府任命,农村信用社联合社的理事长、主任和监事长都按照一定的行政级别任命,对农村信用社来说,无疑是一种"升格"的激励。

但是,农村信用社下放给省级地方政府管理后,省级地方政府通过省联社对农村信用社实行行政化管理,通过对农村信用社的人事任命、贷款利率及期限等日常经营管理方面的控制,使农村信用社被动改革,缺乏自主权,客观上又成为农村信用社改革与发展的约束条件。在接管农村信用社的管理权后,省级政府可以凭借着管理者的身份,直接下达给农村信用社各种指令性计划,使用农村信用社的金融资源谋求地区经济发展和税收目标,不断强化行政手段来提高对农村信用社的控制能力。实质上,农村信用社已经演变为地方政府获取农村金融资源的一种工具。省级政府通过省联社对农村信用社实行管理,带有浓厚的行政色彩。但中央要求省级政府管理农村信用社必须做到政企分开,对信用社依法管理,不干预信用社的具体业务和经营活动。但是,没有建立起相应制度和机制来贯彻这一要求,省级地方政府要履行对农村信用社的资产责任,在农村信用社股权分散、法人治理不完善、"内部人控制"严重的情况下,必然对农村信用社的人事任免、信贷管理、财务收支和利润分配等各项权力上收进行行政性控制,甚至一些省联社沦为"批官帽、批经费、批项目、批贷款"的衙门机构。[①] 实际上,这是对农村信用社的一种约束和限制。省联社代表省级政府行使对农村信用社的管理权,而省联社是由县联社入股建立的金融企业,应该向股东——县联社负责,但是现实情况是省联社只向省级地方政府负责,弱化了其行业管理监督和行业服务的功能;而且利用省级政府赋予的行政管理权,对县联社信贷资源实施控制,使农

---

[①] 资料来源:《银监会将启动农信社改革 省联社成重点》,21世纪经济报道(广州),2012年2月17日。

村信用社不断弱化了服务"三农"的功能。实际上,这与农村信用社改革目标背道而驰。但是,据外国农村合作金融发展的经验可知,随着农村信用社经营状况的好转、产权关系的明晰、法人治理机构的完善,省级地方政府终究要从农村信用社的管理中退出,也就是说省联社也必成为今后改革的对象。

### 三、中国人民银行的政策扶持:改革顺利进行的必要条件

这次改革中,中央政府把对农村信用社的管理权下放给省级地方政府,退出管理者的角色。但是,并不是说,国家银行与农村信用社没有关系了。为推动农村信用社改革的顺利进行,中国人民银行按照"花钱买机制"原则,对试点地区的农村信用社给予各种扶持政策,帮助消化农村信用社历史包袱,增强农村信用社服务能力。主要有采取两种形式:一是由人民银行按照2002年年底实际资不抵债数额的50%,安排专项再贷款;二是人民银行按2002年年底实际资不抵债数额的50%,发行专项中央银行票据,用于置换信用社的不良贷款,票据期限两年,按不低于准备金存款利率按年付息。①

中国人民银行的适当支持成为农村信用社改革的重要推动力量。据统计,截至2009年年末,中国人民银行已累计向2340个县(市)农村信用社兑付专项票据1641亿元,兑付进度达到97%以上;发放专项借款21亿元。②到2010年年末,人民银行对农村信用社安排资金支持达1718亿元,③占国家对农村信用社扶持资金的85.9%。

中国人民银行还积极推进农村信用社金融基础服务体系建设,不断完善金融生态环境。在中国人民银行的帮助和指导下,农村信用社在全国建立统一的资金清算中心和支付系统。截止到2010年年末,农村信用社网点28886家、农村合作银行网点1238家、农村商业银行网点1164家,接入人民银行跨行支付系统。④ 使农村信用社的支付系统得到明显改善,支付能力明显提高,提高了农村信用社服务水平。同时,中国人民银行还通过帮助建立农村信用系统,改善农村信用环境;对农村信用社实行较低的存款准备金率(如低于商业银行6个百分点),提高农村信用社的贷款利率,并加大农村信用社支农再贷款力度。中国人民银行的各种扶持政策,大大促进了农村信用社改革的顺利进行。

---

① 资料来源:《国务院关于印发深化农村信用社改革试点方案的通知》,国发〔2003〕15号。
② 资料来源:《2009年第四季度中国货币政策执行报告》,中国人民银行网站,2010年2月11日。
③ 王智鑫:《我国农村金融改革发展历程》,《金融发展评论》2012年第7期。
④ 中国金融年鉴编辑部:《中国金融年鉴(2011)》,中国金融出版社2011年版,第553—554页。

## 第五节　农村信用社的经济绩效与不足

农村信用社改革多元模式的改革取得重要成果,全国农村信用社资产质量整体明显改善,资金实力显著提高,支农服务功能显著增强,在中国正式金融机构中,农村信用社是支持农业、农民和农村经济发展的主要资金力量,农村信用社在农村经济发展中发挥重要作用,但是,也存在一些问题,需要不断地解决和完善。

### 一、农村信用社的经济绩效

（一）农村信用社存贷款业务增加,是服务农民、农业和农村经济发展最重要的资金力量

农村信用社多元模式的改革改善了农村信用社的资产质量,使农村信用社资金实力得到明显提高,突出表现在农村信用社存贷款规模的扩大。如图 5.1 所示,自农村信用社实行多元模式改革以来,存款余额由 2003 年的 2.4 万亿元增加到 2010 年的 8.6 万亿元,增加了 258%；贷款余额由 2003 年的 1.7 万亿元增加到 2010 年的 5.7 万亿元,增加了 235%,2010 年全国农村信用社的各项存贷款余额占全国金融机构各项存贷款余额的比例分别为 11.8% 和 11.9%。农村信用社存贷款业务的增加,客观上能够实现规模效应,提高服务能力。

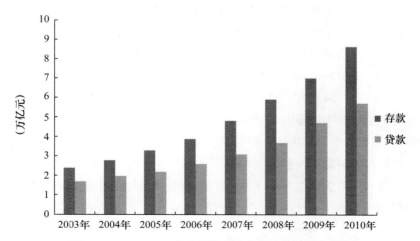

图 5.1　2003—2010 年农村信用社存贷款余额变动趋势

就支持农业、农民和农村经济发展方面来说,和正规农村金融机构相比,

农村信用社投入农业的资金最多。2003年农村信用社投放0.73万亿元的农业贷款,2009年增加到2.1万亿元,增加了188%,2009年农村信用社的农业贷款在全国金融机构占比95%,[①]比改革之初的81%增长了14个百分点。2010年农村信用社农业贷款余额又增加到3.9万亿元,比2003年增加了434%,农村信用社对农户发放的贷款占正规金融机构农业贷款的比例达到了90%以上。农村信用社还肩负着全国98.4%和67.7%的金融服务空白乡镇的机构覆盖和服务覆盖任务,[②]农村信用社还承担国家面向广大农民的各种惠农补贴的发放,在农村网点多,分布最为广泛,是服务农民、农业和农村经济发展最重要的资金力量。

(二)农村信用社发放贷款以小额、短期为主,为农户提供资金支持

面向"三农"的服务方向,一直是农村信用社改革的方向和重点。这次农村信用社的改革,也强调要服务农民、农业和农村经济发展,特别是要对人数最多的农户提供金融服务。2010年年末,全国农村信用社涉农贷款为3.9万亿元,农户贷款余额为2万亿元,[③]农户贷款占农业贷款的比例为51.3%。早在1999年农村信用社开始向农户开展小额贷款业务,以解决农户贷款难问题。截至2003年,全国绝大部分的农村信用社都对农户提供了小额贷款,获得贷款的农户比例逐渐在提高,到2010年这一比例达到52.6%,[④]比2003年的37%高出15.6个百分点。农村信用社对农户贷款的增加,说明了农村信用社支农作用的增强。

从农户贷款额度和贷款期限来看,农村信用社对农户贷款主要是小额、短期的贷款。据中国人民银行农户借贷情况调查结果显示(见图5.2),农村信用社对农户的贷款在5000元以下的占52.6%,大于5000元小于10000元的占24.1%,大于10000元的占23.2%。也就是说,农村信用社以小额贷款为主,大额贷款比较少。就其缘由,5000元以下的小额贷款一般都采用不需要抵押的信用和担保形式,大额贷款需要担保。而农民贷款一般缺乏足够的抵押品,只有办理无抵押的小额贷款才对分散的农户更有效率。同时,农村信用社办理的贷款以短期为主,多是一年期、半年期。这与农村信用社资金实力不强和风险管理能力弱有关。虽然,农村信用社办理中长期贷款能力不足,但是,短期的、小额的贷款可以为农户提供资金支持,解决他们的生产、生

---

① 《2009年第四季度中国货币政策执行报告》,中国人民银行网站,2010年2月11日。
② 农信社改革发展60年:用变革赢得历史机遇,人民网,2011年11月23日。
③ 《2010年第四季度中国货币政策执行报告》,中国人民银行网站,2011年1月30日。
④ 根据《2010年第三季度中国货币政策执行报告》整理。

活困难,即使没有解决所有农户贷款难问题,但是毕竟使部分农户贷款难的情况有所缓解。

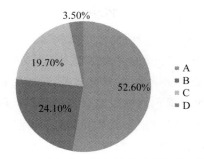

**图 5.2 农村信用社授信额度分布情况**①

**(三) 为乡镇企业和农村私营企业提供融资支持**

在农村改革过程中,乡镇企业、农村私人企业都是在没有得到国家信贷计划支持的情况下产生、发展和不断壮大起来的,其原料、资金、设备、劳动力都由自己解决。因此,乡镇企业和农村私人企业在发展过程中,普遍存在着资金短缺的问题。但是,由于乡镇企业和私营企业在吸收农村劳动力、增加地方财政收入等方面所发挥的作用越来越突出,地方政府普遍对乡镇企业和私营企业采取扶持态度。在解决乡镇企业的资金不足问题上,地方政府无一例外地利用农村信用社支持"三农"的市场定位来干预农村信用社的经营活动,为乡镇企业和私人企业的融资提供支持。2003年以来,农村信用社对乡镇企业和农村私人企业(包括个体工商户)的贷款一直占农业贷款的40%以上。在地区分布上,东部地区乡镇企业和农村私人企业贷款比重明显高于其他地区,这与东部地区乡镇企业发展比较好、经济活动比较活跃存在一定的联系。除农业贷款外,对乡镇企业和农村私人企业的贷款已经成为农村信用社涉农贷款中又一个贷款的主要对象,大量资金贷给了乡镇企业和农村私人企业,为其稳步发展和提高经济实力做出了不可磨灭的贡献。

**(四) 支持农业结构调整**

农业结构调整有利于解决农副产品销路不畅,增加农民收入;有利于改变落后生产方式,发展现代农业;有利于提高农业生产效益,促进城乡一体化建设。农村信用社作为农村金融的主力军,在发展县域农村经济,促进农业

---

① 中国人民银行农户借贷情况问卷调查分析小组:《农户借贷情况问卷调查分析报告》,经济科学出版社2009年版,第119页。其中A表示农村信用社对农户的贷款在5000元以下,B表示5000元至10000元,C表示10000元至30000元,D表示大于30000元。

发展,调整农业经济结构方面起了关键性作用。表现在:农村信用社支持发展多种经营的同时,重点支持品种优良、特色鲜明、附加值高的优势农产品,提高了农业的规模化、集约化水平,从而调整了农业产业结构和产品结构。农村信用社还支持农业综合开发,支持农业基础设施建设,支持农业科技开发与转化,支持农业产业化服务体系建设。[①] 同时,农村信用社还通过调整贷款结构,优化资金投向,不断拓宽业务领域,在满足支农资金需要的前提下,按照当地经济发展要求积极稳妥地支持乡镇企业调整结构,扶持了一批效益好、产品适销对路的乡镇企业和农村其他工商业持续高速发展,促进农业富余劳动力的转移,也引起了农村就业结构的变化,增加了农民收入,对调整农村经济结构和城乡一体化建设发挥了重要作用。

(五) 在农村地区的扶贫工作中发挥着重要作用

农民贫困、农业落后和农村经济发展缓慢的一个重要原因就是农村资金的缺乏。农村信用社是处于农村基层的正规金融机构,在资金上扶持贫困地区和贫困户是我国扶贫工作的重要内容,也是农村信用社经营面向"三农"的重要体现。目前,农村信用社在我国农村地区的金融网点多、覆盖面广,在"三农"服务中,是资金投放最多、农村普惠制金融服务贡献度最大的银行机构。[②] 长期以来,农村信用社根据国家扶贫政策和农户自身状况,办理农户小额扶贫贷款、扶贫贴息贷款、产业扶贫贷款及其他金融扶贫项目,为贫困户发放贫困贷款,解决贫困户的生产贷款、生活贷款和创业贷款等问题,促进草根经济发展,增加收入,使更多的贫困人口脱贫致富。按照 2010 年通过的新的贫困标准(人均年收入低于 1274 元),2010 年我国农村贫困人口有 2688 万,相比 2000 年 9422 万的农村贫困人口,减少了 6734 万人,减少了 71.5%。现在农村贫困人口占农村总人口的比重从 2000 年的 10.2%下降到 2010 年的 2.8%。[③] 我国农村扶贫工作取得的巨大成就与扎根农村、服务农村经济的农村信用社在农村扶贫工作中发挥的重要作用密不可分。

## 二、农村信用社存在的不足

(一) 资金外流严重,利用效率低

农村信用社是经营货币业务的金融组织,随着农村商品经济发展,农村

---

[①] 杨凤梅:《农村信用社支持农村经济结构调整的研究》,《吉林金融》2011 年第 11 期。
[②] 高玉成:《农村信用社扶贫开发工作存在的问题与建议》,《河北金融》2012 年第 12 期。
[③] 杨华云:《中国政府扶贫十年投两千亿,农村贫困人口减少超过 6700 万》,《新京报》2011 年 11 月 17 日。

信用社存贷款业务也发展很快。2010 年农村信用社存款余额达 8.6 万亿元,是 2003 年的 3.58 倍;农村信用社存款的增加,为贷款的增加提供了基础条件,2010 年农村信用社的贷款为 5.7 亿元,是 2003 年的 3.35 倍,存款增长速度快于贷款增长速度,说明农村信用社存贷款之间存在着"剪刀差"。随着农村信用社的存款和贷款的增加,其存贷款"剪刀差"有不断扩大的趋势。如表 5.2 和图 5.3 所示,2003 年农村信用社的存贷款"剪刀差"为 0.7 万亿元,到 2010 年增长到 2.9 万亿元,2010 年是 2003 年的 4.14 倍。从 2003 年到 2010 年的 8 年间,农村信用社的存贷款"剪刀差"共有 10 万亿元以上,存贷款"剪刀差"的增加,说明农村信用社惜贷,且资金外流严重,资金利用效率低。

表 5.2 2003—2010 年中国信用社存贷款变动趋势　　(单位:万亿元)

| 项目＼年份 | 2003 | 2004 | 2005 | 2006 | 2007 | 2008 | 2009 | 2010 |
| --- | --- | --- | --- | --- | --- | --- | --- | --- |
| 存款余额 | 2.4 | 2.8 | 3.3 | 3.9 | 4.6 | 5.7 | 7.0 | 8.6 |
| 贷款余额 | 1.7 | 2.0 | 2.2 | 2.6 | 3.1 | 3.7 | 4.7 | 5.7 |
| 农业贷款 | 0.73 | 0.85 | 1.01 | 1.21 | 1.43 | 1.7 | 2.1 | 3.9 |
| 存贷差 | 0.7 | 0.8 | 1.1 | 1.3 | 1.5 | 2.0 | 2.3 | 2.9 |
| 存贷比(%) | 70.8 | 71.4 | 66.7 | 66.7 | 67.4 | 64.9 | 67.1 | 66.3 |

资料来源:《中国货币政策执行报告》《中国银行业监督管理委员会年报》和《中国金融年鉴》。

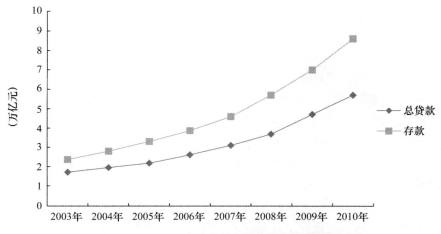

图 5.3　2003—2010 年农村信用社存贷款余额"剪刀差"

## (二) 农业贷款占比低,商业化严重

2003 年农村信用社改革以来,农村信用社的农业贷款总量不断增加,

2009年农村信用社农业贷款余额增加到 2.1 万亿元,比 2003 年农业贷款增加了 188%,2009 年农业贷款占全国正规金融机构农业贷款的比例达到 95%。但是,农村信用社农业贷款占各项贷款的比例低,且增长缓慢,甚至徘徊不前。如图 5.4 中,2003 年农村信用社累计发放的农业贷款占农村信用社所有贷款的比重为 42.9%,2006 年到达最高点为 46.5%,然后到 2009 年回落到 45%,可见,农村信用社的农业贷款占比较低,一直徘徊在 45% 左右,这也客观地说明了农村信用社对"三农"的支持力度不够,大量资金投向了非农产业和效益较好的城市经济,农村信用社的商业化趋势严重。

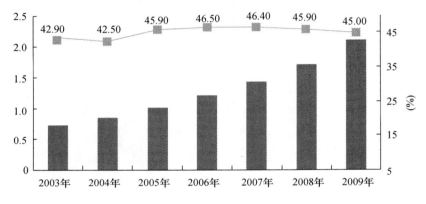

图 5.4　农村信用社农业贷款占比变动趋势

(三) 资产质量令人担忧

农村信用社多元模式改革以来,省级地方政府比较重视解决农村信用社的不良贷款问题,使农村信用社的不良贷款率一直在下降。如表 5.1 所示,2004 年农村信用社试点全面铺开以来,农村信用社的不良贷款余额及不良贷款率都处于下降的趋势,2004 年全国农村信用社的不良贷款率为 23.1%,到 2010 年年末,下降到 5.6%,下降了 17.5 个百分点,但是仍比我国同期商业银行 1.1%[①]的不良贷款率高出 4.5 个百分点。虽然说农村信用社的资产质量一直在好转,如 2010 年的不良贷款余额比 2004 年减少了 29.3%,但是,农村信用社不良资产余额的绝对数值还比较大,2010 年不良贷款余额达 3183 亿元,[②]占商业银行不良贷款余额的 73.4% 和整个银行业金融机构不

---

① 《中国银行业监督管理委员会 2010 年年报》,中国银行业监督管理委员会网站,2011 年 3 月 29 日。
② 《2010 年第四季度中国货币政策执行报告》,中国人民银行网站,2011 年 1 月 30 日。

良贷款的 25.6%。① 农村信用社的不良贷款中,呆账和滞账贷款的比例占到 60% 以上,短期内很难收回,给农村信用社改革发展带来了沉重的负担,不仅削弱了农村信用社支持"三农"的服务能力,而且为农村信用社积累了很高的风险,加剧了一些农村信用社的经营困境,有的甚至难以为继。因此,农村信用社的改革还有很长的路要走,不可能一蹴而就,这是我们改革必须要坚持的一个原则。

### (四) 农村信用社历史包袱沉重,抗风险能力比较差

由于历史的原因,农村信用社形成了很多不良贷款,这些不良贷款很多难以收回,造成了农村信用社的亏损。截至 2008 年年末,全国存在历年亏损挂账的县联社有 821 个,占全部信用社机构的 36.5%,亏损挂账 637 亿元。从省份来看,全国 20 个省份存在历年亏损挂账,其中有 7 个省历年亏损挂账超过 50 亿元。② 这些亏损成为农村信用社改革发展的包袱。而且,在不良贷款中,呆滞账绝对数值还比较大,短期内难以收回,造成了农村信用社巨大的金融风险。虽然大部分农村信用社实行贷款审批制度,建立了比较规范的贷款风险管理制度。但是,农村信用社风险拨备严重不足,2008 年年末,全国农村信用社拨备缺口 1962 亿元,拨备充足率低于银行业平均水平 44 个百分点,低于监管要求 60.6 个百分点。全国有 27 个省份不同程度地存在拨备缺口,全国有 4 个省份拨备充足率低于 20%。③ 这使得农村信用社应对和解决不良贷款风险的能力比较弱。同时,农村信用社在解决不良贷款问题时,除上门催收、法律诉讼外,还采取收产抵贷、置换资产等方式,但置换的资产质量差,抵债变现率低,甚至部分置换资产和抵债资产成为农村信用社的贷款损失,这表明财产抵押也不能有效解决农村信用社的贷款风险,农村信用社抗风险能力比较差。

### (五) 农村信用社管理水平低,内控制度薄弱

经过多年的发展,农村信用社在银行业金融机构中,不仅网点多、覆盖面广,而且从业人员也最多。2010 年年末,农村信用社从业人员达到 728656 人(包括农村商业银行 96721 人,农村合作银行 81076 人)。④ 由于农村信用社

---

① 根据《2010 年第四季度中国货币政策执行报告》和《中国银行业监督管理委员会 2010 年年报》的相关数据整理。
② 王健:《农村信用社发展面临的问题和对策》,《中国经济时报》,2010 年 2 月 3 日。
③ 同上。
④ 《中国银行业监督管理委员会 2010 年年报》,中国银行业监督管理委员会网站,2011 年 3 月 29 日。

扎根农村地区,一般来说,农村信用社职工文化水平比较低。据调查,农村信用社职工中高中或中专学历人员的平均占比达到了58.1%,大专学历的比重为37%,①本科以上人数很少,随着这几年对外招聘,本科生人数也开始增加。但是,很多基层社的职工多是初中及以下学历,还有一部分临时聘用人员,受教育程度低,缺乏专业的金融和法律知识,制约了农村信用社金融服务水平。随着农村信用社的改革,电子化、网络化和信息化的发展和普及,对农村信用社职工的要求越来越高,而相当一部分职工只能勉强做一些简单的收账、记账等技术含量低的工作,不适应现代金融发展的要求。虽然农村信用社建立了员工培训制度,员工持证上岗,但是,培训基本上还是内部培训,与商业银行系统性培训还有一定的差距。同时,很多农村信用社机构臃肿,人员效率低下,使得农村信用社的行政成本比较高,也影响了农村信用社管理水平的提高。而且,在这次改革中,农村信用社未能建立完善的法人治理结构,管理体制还没有完全理顺,很多农村信用社管理比较粗放,又加上内控制度薄弱,约束机制不健全,致使违法违纪案件频发。2008年农村信用社违法违纪案件数量占整个银行业金融机构的67%,涉案金额占66%,案件的数量仍居银行业机构之首,②这些是今后改革应该注意和着重要解决的问题。

---

① 韩俊:《中国农村金融调查》,上海远东出版社2009年版,第323页。
② 王健:《农村信用社发展面临的问题和对策》,《中国经济时报》,2010年2月3日。

# 第六章　中国农村信用社发展演变的理论反思与前瞻

## 第一节　中国农村信用社发展演变的理论反思

### 一、农村信用社的发展演变是适应经济发展战略而制度不断异化的过程

新中国成立以来的经济发展依次经历了新民主主义时期、计划经济时期和向市场经济过渡时期。不同的时期，国家的经济发展战略不同，经济环境也迥异，整个经济体系（包括农村金融体系）都要为国家经济发展战略服务。而农村信用社作为农村金融的主体、政府与农民联系的"桥梁"必然被纳入国家经济发展战略之中。随着国家经济发展战略和经济环境的变化，农村信用社不可避免地随之调整，以适应这些变化，从而不断偏离了合作制而发生异化。新中国 60 多年的经济发展过程中，政府在不同阶段采取了不同的经济发展战略，成为推动农村信用社改革和制度异化的不同动因。

在国民经济恢复时期，为解决农村资金短缺问题，在政府的帮助和支持下，农民互助合作组织——农村信用社建立起来了，为农业的恢复和发展作了很大的贡献。但是，在制度安排中，建立农村信用社还有一个重要原因，就是把农村信用社当作实现农业集体化的一种途径。因此，在某种意义上说，农村信用社已被异化为中国农业集体化的工具。1953 年以后，由于政府实施了重工业优先发展的赶超型经济发展战略，这种战略在新中国成立初期并不具有比较优势，因为严重的资金短缺成为制约经济发展的突出问题。为解决重工业发展的资金短缺问题，减少工业化的交易成本，政府通过建立计划经济体制来控制整个社会的资源，在信贷资金上通过"统收统支"的形式把农村信用社也纳入准国有制经济体系，以实现把农村金融资源转化为对国家工业化的支持，这时农村信用社已经成为向重工业和城市提供农村金融剩余资金的一条重要渠道，使农村信用社异化为政府获取农村金融剩余资金的工具。

在"大跃进"和"文化大革命"期间，由于我国社会主义条件下高度集中的计划经济体制和管理体制已经建立，农村信用社管理体制下放给社队管理，

农村信用社实质上已经异化为人民公社和生产大队的会计结算部门，或异化为救济穷人的慈善机构。在收归银行管理后，农村信用社执行银行的决定，完全隶属于国家银行，异化为国家银行在农村的分支机构。农村信用社管理体制频繁变动的深层次原因都是国家为适应国民经济的发展和对重工业优先发展战略的考量而实施的政策调整措施。

20 世纪 80 年代，政府先后启动了农村经济体制和城市经济体制改革战略，推动农村乡镇企业、国有企业和城市私营经济的发展，由于国有银行无力满足城市工业化和蓬勃发展的乡镇企业的资金需求，在地方政府的干预下，大量资金投向了乡镇企业。这样，农村信用社异化为政府支持乡镇企业发展的工具。20 世纪 90 年代国有商业银行进行市场化改革，为规避风险，国有商业银行逐渐退出农村领域，特别是退出农村欠发达地区，农村信用社成为农村金融的"主力军"，并被赋予"支农"的政策性职能，农村信用社不堪重负，商业化倾向明显，社员所有的合作金融性质无法体现，农村信用社已经异化为国有商业性或政策性金融机构。

进入 21 世纪，我国进入了经济结构调整时期，农业的基础地位日益凸显，为解决我国严重的"三农"问题，支持农村经济的发展，我国政府实施了统筹城乡发展，加快社会主义新农村建设战略。该战略重视农村信用社在农村金融的突出作用，要求把农村信用社建设成为为"三农"服务的社区性地方金融机构，试图通过把农村信用社交给省级地方政府管理，农村信用社实行多元化模式改革，来调整和优化我国经济结构，以期达到增加农民收入和实现城乡经济社会的协调发展之目的。但是，这一时期也是我国城市化、工业化加速发展的时期，由于缺乏支持"三农"的相关配套措施，资本逐利的本性使农村信用社资金大量流向城市与非农产业，农民融资难、融资贵问题并没有得到解决。实际上，农村信用社被省级地方政府控制，在某种程度上，农村信用社已经异化为省级地方政府融资的工具和平台。

从农村信用社发展历程看，农村信用社每一次体制的重大改变，都是为适应我国不同时期经济发展战略而做出的调整，即农村信用社的发展演变从属于我国经济发展战略。在这种从属关系下，农村信用社制度不断发生异化。从初建时期的合作性质被集体化、准国有化和国有化，服务于国家不同时期的经济发展战略目标，缺乏农村信用社发展的合作金融环境，使农村信用社的合作金融制度不断发生异化，无论采取什么样的措施都未能恢复其真正的合作金融性质，且离"合作制"渐行渐远，直到政府放弃合作制实行股份制方向的改革，实际上就宣告了农村信用社合作制的终结。今后，农村信用社的改革发展，适应我国经济发展战略的局面不会在短期内发生重大变化，但必须给农村信用社合理定位,综合考虑农村信用社及其社员的利益,并制定相应的改革配套措施,以保证农村信用社为"三农"服务的目标不会发生偏离。

## 二、农村信用社发展演变过程是有关各方的利益博弈过程

自1951年农村信用社建立以来,在其发展演变的进程中,逐渐形成了与其利益相关的八个利益群体,他们分别是:中央政府(以中国人民银行、银监会为代表)、省级政府、省联社、中国农业银行、县(地)以下地方政府(包括生产大队、人民公社和乡政府)、县联社、农村信用社(以职工为代表)和农村信用社社员(职工除外)。这些利益群体目标不一致,为了各方的利益而不断进行博弈,农村信用社发展演变的过程也是他们各方的利益博弈过程。

1951—1957年是农村信用社按照合作制普遍建立时期,在当时与农村信用社最相关的利益主体是政府(包括中央政府和地方政府)和农民。在这个时期,政府面临着恢复国民经济(包括农村经济)和向集体经济过渡的任务,农民需要一个贴近自己、为自己真正提供服务的农村金融机构以避免被高利贷盘剥。而国家银行覆盖的范围有限,在工业化战略下也无法满足农民的贷款需求,致使高利贷在农村盛行,制度需求和供给的结果就建立了覆盖全国的、点多面广的、具有合作制特征的农村信用社。

1958—1979年是农村信用社合作制遭到破坏时期。这个时期已经形成了多个利益主体,包括以中国人民银行为代表(或以中国农业银行为代表)的中央政府、以人民公社(或生产大队)为代表的地方政府、以职工为代表的农村信用社和农村信用社社员,这些利益主体有各自的利益:中央政府利益是让农村信用社有效支持集体经济、抽取农业剩余资金支持国有经济等;地方政府的利益是在执行中央政策的同时,搭中央政府的便车,谋取地方利益,如挪用农村信用社的资金为地方经济建设服务;以农村信用社职工为代表的农村信用社,其利益是获得国家干部的身份、地位和其他待遇并力图保持不变;农村信用社社员的利益是获得贷款以解决生产、生活困难。这时期,最突出的利益主体博弈就是中央政府(中国人民银行为代表)和地方政府(以人民公社、生产大队为代表)。二者目标不同,必然会产生矛盾,为了维护各自的利益,不断进行博弈;这一时期农村信用社管理体制不断变动,实质上是中央政府和地方政府不断博弈。同时,也存在以农村信用社职工为代表的农村信用社与政府之间的博弈,不过,中央政府与地方政府的利益博弈是主要的,农村信用社与政府之间的博弈是次要的。因为在博弈过程中,在强大的意识形态压力下,农村信用社处于弱势地位,中央政府凭借其强大的控制力,决定了农

村信用社管理体制的变动方向,最终形成了农村信用社"官办"特征。

1980—2002年是恢复农村信用社合作制的改革时期。这时期的利益主体除了中央政府(以中国人民银行为代表)、地方政府、农村信用社(以内部职工为代表)、农民社员,中国农业银行作为一个独立的利益主体凸显出来。这时各自的利益诉求是:中央政府要农村信用社支持逐渐市场化的农村经济,同时还要为工业化、城市化筹集资金;中国农业银行利用管理农村信用社的有利条件,搭中央政府的便车,乘机谋求部门利益;地方政府要支持乡镇企业的发展,搭中央政府的便车,乘机谋取地方利益;农村信用社职工要保住自己的"铁饭碗"与其他收益;普通社员要获得资金支持,解决自己的生产、生活困难。这些利益主体为了各自的利益,他们之间不断进行博弈。主要的博弈有:一是农业银行、农村信用社和中央政府之间的博弈,二是农村信用社、农民社员和中央政府之间的博弈,三是农村信用社、地方政府和中央政府之间的博弈,多个利益主体不断博弈的结果是造成了农村信用社恢复的合作金融制度异化。

2003—2010年是农村信用社多元模式的改革深化时期。农村信用社多元模式的改革中也存在多个利益主体,他们分别是:中央政府(以中国人民银行和银监会为代表)、省级地方政府、省联社、县联社、农村信用社和社员。这一时期内不同利益主体有不同的利益诉求。中央政府的利益是:鉴于农村信用社所有者权益为负,整体亏损给中央政府造成了巨大的包袱,中央政府将农村信用社的管理权交给地方政府管理,转嫁风险;同时建立健全的农村金融体系,解决农村融资难问题,发展农村经济。省级地方政府的利益是控制农村信用社谋求地方经济发展和税收目标,同时,通过管理农村信用社谋求中央补贴及其相应的政策支持。省联社作为省级地方政府的代理机构,在管理农村信用社的过程中追求自身利益最大化,谋求特殊利益。县联社谋求对全县农村信用社控制。农村信用社的职工谋求自己国家干部的身份、控制农村信用社经营管理,维护自己的既得利益。农村信用社的社员,既包括农户也包括农村工商户和农村中小企业,他们的利益诉求是从农村信用社获得贷款支持,同时避免风险。这些利益主体的利益诉求不一致必然会导致矛盾发生,他们之间不断进行博弈。主要的博弈有:一是中央政府和地方政府之间的博弈,二是农村信用社与中央政府和省级地方政府的博弈,三是农村信用社、省联社和省级地方政府之间的博弈,四是农村信用社、县联社之间的博弈。各个利益主体为了自己的利益不断博弈,再加上农村信用社产权形式和治理机构出现严重的缺陷,农村信用社多元模式改革流于形式,只不过勉强达成了各相关利益方博弈的短暂均衡。

## 三、农村信用社发展演变过程中存在明显的路径依赖特征

路径依赖是西方新制度经济学中的一个名词,它指一个具有正反馈机制的体系,一旦在外部偶然事件的影响下被系统所采纳,便会沿着一定的路径发展演进,而很难为其他潜在的甚至更优的体系所取代。[①] 也就是说,人们一旦选择了某种制度,不管它是有效还是无效,它都会在既定的方向上得到强化,人们很难从中摆脱出来。所以,美国经济史学家道格拉斯·C.诺斯认为,历史是至关重要的,人们过去的选择决定了他们现在可能的选择。[②] 制度变迁过程中存在路径依赖的主要原因:一是在原有制度结构下,存在自身利益需要的群体,这些利益群体对现存路径有强烈的需求,它们力求巩固现有制度,阻碍选择新的路径,哪怕新的体制比现存体制更有效率;二是改变原有的制度存在着交易费用,使大量无绩效的制度变迁陷入"锁定"状态而长期存在;[③]三是社会意识形态的影响也使某种无效的制度长期存在。

根据制度变迁理论可知,制度在发展演变进程中,既充满了路径依赖,也充满了创新的机遇,农村信用社在制度变迁过程中也是如此。农村信用社制度变迁过程中存在多个相关的利益主体,它们的利益诉求各不相同,必然会发生矛盾,各利益主体总是力图保持自己的既得利益,阻碍新制度的选择,即使新的制度比现存制度更完备、更有效。农村信用社制度变迁的路径依赖特征突出体现在其发展演变的进程中。自农村信用社建立起,政府对农村信用社给予了大量政策扶持和补贴,有力地支持了农村信用社的发展,提高了农村信用社的支农能力,但是,政府的支持也使农村信用社行政色彩浓厚,最终使农村信用社失去"民办"的合作金融性质,变为"官办"的准国有或国有金融机构。1980年开始恢复农村信用社的合作金融制度,但是,原有制度的惯性使农村信用社的改革未能达到预期目标。改革中形成的多个利益主体,他们之间的利益矛盾,特别是农村信用社多年的官办属性,其内部职工利用控制农村信用社的经营管理权优势,阻挠农村信用社恢复合作制改革,以保护自己既得利益,使农村信用社恢复的合作金融异化,实际上排斥了新制度的选择。2003年以来,农村信用社多元模式的改革中,一些发达省份的省级地方政府,以影响对"三农"的支持为借口,阻碍那些符合条件的农村信用社向农村股份制商业银行的转变,实际上是为了加强对农村信用社的控制;因为商

---

[①] 卢现祥:《新制度经济学》,武汉大学出版社2003年版,第168页。
[②] 〔美〕道格拉斯·C.诺斯:《经济史上的结构与变迁》,厉以平译,商务印书馆1992年版,第1—2页。
[③] 卢现祥、朱巧玲:《新制度经济学》,北京大学出版社2007年版,第475—476页。

业银行的产权形式和治理机构相对比较规范，不易控制，而农村信用社产权的虚置给地方政府控制提供了可乘之机。其次，由于农村信用社在农村金融领域的特殊地位，中国政府从没有放松对其管理和控制，改变原有的制度存在着交易费用，使农村信用社制度变迁锁定在无效率状态。中国长期以来受计划经济体制的影响，公有产权占绝对优势，相对排斥私人产权，在这种体制下恢复农村信用社的真正私人产权属性要承担很大的风险，也容易产生"多米诺骨牌效应"，这种不确定性也是农村信用社历次改革成效不大、形式主义严重的重要原因。所以，从1980年到1995年恢复农村信用社"三性"的改革是在不恢复私人产权的形式下进行的改革，是不可能恢复其合作金融性质的。1996年以后，按照合作制原则规范农村信用社，政府不愿失去对农村信用社的控制，虽然也构建了私人产权形式，但是私人产权对应的收益比例较少，实际上产权仍处于模糊而虚置状态。这种情况最有利于政府控制，不可能构建与私人产权相对应的合作金融产权模式，最终使农村信用社改革锁定在低效率状态。2003年以来农村信用社实行多元模式改革，虽然构建了私人产权，但是由于没有建立起与私人产权相对应的治理机构，政府依然没有放弃对农村信用社的控制，最终出现了"民有资本官营化"的现象。最后，长期以来，由于农村信用社的官办性质，农村信用社远离农民群众，在农民思想意识里面并不认为农村信用社是他们自己的金融组织，这种思想意识的惯性也使历次农村信用社的改革中，农民对农村信用社的反应冷淡，参与农村信用社的民主管理也是走形式，使农村信用社长期披着"合作金融"的外衣，实际上行"官办金融"之实。

### 四、政府处于制度变迁的主导地位，农村信用社缺乏自主发展和创新能力

新制度经济学认为，制度变迁是指制度的替代、转换与交易过程，是新的制度代替旧的制度，它实质上是一种效率更高的制度对另一种制度的替代过程，它是制度稳定性、环境变动性和不确定性及利益最大化追求三者之间持久冲突的结果。[①] 制度变迁也是制度非均衡性引起利益主体追求获利机会而不断博弈的过程，林毅夫将制度变迁方式分为两种类型：诱致性制度变迁和强制性制度变迁。诱致性制度变迁指的是现行制度安排的变更或替代，或者是新制度安排的创造，它由个人或一群人在响应获利机会时自发倡导、组织和实施；与此相反，强制性制度变迁由政府命令和法律引入和实行，诱致性

---

① 卢现祥：《新制度经济学》，武汉大学出版社2003年版，第162—163页。

制度变迁必须由某种在原有制度安排下无法得到的获利机会引起,强制性制度变迁纯粹因在不同选民集团之间对现有收入进行再分配而发生。① 强制性制度变迁的特点为:一是改革主体来自政府,二是改革程序是自上而下的,三是改革是激进式的。政府推进强制性制度变迁,主要原因是政府(代表国家)具有"暴力潜能",凭借其垄断权力制定一套规则来减少统治国家的交易费用,而且政府在制度的供给上具有规模经济的优势,能够弥补制度供给的不足。②

农村信用社发展演变的进程,也是其制度变迁的过程,其制度变迁的方式主要属于强制性制度变迁。强制性制度变迁的突出特点就是政府主导的、自上而下;优点是政府凭借其对行政权力的垄断,制定规则来减少管理国家的交易费用。在中国农村信用社制度变迁的过程中,政府始终处于主导地位。在农村信用社初建时期,政府在制度构建中发挥关键性作用,包括对农村信用社的章程制定、筹备及其建立过程。1958年后,随着我国政治经济环境的变化,在政府的主导下,农村信用社下放给社队管理,后又收归银行管理,成为国家银行的基层机构。1980年以来,为适应农村经济的发展,政府又主导农村信用社恢复合作金融属性的改革。2003年以来政府又主导农村信用社多元化模式的改革,这种多元化模式由中央政府设定,省级地方政府结合农村信用社的实际情况,在中央政府设定的集合之中选择农村信用社的产权形式和管理模式。因此,农村信用社发展演变的过程是政府主导的强制性制度变迁的过程。

政府主导农村信用社制度变迁的主要原因是:第一,长期以来,中国实行计划经济体制,必然使政府在制度供给中占主导地位。在计划经济体制下,各种资源的配置不是靠市场解决,而是靠政府的计划来配置,政府控制着包括资金在内各种生产要素,农村信用社的资金也不可能游离于政府控制之外,这就决定了政府在农村信用社发展演变过程中制度供给的主导地位。第二,长期以来,中国实行赶超型的工业化战略,资金短缺一直是困扰经济发展的瓶颈,政府把有限的资源优先用于工业领域或城市化建设,无力对农村投入大量资金,必然要控制农村金融资源,用农民自己的资金来解决农村资金短缺问题,以弥补国家资金在农村投入的不足;同时,还通过农村信用社在农村地区的吸储作用,将农村剩余资金用来支持工业化和城市化建设,以弥补

---

① 林毅夫:《关于制度变迁的经济学理论:诱致性变迁与强制性变迁》,〔美〕R.科斯、A.阿尔钦等、D.诺斯等:《财产权利与制度变迁》,刘守英等译,上海三联书店·上海人民出版社1994年版,第384页。

② 卢现祥:《新制度经济学》,武汉大学出版社2003年版,第183、184、187页。

国家财政资金不足。第三,农村信用社是在政府的支持下建立起来的,政府对农村信用社的建立投入了大量的资金成本和组织成本,对农村信用社的历年亏损挂账给以资金补贴和核销,而又没有及时退出对农村信用社的管理。第四,中国农村正规金融机构存在着二元性。一方面是强大的国家金融机构,建立了自上而下的金融网络,如农业银行;另一方面是分散的、弱小的农村信用社,上面没有自己的联合组织,由国家银行充当其联合组织来发挥资金调剂功能,农村信用社的自主权有限、独立性较差,必然受制于国家金融机构。因此,自农村信用社成立以来,政府一直没有放松对其管理和控制。这些情况决定了农村信用社制度变迁的主体只能是政府,变迁方式是政府主导的强制性制度变迁。

政府主导农村信用社制度变迁,使政府能够以比其他竞争性组织低得多的费用提供制度供给,特别是在中国市场经济不完善、农村信用社产权主体虚置的情况下,政府主导农村信用社的改革,能够在短期内配置社会资源,缺点是制度的供给不能满足需求,最典型的体现就是农村信用社的改革一直滞后于经济发展,形成了农村信用社制度改革的无效或低效供给。同时,政府按照自己的主观想法和偏好顺序去规范乃至改造农村信用社的面貌与内质,农村信用社只能被动地接受政府的决策,被动地适应、配合政府的决定,没有完全独立的主体资格,也使农村信用社不能独立自主地设计自己的发展模式和发展道路,缺乏自主发展与创新的能力。

## 第二节　启示:农村信用社改革必须注意的问题

### 一、明确农村信用社改革的理念和目标

国外农村合作金融组织是在市场经济中处于弱势地位的农民和小生产者,为了抵御大资产的剥削而建立起来的资金互助组织。它是人的联合而非资本的联合,其理念是为弱者服务,目标是解决弱者的生产和生活困难。随着市场经济的发展,当农村合作金融组织的资金能够满足社员的生产、生活需要后仍有富余时,就把资金投向城市、工业等效益高的领域,甚至有的农村合作金融组织发生了变异,组建股份制金融机构,以获取更大的利益。可见,国外农村合作金融组织的变异是在满足社员(股东)资金需求的基础上,随市场经济的变化而不断调整,其为社员(股东)的服务的理念和目标并没有发生改变。

我国农村信用社在成立时的理念和目标也是为了社员提供融资服务,解

决他们的生产、生活困难。然而,我国农村信用社在其发展过程中,走了一些弯路,其制度不断异化,背离了为社员尤其是农民社员服务的理念与目标。但是,与国外农村合作金融组织不同,我国农村信用社不是在满足社员资金需求的基础上发生异化,而是在广大农民社员融资需求得不到满足的情况下,农村信用社资金投向集体经济组织,或对农民社员惜贷、慎贷,甚至嫌贫爱富,把大量资金投向城市与非农产业,使农业贷款比例过低,农村金融资源外流。如贷款"垒大户",把大量资金投向经济效益比较好的乡镇企业等法人组织社员,挤占了对普通农民社员的贷款,或对社员贷款要求提供抵押品,提高了社员贷款的"门槛",增加了社员获取贷款的难度,农民社员得不到贷款,只有求助于民间借贷甚至高利贷。今后,农村信用社的改革无论采取什么样的模式都必须要明确为社员特别是农民社员服务的理念和目标,为农民社员服务是未来农村信用社改革成功与否的价值评判标准。因为农民社员占农村信用社社员总数的绝大部分,为他们服务不仅是农村信用社基本理念与目标,也是我国发展农村经济应该坚持的一个原则,尤其在当前,为农民提供融资支持是解决"三农"问题,发展农村经济和建设社会主义新农村的关键环节。

## 二、农村信用社的产权改革要体现公平与效率的统一

国外农村合作金融比较发达的国家,农村合作金融组织在建立的初期,一般都得到了政府的扶持,甚至政府还入股农村合作金融组织,从外部为其注入资金。但是,随着农村合作金融组织的不断成长、壮大,政府逐渐退出了农村合作金融组织的产权,农村合作金融组织的私人产权是清晰的,且与其收益是对应的,社员所有产权的公平与效率的统一性得到了充分的体现。而中国农村信用社,虽然初建时期也得到了政府的扶持,但是随着农村信用社的发展壮大,政府并没有退出对农村信用社的控制,反而强化了对其控制,致使农村信用社产权模糊,实际上产权为政府所"拥有",也使农村信用社社员所有产权的公平与效率无法得到体现。农村信用社的改革,政府要在适当的时候退出对农村信用社产权的控制,明晰产权关系,还投资人(社员)所应有的权益,体现出产权关系中公平与效率的统一。

首先,农村信用社的产权改革要体现出公平。这种公平是相对原有社员来说的,特别是对原有农民社员的公平,这种公平性表现在两个方面:一方面,农村信用社产权改革要真正体现社员私人所有的产权关系;另一方面,也要考虑到农民社员股金比较小,分红有限,入股的主要目的还是为了获得贷款。就农村信用社改革的方向来说,无论采取何种产权模式,都要使产权明

晰化,使社员的投入与其收益形成对应关系;农村信用社的发展壮大必然要增资扩股,吸收企业法人和其他经济组织入股,实行多元投资,不仅要在产权设置上一定要体现对农民社员的公平,让社员的投资与产权形成对应关系;而且在业务上要体现对农民社员贷款优先、利率优惠,这就要求政府给予相应的利息补贴;农村信用社承担的对农民社员发放小额贷款对缓解农民贷款难起到一定的积极作用,今后要根据农民社员的信用等级,适当提高额度,满足农民资金需要。

其次,农村信用社的产权改革要有效率的提高。农村信用社产权改革中,吸收了很多农村大型种养户、企业和其他经济组织入股。这些经济组织资金实力相对强,需要的贷款也比较多,业务也相对集中,能够节省一定的交易成本;而且吸收这些组织入股,可以改变农村信用社股权结构中以农民社员为主的单一股权结构;相对个体农户来说,这些单位和经济组织一般在农村都是收益高、特色鲜明、质优的客户群,它们需要的资金量比较大、周期相对较长,对它们投资可以不实行利率优惠(国家政策优惠的除外),而且可以适当提高利率以获得更多的收益,这体现了股权设置中的效率,但也要承担一定的风险责任。

最后,把公平与效率统一起来。在农村信用社产权的改革中,吸收了很多企业或其他经济组织等法人社员,但不能片面追求经济效益,把大量资金投向资本实力强大的企业或其他经济组织等法人社员,特别是追求贷款的"垒大户",而忽视对广大农民社员的资金支持。因此,农村信用社的产权改革绩效评价的标准也需要做出相应的调整,不仅要突出农村信用社对"三农"贷款的总量和增量,还要提高服务的质量,即在农村信用社的贷款结构中,不仅要看农民社员获得贷款的数量,而且还要看农民社员贷款的比例,为农民社员提供的贷款数量多、比例大才能体现出农村信用社真正为广大社员服务,只有这样才能把农村信用社产权改革的公平与效率真正统一起来,而不是片面追求某一方面。

### 三、正确处理政府与农村信用社的关系

由于历史的、体制的原因和农村信用社自身的原因,我国农村信用社存在着许多问题,如产权还未理顺,法人治理结构还不完善,管理不畅,历史包袱重,服务能力不强等,这些都是农村信用社多年改革未能解决而又必须要解决的问题。如果这些问题不解决将严重影响农村信用社的发展,甚至对"三农"问题的解决及新农村建设都有不利的影响。要解决这些问题,必然要涉及政府的角色定位,需要正确处理政府和农村信用社之间的关系。具体到

农村信用社的改革,主要体现在以下几个方面。

第一,改变政府干预方式,保证农村信用社的独立性。由于存在着路径依赖的特性,政府一直控制着农村信用社,使农村信用社社员及其民主管理机构不能自主决定其内部重大事务,是农村信用社多次改革未能取得成功的重要原因。随着我国市场经济的发展,政府应该转变职能,真正按照"政企分开"的原则,对农村信用社的干预方式由行政化、命令式手段转变为市场手段和经济方法,通过采取政策引导农村信用社的资金投向,保证农村信用社的独立性。同时,政府应该正确处理与市场的关系,由控制型向服务型转化,为农村信用社改革提供必要的基础条件,包括建立完备的农村金融体系、构建完善的信用环境,帮助农村信用社打击逃废债,防范、化解金融风险,为农村信用社的改革创造良好的外部发展环境。

第二,帮助化解农村信用社的不良资产。国外任何一个国家的农村合作金融组织要想获得顺利发展,都离不开政府的支持和帮助,我国农村合作金融组织——农村信用社也不例外。我国农村信用社在改革发展过程中,一个重要的问题就是不良资产比例比较大,历史包袱重,这个问题不解决,势必影响农村信用社的稳定与发展,更遑论支持"三农"了。但是,农村信用社要化解不良资产,单靠自身是不行的,必须借助外界的力量,特别是靠政府的力量来化解。今后,无论农村信用社改革采取什么形式,政府也应该像对待其他国有商业银行一样,适度核销农村信用社的不良资产,清除农村信用社的历史包袱,使其轻装上阵,更好地发挥它的支农作用。

第三,政府还应该落实对农村信用社的优惠政策。美国、日本、德国、法国等世界上许多国家对农村合作金融组织实行免税、免缴存款准备金和利率优惠等政策。为支持农村信用社的发展,我国政府也应该免除农村信用社的一切税收,在利率、准备金等方面给农村信用社一定的灵活性,使其拥有更多的自主权,以增强农村信用社的经营能力。同时,国家应给农村信用社支持"三农"提供一定的补贴,特别是为农村信用社对农民社员发放的小额信贷等政策性放款,应该提供一定额度的利息补贴,提高农村信用社支农的积极性,只有这样才能更好地发挥农村信用社的支农作用。

## 四、注意完善农村信用社内部、外部治理结构

完善农村信用社的内部治理机构。国外很多农村合作金融组织,一般都建立了较完善的法人治理机构,按照责权明确的原则,通常采取所有权和经营权分离,决策、执行和监督相互制衡的形式。中国农村信用社长期被当作集体金融组织或国家银行在农村的基层机构看待,而不是当作真正的合作金

融组织。其法人治理机构很不完善,并且在"内部人控制下"责权不明、责权不分,服务效率低下。今后,农村信用社改革无论采取何种形式,都必须建立和完善与其形式相适应的法人治理结构,特别是要按照现代企业制度的要求,建立决策权、执行权和监督权相互制衡,责、权、利相结合的激励和约束机制。进一步改革和完善社员代表大会、理事会、监事会等民主管理组织,真正发挥它们的功能和作用。

农村信用社的改革还需要完善外部治理结构。首先,必须建立完善的纵向资金调剂组织,在更大范围内融资,壮大资金实力。国外农村合作金融组织发达的国家都建立了农村合作金融的纵向资金调剂组织。如日本就建立了从地方到中央的"农协"系统,上下级之间不是行政隶属关系,上级为下级提供融资支持,是下级的资金调剂组织,其资金是体系内循环的。长期以来,中国农村信用社没有完全建立起自己的资金调剂组织,主要靠国家银行来调剂资金需求,国家银行以转存款和存款准备金的形式截留了农村信用社很大一部分存款,使农村信用社的资金利用率不高。1996年以来,农村信用社的改革中,明确提出了要以县(市)为单位组建县联社,发挥横向资金调剂功能,起到了一定的积极作用。但是,在区域内资金有限,横向资金调剂必然存在局限性,还需要建立农村信用社的纵向资金调剂组织。2003年农村信用社多元模式改革中很多地方组建了省联社,在全省范围内调剂资金余缺,在满足农村信用社的融资需求方面起到了积极的作用。但是,组建的省联社都变成了农村信用社的"上级领导",按照行政方式管理农村信用社,不利于农村信用社群众性、灵活性、便利性的发挥,这种结果有违农村信用社改革的初衷。因此,省联社的功能还需要重新定位,省联社必然是下一步改革的目标,改革的方向是让省联社真正起到农村信用社的纵向资金调剂组织的作用。其次,加强监管,防范金融风险。相对于国外农村合作金融组织而言,我国农村信用社一直缺乏有关合作金融法律、法规,政府对农村信用社的随意性政策使农村信用社及其社员的权益无法得以保障,也使监管部门的监管缺乏依据而使监管松弛无力,必然造成农村信用社系统内风险。这就需要国家制定有关金融法律法规来保障农村信用社及其社员的合法权益,规范农村信用社的运行,防范和化解金融风险。而且,现有的监管体制也还没有理顺:2003年以来,我国农村信用社由银监会负责监管,但是,银监会并不承担金融风险的责任;省级地方政府承担金融风险责任却没有监管权,这种监管体制使省级地方政府权力与责任不匹配,不利于农村信用社的风险控制。同时,省联社既承担农村信用社的行政管理职能,又承担农村信用社的行业管理职能,不利于农村信用社行业自律。今后,农村信用社外部治理的改革,要真正建立起行业自律组织,把其行业监管与内部监督及国家金融部门监管结合起来,构建全方位、多层次的监管体系与预警机制,不断提高农村信用社抵御风险的能力。

## 第三节 前瞻:农村信用社下一步改革发展的方向及措施

农村信用社风风雨雨走过了 60 多年的历程,关于其改革目标和发展方向至今还存在着很大的争论。对于农村信用社下一步的改革方向,笔者认为,不仅要重视历史问题,也要面向未来发展,更要结合我国社会主义新农村建设的要求和农村经济发展的实际,综合考虑影响农村信用社发展的各种因素,在总结过去经验与教训的基础上,使农村信用社的改革具有一定的全局性、前瞻性和综合性。具体来说,要从以下几个方面着手。

### 一、定位于农村社区型银行,以股份化为改革方向

(一)农村信用社的定位是:农村社区型银行

之所以将农村信用社改革定位于农村社区银行,是因为从 1951 年农村信用社诞生之日起就服务于农村地区,充分发挥了地缘、人缘和血缘的优势,在交易中能够减少信息的不对称,降低交易成本,农村信用社扎根农村地区具有比较优势。所以,农村信用社不能与其他商业银行一样一味求大和建立从上到下垂直的科层体系,只有扎根农村地区才能发挥自己的优势,才能更好地满足农民和农村中小企业的融资需求。而在农村信用社多元模式改革中,天津、重庆等地建立了以市为单位的市联社统一法人模式。虽然这种模式有利于农村信用社的统一协调经营管理、增强资金实力、提高抵御或防范金融风险的能力,但是这种模式使农村信用社的决策链条延长,决策权上移,离农民更加遥远,而且有可能为了规避风险把资金转离农村,弱化农村信用社对"三农"的支持。所以,这种"大一统"的模式并不适合我国所有地区农村信用社的改革,农村信用社未来的改革应该是区域性的、地方性的社区型银行。多年来,一直服务农村地区的几万家农村信用社,作为大多数农村地区的正规金融机构,在事实上一直在承担农民社区银行的功能,在服务"三农"中发挥着"主力军"的作用。因此,把农村信用社就地改造成农村社区型银行比较容易和方便,交易成本也比较低。

党的十六届三中全会通过《中共中央关于完善社会主义市场经济体制若干问题的决定》,要求"逐步把农村信用社改造成为农村社区服务的地方性金融企业"。2010 年发布《中共中央关于制定国民经济和社会发展第十二个五

年规划的建议》强调:"深化农村信用社的改革,鼓励有条件的地区以县为单位建立社区银行,发展农村小型金融组织和小额信贷。"中央的政策表明,今后农村信用社发展的主要定位是农村"社区型银行",业务也主要限于对"三农"的服务。但是,商业化的农村信用社在建成农村社区型银行后,支持"三农"过程中,必然承担大量政策性业务,政府必须明确这方面采取的配套政策,给农村信用社承担的政策性业务给以适当的补贴和支持,让农村信用社安于支农、乐于支农,真正服务于农村社区,促进农村经济的发展。

(二)农村信用社股份化改革方向

关于农村信用社的改革方向,国内外争议很大,争论的焦点是走合作制还是股份化道路。笔者认为农村信用社未来的改革方向应该是走商业化股份制道路,但"改制不改向",农村信用社的支农服务功能还需要进一步强化。

第一,早在20世纪80年代,我国就开始了恢复农村信用社的合作制改革,特别是1996年后,按照合作制来规范农村信用社,但是改革未能成功,反而使农村信用社陷入了严重的困境。在此基础上,2003年以来政府又启动了多元模式的改革。从农村信用社多元模式改革的实践看,大部分农村信用社选择了县乡统一法人的农村信用合作社的产权形式和组织形式,并且由下到上入股建立省级联合社。然而,农村信用社多年的"官办"特征,其合作制"形似"而非"神似",社员并不认可农村信用社是自己的合作组织,也没有兴趣参加其经营管理,导致出现了"内部人控制"的局面。同时,随着省联社对农村信用社的内部干预和外部控制,农村信用社"三会"形同虚设,逐渐远离了农民,又加上农村信用社商业化经营,农民贷款难、贷款贵的问题并没有得到有效解决。实际上,合作金融应该限于熟人社区范围内,而农村信用社已经超出了熟人的范畴,无法建立良好的治理结构,社员很难参与或影响信用社的决策。[1] 因此,商业化的农村信用社按照合作制改革的效果并不理想,农村信用社的改革需要新的突破和创新。如果把农村信用社改造成为国家政策性金融机构的话,不仅使农村信用社的产权更加模糊,而且与我国政策性银行——农业发展银行发生冲突,农村信用社也将失去灵活性。今后农村信用社的改革,在排除合作制金融和政策性金融选择的基础上,随着农村信用社商业化的事实,构建股份制产权可能是一种理性的选择。由于股份制产权是比较清晰的,能够使投资人即股东按照投资额的多少得到投资回报,也能够激励投资人参与经营管理的积极性,而且股份制企业的法人治理结构

---

[1] 马九杰、吴本健:《农村信用社改革的成效与反思》,《中国金融》2013年第15期。

也比较完善。通过股份制改革,可以将农村信用社改造为社区型的现代金融企业。问题的关键是实行股份制后的农村信用社追逐商业化的利润,如何保证其对"三农"的支持?对这个问题可以参照国外政府支持农村金融的做法,通过各种手段提高涉农贷款的收益,保证农村信用社在支持"三农"过程中获得不低于社会金融企业的平均利润,鼓励农村信用社扎根农村地区,增强服务"三农"的积极性,提高农村信用社商业化可持续发展的能力。

第二,经济决定金融,金融体制的改革要适应经济发展变化。国外一些农村合作金融机构,在农村经济发展落后时期普遍采取"一人一票"的合作制模式,随着农村经济的发展,特别是农业现代化程度的提高,这些农村合作金融机构商业化倾向明显,并开始向按照社员入股金额确定投票权的股份制方向转变。改革开放以来,中国经济发展明显存在着不平衡性,东部、中部和西部经济发展水平差异很大,市场发育程度不同,使得各地农村信用社改革采取不同的模式。一些经济发达地区的农村信用社已经走上了股份制农村商业银行的改革之路,甚至一些刚组建不久的农村合作银行又向股份制农村商业银行方向改革,可见,我国发达地区农村信用社发展趋势和改革方向是组建股份制的农村商业银行。之所以股份制商业银行成为农村信用社的发展趋势,主要是因为这些地区金融竞争激烈,农村经济区域集中化和农业产业化发展程度高,传统式农业已经不存在了。继续沿用传统的合作金融组织制度,无论在资本实力、经营能力还是风险控制上都已经不能适应这种产业化、区域集中化的农业经济。① 所以,推进这些地区的农村信用社从合作制向商业化的股份制经营是一种理性的选择。当前我国正在进行城市化建设和新农村建设,大量农村剩余劳动力向城市转移,随着城乡一体化进程加快,农业产业化、规模化、区域集中化程度日益提高,传统农业不断向现代农业发展,扎根农村、服务于"三农"的农村信用社随着现代农业的发展也必然向现代金融企业发展,即向股份制银行方向发展。因此,我国农村信用社未来的发展方向是走商业化股份制道路。

然而,农村信用社向股份化方向发展是一个渐进的过程,并不能一蹴而就,它需要农村信用社吸纳的股金能够达到股份制企业的要求,风险拨付金、资本充足率等各种条件成熟才能真正建成股份制农村商业银行。但是,农村信用社向股份制改革方向发展,农村信用社的部分"合作性"职能就必然由改革后的股份制商业银行来承担。然而,向股份化发展的农村信用社如何保障普通农户社员特别是落后地区农户社员的资金需求?这是一个政界、学界和

---

① 杨小玲:《中国农村金融改革的制度变迁》,中国金融出版社2011年版,第226页。

经营者必然要考虑的问题。实际上,股份制和合作制并不是水火不容,国外一些市场经济发达的国家,合作金融机构也有向商业化发展的趋势,甚至有的合作金融机构变成了股份制金融机构。一般情况下,合作金融机构在满足社员的合作性贷款后,大量资金投向效益高的非农领域追求利润,然后再把利润按股份分配给社员。这给我国农村信用社向股份制发展提供一个新的思路。也就是说,农村信用社在向股份制方向发展过程中,要满足普通农户社员的小额贷款需求,解决他们生产生活困难,且利率要优惠,相当于承担了农村信用社过去的"合作制"功能,而对农户的投资性需求需要大额贷款和中小企业的投资贷款则可以不考虑利率优惠(除国家政策优惠外),且择优授信,真正体现出股份制企业的营利性需求。

## 二、积极引进战略投资者,保护中小股东的利益

多年以来,由于农村信用社受政府的控制,"官办"特征明显,农村信用社缺乏自主发展和创新能力,以至于历次改革要求把农村信用社建成"产权清晰、责权明确、政企分开、管理科学"的现代金融企业及完善的法人治理结构,但都没有成功。要把农村信用社建成现代金融企业和建立完善的法人治理结构的一个前提条件就是保证农村信用社的独立性,因此政府要退出对农村信用社的控制和不当干预,按照"政企分开"的要求,建立科学合理的管理体制,做到行政管理、行业管理和金融监管等职能相互分开,不干涉农村信用社的经营和管理,以保证农村信用社独立自主地开展经营活动。诚然,按照股份制要求把农村信用社建成现代金融企业是农村信用社未来改革的方向。但是,农村信用社的股东多是农民和中小企业,股金额小、股权比较分散,农村信用社的经营管理被"内部人控制",股东的权力和真实意愿无从体现,股东的利益也不能得到有效保障,今后解决的办法就是要积极引进战略投资者。

战略投资者资金实力强、持股多,拥有促进标的企业发展和价值提升的实力,其目的是谋求长期战略利益。战略投资者的主要功能是有利于完善公司治理结构、有利于促进经营机制的转换、有利于双方业务合作和资源共享等。[1] 在农村信用社的改革中,积极引进战略投资者,可以提高股权集中度,促进股权结构的优化,充分发挥股东作用,加快法人治理结构的完善,建立起良性的可持续发展机制。因为那些持股量比较大的战略投资者为谋求自己的长远利益能够积极参与农村信用社的经营管理和重大决策,充分行使股东

---

[1] 穆争社:《农村信用社法人治理与管理体制改革研究》,中国金融出版社2011年版,第74、76页。

的权力,可以有效克服农村信用社股权分散的弊端,解决农村信用社"所有者缺位"的状况和"内部人控制"的局面,能够不断促进法人治理结构的完善,实现农村信用社法人治理结构从"民有资本官营化"向"民有资本民营化"转变。通过引进战略投资者,双方通过业务合作和资源共享,吸取战略投资者在风险控制、信息技术、产品研发、职工队伍建设等方面先进的管理理念和成功的管理经验,不仅能够有效提升农村信用社的经营管理水平,也有助于促进农村信用社转换经营机制;不仅有助于促进农村信用社业务发展,也有利于农村信用社自身的价值,从而促进了农村信用社的独立自主和全面发展。

农村信用社股份制改革要保护中小股东特别是农民股东(原农民社员)的利益,这是农村信用社的改革必须要明确的理念和目标。农村信用社股份制改革后,原先的社员都变为股东,而占农村信用社股东总数的绝大部分的农民股东,他们的股金比较少,而且高度分散,大股东可能凭借自己股金量大的优势,控制股东大会,而中小股东在表决权中处于明显的劣势,又加上中小股东由于成本—收益的原因,参与企业活动比较少,这样和大股东之间存在着信息不对称,这些情况使得大股东很容易侵犯中小股东的利益。因此,农村信用社股份制改革中必须保护好中小股东的利益。那么如何保护中小股东的利益呢?首先,农村信用社的中小股东,由于股金少,分红有限,他们入股的主要目的还是为了获得信贷支持,为他们服务是农村信用社的基本目标,也是农村信用社股份制改革的关键。所以农村信用社的改革,最为重要的是要为大多数中小股东(社员)提供金融服务,这也是改革的一个标尺。但是,由于股份制的农村信用社不断追求商业化利润,有可能把资金投向效益高的城市经济、债券及其他非农产业,影响了对广大农村的中小股东信贷投放。在这一方面,政府必须做出法律或政策规定,引导农村信用社支持"三农"。同时,也要利用再贷款、利息补贴和税收减免等经济手段,鼓励支持农村信用社对"三农"的信贷投放。首先,要保证对农民股东进行的小额贷款,以真正能解决农民股东的生产和生活困难,发展农村经济,在这方面政府监管部门要真正负起监管责任。其次,农村信用社股份制改革以后,对于保护中小股东的利益方面,可以按照我国《公司法》的规定执行。我国在2006年1月实施的《公司法》明确规定了股东大会召集请求权和召集权、股东提案权、股东知情权、股东股份回购请求权等,这些规定使得农村信用社在资金投向、经营管理、内控制度及风险防范等方面,对限制大股东控制和保护中小股东的权益具有重要的意义。

### 三、改革省联社的功能,建立农村信用社新型外部治理构架

多年以来,农村信用社缺乏省级行业管理机构能在辖区范围内对其协

调、指导和服务。2003年国务院在《关于深化农村信用社改革试点方案》中提出"国家宏观调控、加强监管,省级政府依法管理、落实责任,信用社自我约束、自担风险"的监督管理体制,并要求"结合当地实际情况,成立省联社或其他形式的省级管理机构,在省级人民政府领导下,具体承担对辖内信用社的管理、指导、协调和服务职能"。这一体制对改善农村信用社的经营管理、防范金融风险和化解历史包袱起到重要作用,使农村信用社改革得以顺利进行。但在实际运行中,省联社具有多重属性和职能:既具有行业管理职能,又是代表省政府对农村信用社实行行政管理的机构,从而具有行政管理的职能;而且在行业管理和行政管理过程中,省联社承担着对农村信用社的隐性监管职能。同时,省联社不仅是接受银监会监管的银行企业,还是法人单位——辖区内各县级农村信用联社入股建立的联合体,导致法理关系模糊,履职边界不清,功能混乱而且相互冲突,使农村信用社体制改革有向改革前复归的趋势。因此,省联社的改革必须要把行业管理、行政管理和监督管理分开,形成分工科学、互相制约、高效运行的农村信用社新型外部治理架构。

如何建立农村信用社新型外部治理架构?主要从以下几个方面考虑:首先,把省联社的行政管理和隐性监管职能剥离出来,让省联社专门行使行业管理的职能。省联社在专门行使行业管理的职能时,要理顺省联社与基层社之间的关系,二者不是上下级的行政关系,基层社保持完全独立的法人地位,省联社承担沟通、协调和服务功能,特别是在资金调剂、人员培训、技术升级、后台服务和基础设施建设等方面发挥作用。这就要求省联社对农村信用社"松绑",由农村信用社股东(社员)大会、理事会、监事会及经营管理层来行使基本权力,向资本所有者负责,而不是向省联社负责。[1] 农村信用社主任、理事、监事的任命,由农村信用社股东选举决定。其次,对农村信用社的行政管理可以由省政府直属机构——省政府金融办公室承担。省政府金融办一般负责拟定全省金融业发展中长期规划,拟定加强对金融业服务、促进金融业发展的意见和政策建议,指导全省地方金融机构的改革、发展和重组等任务。由省政府金融办按照政企分开的原则,对农村信用社依法管理,负责处理农村信用社的改革和重组等重大问题,帮助农村信用社打击逃废债,防范、化解金融风险,为农村信用社的改革创造良好的外部发展环境,这也体现出2003年农村信用社改革以来中央"把农村信用社交由省级政府管理"的精神。最后,对农村信用社的金融监管由省级金融监管局负责承担。近年来,随着我

---

[1] 邱玉兴等:《健全农信社运营模式——以黑龙江省为例》,《中国金融》2013年第12期。

国金融业的改革发展,金融产业规模不断壮大,为加强监管,很多省份成立了省金融监管局,其监管范围主要包括中央驻地方金融监管部门法定监管范围之外的新型金融组织和金融活动,包括辖区小额贷款公司、融资性担保公司、民间融资登记服务机构等新型金融组织。由省级金融监管局履行对农村信用社的金融监管,可使省级政府真正获得对农村信用社的全面管理权,能有效防范省级政府的道德风险行为,[①]使省级政府管理农村信用社的责权相对称,真正承担起对农村信用社的金融风险责任,对此,银监会要给以人员培训、业务指导和智力支持等。这样就建立起在省级地方政府领导下、由省联社履行行业管理、由省政府金融办履行行政管理和由省金融监管局履行金融监管职能的农村信用社新型外部治理架构,各机构密切配合,相互合作,相互制衡,共同促进农村信用社健康发展。

## 四、加快建立和完善存款保险制度,健全农村贷款风险的转移分摊机制

### (一)加快建立和完善存款保险制度

自农村信用社建立起,就在政府担保(信誉担保或隐性担保)下从事经营活动。一般情况下政府不允许其破产,实质上农村信用社将风险转移给了政府,由政府承担亏损的责任,这从历次改革中政府出资对农村信用社的亏损补贴和不良贷款的化解可见一斑。不过,新一轮改革中,中央政府把农村信用社交给省级地方政府管理,并用中央政府对省级地方政府的转移支付资金来保障省级地方政府承担农村信用社的亏损责任。但是,农村信用社的监管权属于中央政府领导下的银监会,也就是说,省级地方政府名义上没有监管权,却承担着农村信用社的亏损责任,权责不对称,实际上中央政府是农村信用社经营风险的隐性承担者。政府承担农村信用社的经营风险的一个重要后果就是:农村信用社的经营者存在道德风险和搭便车的行为,在经营活动中可能损害农村信用社及其社员的利益而不承担任何责任,这不利于将农村信用社建成"自主经营、自负盈亏、自担风险"的现代金融企业及其完善的法人治理结构。今后,要把农村信用社改革成股份制的现代金融企业,必须把中央政府从农村信用社的隐性承担者中解救出来,让市场而不是政府来承担农村信用社的风险责任。

为了防范和化解金融风险,国外金融业比较发达的国家基本上都建立起存款保险制度。存款保险是由银行缴费投保形成保险基金,在银行发生亏损无法经营而出现破产等问题时,使用银行缴纳的保险基金对存款人偿付被保

---

① 穆争社、蓝虹:《论农村信用社管理体制改革的方向》,《金融与经济》2011年第7期。

险存款,而不是政府来偿还被保险存款。可见,建立存款保险制度,对依法保护存款人的合法权益,及时防范和化解金融风险,维护金融稳定起到重要作用。我国在1993年就开始酝酿存款保险制度,直到2014年11月国务院发布了《存款保险条例(征求意见稿)》,对未来实施存款保险制度有明确规定。实行存款保险制度后,我国将逐渐放开或取消存款利率管制,随着我国利率市场化的推行,利率的波动给商业银行经营管理带来一定的风险,如果还让政府担保(隐性)的话,由于面太广,政府财政资金无法承受。而存款保险制度的推出可以利用市场救助的模式把政府从隐形担保中解救出来。[①] 今后我国存款保险制度建立起来后,农村信用社也必将纳入了投保机构的范围,农村信用社的存款人及其利益也将受到保障,有助于防范或化解农村信用社的经营风险。因为农村信用社建立股份制社区银行后,商业化经营是其基本策略,在利率市场化的条件下,农村信用社自主经营也会出现一些风险,这种风险可以通过存款保险基金来给付,这不仅使省政府不再名义上承担农村信用社的风险责任,也把中央政府从农村信用社风险的"隐性承担人"中解救出来,通过市场来化解农村信用社的经营风险,把农村信用社改革成为真正能够"自主经营、自负盈亏、自担风险"的现代金融企业和建立起完善的法人治理结构。

不过,在我国存款保险制度还没有完全建立之前,在农村信用社的改革中,政府还应承担着农村信用社的风险责任。但是,按照权责对称的原则,承担农村信用社风险责任的主体不应是中央政府,而应是省级地方政府。然而,如何落实省级地方政府承担农村信用社的风险责任?很多学者都提出了由省级地方政府负责建立农村信用社的风险基金。这个风险基金一部分来自中央政府的转移支付资金,另一部分来自农村信用社。当农村信用社爆发风险后,由省政府建立的风险基金来给付,从而真正让省级地方政府承担起农村信用社的风险责任,体现权责一致的原则。不过,从长远来看,从现代金融企业制度的要求来说,建立风险基金的办法只能是暂时的、过渡的一种形式,未来防范、化解农村信用社的金融风险还需要靠存款保险制度,让市场来承担风险责任,而不能由政府一直来承担风险责任。

(二)健全农村贷款风险的转移分担机制

由于农业的生长周期长,受天气及自然灾害的影响大,需求弹性小,又加上我国农业产业化水平低,农业基础设施薄弱,我国农业生产和经营活动中

---

[①] 何佳艳:《存款保险制度破冰》,《投资北京》2015年第3期。

不可避免地会出现自然风险、市场风险等多种风险并存的局面。而农村地区是我国信用环境较薄弱的地方，以服务"三农"为主要目标的农村信用社，其信贷资产可能存在较大的安全隐患，农业生产和经营过程中面临的各种风险一旦发生就很容易传递给农村信用社，使农村信用社遭受不可估量的损失，甚至威胁到农村信用社的生存和可持续发展。因此，在农村信用社的改革过程中，必须考虑到健全农村贷款风险的转移分担机制。

如何健全农村贷款风险的转移分担机制？这要综合考虑各方面的因素，首先，政府要搭建"三农"信息服务平台，提高对农户和中小企业的技术支持和信息服务水平。一是组织科技下乡活动，为农户种养和农产品加工提供专业技术支持和培训，提高农业生产、加工和养殖的科技含量。二是加强农产品信息披露制度建设。对农产品的重要信息，如产量、价格及市场情况等，都要及时对外披露，避免农户的盲目性造成损失。三是建立和完善各类农业生产合作社。通过建立大米、小麦、大豆、芝麻、大蒜、蔬菜、水果、牛、羊及养殖等合作社，把当前农户的小生产和大市场联系起来。四是做好自然灾害的预警工作，减少受灾农户的损失。

其次，加快发展农业保险，实现农业生产经营和农业信贷风险的可控化。一直以来，我国农业保险覆盖率低，很多地方还没有开展农业保险业务，涉农贷款风险很大，金融机构为规避风险对农业惜贷、慎贷，急需建立农业风险的转移、分散机制。发展农业保险是转移、分散农业风险的重要手段。农业的弱质性决定了我国发展政策性农业保险的必要性，而政策性保险要求政府财政资金对农业保险机构提供更多优惠政策，给农户更多补贴包括保费补贴，提高农户投保的积极性和主动性，增加农业保险的深度和广度。而且通过财政资金设立贷款风险补偿专项基金，对涉农金融机构的贷款风险进行补偿，有利于实现农业生产经营和农业信贷风险的可控化。同时，加快建立农业再保险和巨灾风险分散机制，对遭遇巨灾损失的农户、种植大户、家庭农场和农业生产合作社等提供一定程度的补偿，分担涉农金融机构及农业保险公司的风险。

再次，建立和完善农村信贷担保机制。在农村地区，由于缺乏有效抵押品，农户和农村中小企业融资存在一定的难度，破解这一难题的关键就是建立和完善农村信贷担保机制。目前，核心是要在农村土地流转抵押上寻求突破，解决其合规性问题。[①] 当务之急是要建立一个权威的评估机构，从法律的角度，对农村承包经营的土地、林地以及农民的宅基地、房屋进行登记确

---

① 蒋定之：《探寻农村信用社改革发展之路》，《中国金融》2008年第19期。

权,并进行专业性的评估,确定其合理价值,允许其作为抵押品进行贷款抵押,畅通涉农物权的处置和流转,为农村金融机构创新信贷业务提供更大的空间,也为农户和农村中小企业申请抵押贷款创造有利条件,撬动农村信贷市场。

最后,加快农村信用体系建设。在农村要加大法律宣传力度,严厉打击逃废债;而且,要建立农户和农村中小企业的信用档案,加强信用等级评定,给守信农户和中小企业以贷款优先、利率优惠;对不守信农户和农村中小企业慎贷,并建立相应的惩戒机制,加大他们违约的道德成本和经济成本,使他们不敢违约,也不愿违约,从而在农村金融领域营造出良好的生态环境。

### 五、发挥政府支持作用,建立正向激励机制

发挥政府支持作用,化解农村信用社不良资产。国外任何一个国家的农村合作金融组织要想获得顺利发展,都离不开政府的支持和帮助,中国农村合作金融组织——农村信用社也不例外。长期以来,中国农村信用社在改革发展过程中面临的一个重要问题就是不良资产比例大,历史包袱重,这个问题不解决,势必影响农村信用社支农作用的发挥。但是,农村信用社要化解不良资产,必须依靠政府的力量解决。2003 年以来,在农村信用社多元模式的改革中,中国人民银行向全国农村信用社置换 1650 亿元的票据,对农村信用社的不良资产予以化解,起到了良好的效果。但是,农村信用社的不良资产绝对数量还比较大,2010 年不良资产还有 3183 亿元,巨大的历史包袱必然要影响农村信用社下一步改革的进展。解决的办法就是根据不良资产产生的原因分类处理:对于政府干预造成的损失,如农村合作基金会并入农村信用社带来呆账、坏账以及政策性贷款造成的利息损失等,由地方政府承担;地方政府通过捐赠资产、用优质资产置换不良贷款并清收变现等消化亏损挂账;对于农业银行管理期间,对农村信用社转移的不良资产,由资产管理公司收购;对农村信用社的违规经营造成的风险资产,实行呆账核销的办法处理。① 同时,政府要继续扩大对农村信用社的资金支持,对农村信用社的历年亏损挂账可以由中央政府和地方政府按照一定比例帮助化解,共同支持农村信用社的改革。当农村信用社历史包袱化解后,产生新的不良资产和经营亏损应由农村信用社自己承担,并追究相关人员的责任,依靠市场机制来解决,政府不能干预建成股份制商业银行的农村信用社的经营管理。

建立正向激励机制,鼓励农村信用社对"三农"的支持。农业的弱质性决

---

① 都本伟:《农村信用社法人治理研究》,中国金融出版社 2009 年版,第 143—144 页。

定了投资农业不仅具有很高的风险,而且不会获得很高的收益。那么,农村信用社改成股份制银行后,如何让商业化的农村信用社继续扎根并安于支农、乐于支农、主动支农?国外农业比较发达的国家,如美国、日本、德国、法国等,都对农村金融机构在财政、税收和货币政策等方面实行优惠政策。为了支持农村信用社的改革与发展,中国政府也应该在财政、税收和金融等方面给农村信用社提供各种政策优惠,建立正向激励机制,以提高经营能力,引导农村信用社更好地发挥支农作用。具体来说,政府在财政政策方面,重点要建立和完善农业贷款贴息制度和农业贷款增量奖补制度,鼓励农村信用社加大对"三农"的支持力度。在税收政策方面,对农村信用社等涉农金融机构免除营业税、企业所得税等,减轻农村信用社的历史包袱,使其轻装上阵,更好地发挥其支农作用。在金融政策方面,农村信用社改制成商业银行后,也应该和改制前一样,降低上缴的存款准备金率,确保有更多的资金用于支持农业发展;同时,中央银行要对农村信用社的支农再贷款利率要实行减免或零利息政策,允许农村贷款利率在一定范围内合理浮动,逐步实行贷款利率市场化,让农村信用社根据市场机制来筛选客户和投资项目,以规避风险,增强可持续发展能力。

## 六、建立适度竞争的农村金融市场,完善农村信用社退出机制

建立适度竞争的农村金融市场。农村信用社作为很多农村地区唯一的正规金融机构,在支持"三农"过程中发挥着"主力军"的作用,甚至农村信用社的支农活动在一些农村地区处于垄断地位。然而,改为股份制商业银行后,资本逐利的本性决定了农村信用社必然选择追逐商业化利润,那些分散的农户获得贷款的难度要加大,贷款的成本可能要增加,势必要影响农村金融服务的质量。对此,当务之急是放宽农村金融市场准入制度,降低进入门槛,允许民间资本进入农村金融领域,以打破农村信用社的垄断地位,建立适度竞争的农村金融市场。今后,在农村要鼓励设立村镇银行、资金互助社和农村小额贷款公司等农村新型金融机构,建立自己的客户群体,积极引导它们向农村投放资金,特别是要解决农户生产生活困难;改革农业发展银行,加强农村水、电、路、网等基础设施建设;引导农业银行、邮政储蓄银行等涉农金融机构增加对"三农"的投入,加快农业产业化发展,建立起商业金融、政策性金融、合作金融和民间金融等多种金融机构交叉互补而又适度竞争的农村金融市场体系。

建立和完善农村信用社的市场退出机制。多年以来,农村信用社在"官办"体制下,亏损经营,有些信用社已经资不抵债,面临破产的边缘。今后在

存款保险制度推出后,随着利率市场化程度越来越高,我国金融市场上将会出现优胜劣汰局面。对于农村信用社来说,今后也必须建立和完善市场退出机制,发挥市场机制的优胜劣汰作用,对于那些资不抵债、经营困难、挽救无力的农村信用社允许其破产,根据《存款保险制度》和《破产法》的相关规定来保护中小股东的利益。当适度竞争的农村金融市场建立起来后,在市场机制的作用下,那些资不抵债的农村信用社破产后就会退出农村金融领域,同时,也会有新的农村金融机构来替代农村信用社退出后留下的真空,填补当地农村金融服务的空白,以确保在农村信用社退出市场后,农村地区不会出现金融服务盲区,农村金融服务水平不会降低。

# 参 考 文 献

## 一、资料类

[1] 段晓兴、黄巍:《中国农村金融统计(1979—1989)》,中国统计出版社,1991年。

[2] 国家统计局:《中国统计年鉴》(1981—2002),中国统计出版社,1981—2002年。

[3] 卢汉川:《中国农村金融历史资料(1949—1985)》,湖南省出版事业管理局,1986年。

[4] 卢汉川:《中国农村金融历史资料(1949—1985·大事记)》,湖南省出版事业管理局,1986年。

[5] 尚明等:《中华人民共和国金融大事记》,中国金融出版社,1993年。

[6] 苏宁:《1949—2005中国金融统计》,中国金融出版社,2007年。

[7] 史敬棠等:《中国农业合作化运动史料》,三联书店,1957年。

[8] 中国社会科学院、中央档案馆:《1949—1952中华人民共和国经济档案资料选编:金融卷》,中国物资出版社,1996年。

[9] 王国实:《农村金融统计》,湖南财经学院,1983年。

[10] 中华人民共和国国家农业委员会办公厅:《农业集体化重要文件汇编》(上、下),中共中央党校出版社,1981年。

[11] 中共中央文献研究室:《建国以来重要文献选编》(1—20册),中央文献出版社,1992—1998年。

[12] 中国科学院经济研究所农业经济组:《国民经济恢复时期农业生产合作社资料汇编(1949—1952)》,科学出版社,1957年。

[13] 中国社会科学院、中央档案馆:《1949—1952中华人民共和国经济档案资料选编:农村经济体制卷》,社会科学文献出版社,1992年。

[14] 中国社会科学院、中央档案馆:《1953—1957中华人民共和国经济档案资料选编:金融卷》,中国物价出版社,2000年。

[15] 中国人民银行农村金融管理局:《农村信用合作历年发展情况(1955年)》,中国人民银行总行档案,Y农金局1955-长期-5。

[16] 中国人民银行中南区行农村金融处:《农村信用社讲话》,中南人民出版社,1953年。

[17] 中国农业银行:《中国农村金融统计年鉴》,中国统计出版社,各年。

[18] 中国人民银行统计司:《中国金融统计:1997—1999》,中国金融出版社,2000年。

[19]中国金融学会:《中国金融年鉴》(1986—2002),中国金融年鉴编辑部、中国金融出版社,1987—2002年。

[20]中国人民银行、中共中央文献研究室:《金融工作文献选编:一九七八—二〇〇五》,中国金融出版社,2007年。

[21]中国人民银行:《信用合作社典型经验100例》,中国金融出版社,1999年。

[22]中国人民银行货币政策分析小组:《中国货币政策分析报告》(2003—2011年各季度),中国金融出版社,2003—2011年。

## 二、著作类

[23]赖南冈:《合作经济研究集》,三民书局,1982年。

[24]卢汉川、王福珍:《我国银行业务工作四十年》,中国金融出版社,1992年。

[25]卢汉川:《当代中国的信用合作事业》,当代中国出版社,2001年。

[26]卢汉川、吴碧霞、李怡农:《社会主义初级阶段的信用合作》,中国金融出版社,1990年。

[27]陈雪飞:《农村信用社制度:理论与实践》,中国经济出版社,2005年。

[28]陈耀芳、邹亚生:《农村合作银行发展模式研究》,经济科学出版社,2005年。

[29]陈元:《中国金融体制改革》,中国财政经济出版社,1994年。

[30]成思危:《改革与发展:推进中国的农村合作金融》,经济科学出版社,2005年。

[31]蔡四平、岳意定:《中国农村金融组织体系重构——基于功能视角的研究》,经济科学出版社,2007年。

[32]〔美〕道格拉斯·C.诺斯:《经济史上的结构与变迁》,厉以平译,商务印书馆,1992年。

[33]〔美〕道格拉斯·C.诺斯:《制度、制度变迁与经济绩效》,杭行译,格致出版社·上海三联书店·上海人民出版社,2008年。

[34]丁为民:《西方合作社的制度分析》,经济管理出版社,1998年。

[35]杜润生:《当代中国的农业合作制》,当代中国出版社,2003年。

[36]甘少浩、张亦春:《中国农户金融支持问题研究》,中国财政经济出版社,2008年。

[37]郭家万:《中国农村合作金融》,中国金融出版社,2006年。

[38]葛林:《农村金融工作》,中华书局,1953年。

[39]何广文:《合作金融发展模式及运行机制研究》,中国金融出版社,2001年。

[40]黄建新:《反贫困与农村金融制度安排》,中国财政经济出版社,2008年。

[41]金言:《农村金融改革与发展》,复旦大学出版社,1993年。

[42]焦瑾璞:《农村金融体制和政府扶持政策国家比较》,中国财政经济出版社,2007年

[43]〔美〕R.科斯、A.阿尔钦、D.诺斯等:《财产权利与制度变迁》,刘守英等译,上海三联书店·上海人民出版社,2005年。

[44] 李恩慈:《合作金融概论》,西南财经大学出版社,1999年。
[45] 李树生:《合作金融》,中国经济出版社,2004年。
[46] 李建英:《转轨期农村金融体系研究》,经济管理出版社,2007年。
[47] 林毅夫、蔡昉、李周:《中国的奇迹:发展战略与经济改革》(增订版),上海三联书店·上海人民出版社,1994年。
[48] 刘锡良等:《转型期农村金融体系研究》,中国金融出版社,2006年。
[49] 卢现祥:《新制度经济学》,武汉大学出版社,2003年。
[50] 卢现祥、朱巧玲:《新制度经济学》,北京大学出版社,2007年。
[51] 路建祥:《新中国信用合作发展简史》,农业出版社,1981年。
[52] 路建祥、丁非皆:《农村金融体制改革研究》,农村经济技术文集编辑部,1987年。
[53] 马忠富:《中国农村合作金融发展研究》,中国金融出版社,2001年。
[54] 慕永太:《合作社理论与实践》,中国农业出版社,2001年。
[55] 农业部软科学委员会办公室:《农村金融与信贷政策》,中国农业出版社,2001年。
[56] 尚明:《当代中国的金融事业》,中国社会科学出版社,1989年。
[57] 尚明:《新中国金融五十年》,中国财政经济出版社,2000年。
[58] 商荣根、王文良:《农村合作金融概论》,中国金融出版社,1999年。
[59] 施兵超:《经济发展中的货币与金融》,上海财经大学出版社,1997年。
[60] 石丹林:《农村金融简史》,中国金融出版社,1992年。
[61] 苏少之:《中国经济通史》第十卷(上册),湖南人民出版社,2002年。
[62] 孙宝祥:《合作金融概论》,中国金融出版社,1995年。
[63] 宋海、任兆璋:《合作金融》,华南理工大学出版社,2006年
[64] 温伟胜:《WTO与农村金融改革》,中山大学出版社,2003年。
[65] 伍成基:《农业银行史》,经济科学出版社,2000年。
[66] 吴安民:《信用社管理体制》,中国展望出版社,1986年。
[67] 〔美〕冯·匹斯克(Von Pischke. J. D)等:《发展中经济的农村金融》,汤世生等译,中国金融出版社,1990年。
[68] 王群琳:《中国农村金融制度——缺陷与创新》,经济管理出版社,2006年。
[69] 王永龙:《中国农村金融资源配置研究》,中国社会科学出版社,2007年。
[70] 王双正:《中国农村金融发展研究》,中国市场出版社,2008年。
[71] 王曙光、乔郁:《农村金融学》,北京大学出版社,2008年。
[72] 吴强:《中国:农村金融改革与发展》,中国财政经济出版社,1990年。
[73] 徐笑波等:《中国农村金融的变革与发展(1978—1990)》,当代中国出版社,1994年。
[74] 谢玉梅:《农村金融深化:政策与路径》,上海人民出版社,2007年。
[75] 〔美〕亚当斯等:《农村金融研究》,张尔核译校,中国农业科技出版社,1988年。

[76] 杨期友:《农村金融改革探索》,经济管理出版社,1988年。

[77] 杨希天等:《中国金融通史·第六卷——中华人民共和国时期(1949—1996)》,中国金融出版社,2002年。

[78] 尹志超:《信用合作组织理论与实践》,西南财经大学出版社,2007年。

[79] 岳志:《现代合作金融制度研究》,中国金融出版社,2002年。

[80] 岳意定:《改革和完善农村金融体系》,中国财政经济出版社,2008年。

[81] 于海:《中外农业金融制度比较研究》,中国金融出版社,2003年。

[82] 张贵乐、于左:《合作金融论》,东北财经大学出版社,2001年。

[83] 张功平:《合作金融概论》,西南财经大学出版社,2000年。

[84] 张华:《农村信用社经营与管理》,西南财经大学出版社,1998年。

[85] 张杰:《中国农村金融制度:结构变迁与政策》,中国人民大学出版社,2003年。

[86] 张乐柱:《农村合作金融制度研究》,中国农业出版社,2005年。

[87] 张乐柱:《需求导向的竞争性农村金融体系重构研究》,中国经济出版社,2008年。

[88] 张维迎:《博弈论与信息经济学》,上海三联书店·上海人民出版社,1996年。

[89] 张晓山、何安耐:《走向多元化、竞争性的农村金融市场》,山西经济出版社,2006年。

[90] 张元红:《当代农村金融发展的理论与实践》,江西人民出版社,2002年。

[91] 张余文:《中国农村金融发展研究》,经济科学出版社,2005年。

[92] 赵崇台:《基于金融效率理论的中国农村金融市场博弈研究》,经济科学出版社,2006年。

[93] 赵德馨:《中国近现代经济史(1949—1991)》,河南人民出版社,2003年。

[94] 赵学军:《中国金融业发展研究(1949—1957年)》,福建人民出版社,2008年。

[95] 周脉伏:《农村信用社制度变迁与创新》,中国金融出版社,2006年。

[96] 周霆、邓焕民:《中国农村金融制度创新论——基于"三农"视角的分析》,中国财政经济出版社,2005年

[97] 周其仁:《产权与制度变迁:中国改革的经验研究》,社会科学文献出版社,2002年。

[98] 祝健:《中国农村金融体系重构研究》,社会科学文献出版社,2008年。

[99] 中国农村金融学会:《中国农村金融改革发展30年》,中国金融出版社,2008年。

[100] 肖四如:《历史的空间——农村信用社改革发展探索》,经济科学出版社,2008年。

[101] 陈佳贵:《中国农村改革30年研究》,经济管理出版社,2008年。

[102] 中国人民银行农村金融服务研究小组:《中国农村金融服务报告(2008)》,中国金融出版社,2008年。

[103] 白钦先、李钧:《中国农村金融"三元结构"制度研究》,中国金融出版社,

2009年。

[104] 脱明忠、李煦燕:《再造信用社:农村信用社改革报告》,法律出版社,2009年。

[105] 中国人民银行农户借贷情况问卷调查分析小组:《农户借贷情况问卷调查分析报告》,经济科学出版社,2009年。

[106] 韩俊等:《中国农村金融调查》,上海远东出版社,2009年。

[107] 都本伟:《农村信用社法人治理研究》,中国金融出版社,2009年。

[108] 吴敬琏:《当代中国经济改革教程》,上海远东出版社,2010年。

[109] 刘玲玲、杨思群、姜朋等:《清华经管学院中国农村金融发展研究报告完结篇(2006—2010)》,清华大学出版社,2010年。

[110] 国务院农村综合改革工作小组办公室课题组:《建立现代农村金融制度问题研究》,中国财政经济出版社,2011年。

[111] 中国人民银行农村金融服务研究小组:《中国农村金融服务报告(2010)》,中国金融出版社,2011年。

[112] 杨小玲:《中国农村金融改革的制度变迁》,中国金融出版社,2011年。

[113] 穆争社:《农村信用社法人治理与管理体制改革研究》,中国金融出版社,2011年。

[114] 谢平、徐忠:《新世纪以来农村金融改革研究》,中国金融出版社,2013年。

[115] 汪小亚等:《农村金融改革:重点领域和基本途径》,中国金融出版社,2014年。

## 三、论文类

[116] 常明明:《绩效与不足:建国初期农村信用合作社的借贷活动的历史考察——以鄂湘赣三省为中心》,《中国农史》2006年第3期。

[117] 陈雪飞:《合作制与股份制:不同经济背景下农村信用社的制度选择》,《金融研究》2003年第6期。

[118] 冯开元:《论中国农业合作制变迁的格局与方向》,《中国农村观察》1999年第3期。

[119] 郭晓鸣:《中国农村金融体制改革与评价》,《经济学家》1998年第5期。

[120] 韩俊:《关于农村集体经济与合作经济的若干理论与政策问题》,《中国农村经济》1998年第12期。

[121] 何广文:《合作金融组织的制度性绩效探析》,《中国农村经济》1999年第5期。

[122] 何广文:《从农村居民资金借贷行为看农村金融抑制与金融深化》,《中国农村经济》1999年第10期。

[123] 何广文:《农村信用社变异过程及其动因探析》,《银行家》2006年第2期。

[124] 何梦笔、陈吉元:《农民金融需求及金融服务供给》,《中国农村经济》2000年第7期。

[125] 黄燕君:《农村金融制度变迁与创新研究》,《浙江社会科学》2000年第6期。

[126] 贾善耕:《让历史昭示未来——论我国农村信用社的改革与发展回顾》,《中国

农村信用合作》1994年第10期。

　　[127] 李宏明:《农业发展的目标选择与金融措施》,《金融研究》1998年第1期。

　　[128] 李前进:《我国金融制度变迁的绩效分析与改革取向》,《金融论坛》2003年第10期。

　　[129] 刘斌:《我国农村合作金融存在的问题及运行机制》,《金融参考》1998年第11期。

　　[130] 陆建平:《国外合作金融组织管理体系的模式及其借鉴》,《财经问题研究》1999年第11期。

　　[131] 刘民权、徐忠:《农村信用社改革与政府职能》,《经济学(季刊)》2003年第3期。

　　[132] 马九杰、吴本健:《农村信用社改革的成效与反思》,《中国金融》2013年第15期。

　　[133] 马忠富:《信息不完全对农村信用社的影响分析》,《经济研究参考》2000年第3期。

　　[134] 马忠富:《农村信用合作社改革成本及制度创新》,《金融研究》2001年第4期。

　　[135] 荣艺华:《对我国农村金融制度变迁的思考》,《上海金融》2004年第1期。

　　[136] 谌赞雄:《中国农村合作金融异化问题探析》,《武汉金融》2002年第11期。

　　[137] 石会文、潘典洲、郑克志:《改革过渡时期农村信用社面临的矛盾及其化解》,《金融研究》1997年第1期。

　　[138] 苏少之等:《关于20世纪50年代农业集体化的几个问题的反思》,《中国经济史研究》2009年第1期。

　　[139] 王贵宸:《论合作社经济》,《中国社会科学院研究生院学报》1997年第2期。

　　[140] 王贵宸:《再论合作社经济》,《农村合作经济经营管理》1998年第12期。

　　[141] 文炳勋:《新中国金融体制的历史演进》,《中共党史研究》2006年第4期。

　　[142] 谢平:《中国农村信用合作社体制改革的争论》,《金融研究》2001年第1期。

　　[143] 徐永健:《论合作金融的基本特征》,《财贸经济》1998年第1期。

　　[144] 严谷军:《经济发达地区农村信用社的体制创新——基于金融需求视角的分析》,《商业研究》2004年第17期。

　　[145] 阎庆民、向恒:《农村合作金融产权制度改革研究》,《金融研究》2001年第7期。

　　[146] 赵革、孟耀:《试论我国农村信用社合作体制的改造和发展》,《东北财经大学学报》2001年第6期。

　　[147] 赵红梅:《全国农村信用社光辉灿烂的十五年》,《中国农村信用合作》1994年第7期。

　　[148] 张公平:《改革体制改善管理改进服务促进合作金融事业稳定健康发展》,《中国农村信用合作》1998年第10期。

　　[149] 张晓山:《浅议农村合作金融体制的建立与发展》,《改革》1993年第6期。

[150] 张元红:《农民的金融需求与农村的金融深化》,《中国农村观察》1999 年第 1 期。

[151] 郑良芳:《社会主义初级阶段决定必须发展合作金融》,《金融研究》2002 年第 3 期。

[152] 郑泽华:《中国农村金融发展问题研究》,《金融保险》2004 年第 4 期。

[153] 中国银监会合作部:《农村信用社改革大事记》,《中国农村信用合作》2004 年第 10 期。

[154] 中国人民银行四川省分行课题组:《中国合作金融问题研究》,《金融研究》1998 年第 11、12 期。

[155] 周脉伏:《农村信用社合作制规范的博弈分析》,《中国农村观察》2004 年第 5 期。

[156] 黄卫平、丁凯:《困境与突破:新一轮农村信用社改革评析》,《中国农村信用合作》2005 年第 5 期。

[157] 王桂堂:《制度约束、利益博弈与农村信用社改革》,《河南金融管理干部学院学报》2005 年第 5 期。

[158] 边维刚:《农村信用社改革:基于制度变迁的评估》,《南方金融》2006 年第 2 期。

[159] 王占北、朱加凤:《浅析在强制性制度变迁中艰难前行的农村信用社改革》,《学术交流》2006 年第 4 期。

[160] 许圣道:《农村信用社改革的"路径依赖"问题》,《金融研究》2006 年第 9 期。

[161] 姚会元、陈俭:《农村信用社制度异化问题探析》,《学术交流》2008 年第 11 期。

[162] 高发:《农村信用社改革的新制度经济学分析》,《金融与经济》2008 年第 3 期。

[163] 海南银监分局课题组:《农村信用社"三会一层"管理机制运行现状调查》,《青海金融》2008 年第 9 期。

[164] 罗继东:《矢志"三农"情不渝 继往开来谱新篇——广东省农村信用社改革开放 30 年发展》,《南方金融》2008 年第 12 期。

[165] 金鹏辉:《中国农村金融三十年改革发展的内在逻辑——以农村信用社改革为例》,《金融研究》2008 年第 10 期。

[166] 蒋定之:《探寻农村信用社改革发展之路》,《中国金融》2008 年第 19 期。

[167] 于敬波、卜风贤:《我国农村信用社改革的博弈分析》,《调研世界》2009 年第 4 期。

[168] 赵天冉:《农村信用社:成效与反思》,《经济研究参考》2009 年第 23 期。

[169] 李爱喜:《新中国 60 年农村信用社改革发展的回顾与展望》,《财经论丛》2009 年第 6 期。

[170] 骆阳:《农村信用社商业化之路的前景》,《改革与开放》2009 年第 3 期。

[171] 王东胜:《深化农村信用社改革后续问题的探析》,《新疆金融》2009 年第 10 期。

[172] 邢军峰、杜洋:《信用合作社原则与其规模的关系探讨——兼论农村信用社改革》,《金融理论与实践》2010 年第 12 期。

[173] 杨凤梅:《农村信用社支持农村经济结构调整的研究》,《吉林金融》2011 年第 11 期。

[174] 程文兵:《农村信用社改革的阶段性评价与思考——以九江为例》,《金融与经济》2010 年第 2 期。

[175] 蔡友才、蔡则祥:《中国农村信用社体制改革六十年反思》,《金融教学与研究》2010 年第 5 期。

[176] 付先军等:《从制度变迁视角看欠发达地区农村信用社改革和发展:威县个案》,《华北金融》2011 年第 9 期。

[177] 易棉阳、陈俭:《中国农村信用社的发展路径与制度反思》,《中国经济史研究》2011 年第 2 期。

[178] 丁述军、关冬蕾:《农村信用社改革过程中的博弈分析》,《宏观经济研究》2011 年第 8 期。

[179] 张丽青、姜成彪:《我国农村信用社改革的成效、挑战及对策》,《国际金融》2011 年第 7 期。

[180] 张荔、王晓研:《中国农村信用社法人治理的异化与回归》,《金融理论与实践》2011 年第 10 期。

[181] 曾华:《农村信用社省级联合社的功能定位:思路与对策》,《金融发展评论》2011 年第 7 期。

[182] 穆争社、蓝虹:《论农村信用社管理体制改革的方向》,《金融与经济》2011 年第 07 期。

[183] 蓝虹、穆争社:《中国农村信用社改革的全景式回顾、评价与思考》,《上海金融》2012 年第 11 期。

[184] 陈学建:《农村信用社改革面临的挑战及政策建议》,《农村金融》2012 年第 3 期。

[185] 王智鑫:《我国农村金融改革发展历程》,《金融发展评论》2012 年第 7 期。

[186] 童元保:《农村信用社改革模式选择影响机制研究》,《农业经济问题》2013 年第 6 期。

[187] 刘锡良等:《农信社股份制改革绩效评价:农商行案例分析》,《财经科学》2013 年第 8 期。

[188] 孙阳昭、穆争社:《论农村信用社制度变迁特征的演变》,《中央财经大学学报》2013 年第 1 期。

[189] 王文莉、罗新刚:《农村信用社支农服务问题及其改革路径研究》,《宏观经济研究》2013 年第 11 期。

[190] 邱玉兴等:《健全农信社运营模式——以黑龙江省为例》,《中国金融》2013 年第 12 期。

[191] 曾康霖：《我国农村金融模式的选择》，《金融研究》2001 年第 10 期。

## 四、外文类

[192] E. G. Nadeau、David. J. Thompson. *Cooperative Works*，Lone Oak Press，1996.

[193] Goldsmith，R，*Financial Structure and Economic Development*，Connecticut：New Heaven，Yale University Press，1969.

[194] Ian Macpherson，Cooperative Principles，*Review of International Cooperation*，Volume 88，No. 4，1995.

[195] Munkner Hans-H，Review of Principles and the Role of Cooperatives in the 21st Century，*Review of Internationl Cooperation*，Volume. 88，No. 2，1995.

[196] Pischke，Adams，Donald，*Rural Financial Markets in Developing Countries*，Baltimore，Maryland：The Johns Hopkins University Press，1987.

[197] Richard Brealey，Stewart Myers，*Principles of Corporate Finance*，New York：McGraw-Hill，1984.

[198] Sandkull. B，*Managing the Democratization Process in Work Cooperatives*，Stockholm：University of Linkoping，1982.

[199] Sonnich Sen. Consumer's Cooperation[M]，Elsvier Science Publishing Company，New York，1980.

[200] McKillop，D. G. and C. Ferguson. 1998. An examination of borrower orientation and scale effects in UK credit unions. Annals of Public and Cooperative Economics.

[201] Leggett，K. J. and Y. H. Stewart. Multiple common bond credit unions and the allocation of benefits [J]. Journal of Economics and Finance，1999，vol. 23，issue 3.

[202] Pieter W. Moerland. Alternative disciplinary mechanisms in different corporate systems. Journal of Economic Behavior & Organization，vol. 26，issue 1，1995.

[203] Nicols，Alfred. Stock versus Mutual savings and loan Associations：Some Evidence of Differences in Behavior[J]. Journal of the American Economic Review，vol. 57，issue 2，1967.

[204] Mester，L. J. Efficiency in the savings and loan industry[J]. Journal of Banking and Finance，Volume 17，Issues 2—3，1993.

[205] Westman，H. Corporate Governance in European Banks — Essays on Bank Ownership，Publications of Hanken School of Economics，Helsinki. 2009.

[206] Rober P. King. Future of Agricultural Cooperatives in North America Discussion [J]. Journal of Agricultural Economics，vol. 77，issue 5，1995.

[207] Holger Bonus. The Cooperative Association as a Business Enterprise：A Study in the Economics of Transactions. Journal of Institutional and Theoretical Economics JITE，vol. 142，issue 2，1986.

# 后　　记

本书是在我博士学位论文基础上不断修改、完善而成的。首先，感谢我的导师姚会元教授，从论文的选题到写作思路，从论文的逻辑结构到标点符号，姚老师总是一遍又一遍地给予指导和修改。姚老师不仅在学业上指导我，而且在生活中如慈父般关心我，处处为我着想，令我感动。他以一位学者丰厚的学识、严谨的学术作风、高尚的人格修养和坦诚乐观的人生态度，深深地感染着我，激励着我，给我一种人生的启迪，成为我今后教书育人的楷模。在此，我要向恩师致以最诚挚的谢意！

在攻读博士学位期间，导师组的苏少之教授治学严谨、踏实，而且温文尔雅、平易近人，对我的学业也倾注了大量的心血，使我领悟到了什么是为学、为师和为人之道。赵凌云教授尽管日常行政事务繁忙，但对我的学业从不放松，花费大量的时间和精力指导我阅读经济史学名著，他那渊博的知识、深邃的思想和开阔的视野使我受益匪浅。我的每一点进步都凝聚着他们的心血，他们精深的学识和诲人不倦的学者风范让我受益终身。在此，我对两位老师多年来的付出表示衷心的感谢！

感谢我的中学同窗好友——中国农业大学人文学院的陈东琼博士在遥远的北京无私地为我收集资料；感谢师妹张晓玲博士为我论文的文字校对做了大量的工作；感谢石子印、王春雷、钞鹏、段艳等几位博士与颜嘉川师兄，在我的学习或生活中提供帮助和支持，而且与他们交流给予我诸多启迪，祝他们家庭幸福，事业有成！

本书也是在前人研究的基础上进行的，感谢研究农村合作金融史的卢汉川、路建祥、李恩慈等前辈，正是他们在前面"铺路搭桥"，才有晚生今日之成果，在此对他们表示崇高的敬意和真诚的感谢！

感谢国家社科基金后期资助项目（13FJL007）与信阳师范学院"南湖学者"奖励计划青年项目对本书研究与出版所提供的资助；感谢北京大学出版社的孙晔编辑为本书顺利出版所付出的辛勤劳动；感谢信阳师范学院经济学院的院长郑云博士对我科研工作的鼓励与支持，如果不是她的鞭策，我的博士论文可能至今还躺在书架上"睡大觉"，更不敢奢望能在"猴年马月"出版。

最后，还要感谢我的亲人们，特别是岳父母，在我漫长的求学生涯中，是他们在背后默默地支持我,对他们的恩情,我无法用语言来表达;还有我的妻子丁小艳女士,长期以来与我聚少离多,在完成繁重的工作任务的同时,还要操持家务、照顾父母,并把孩子培养成了全国重点大学的优秀学生,她所付出的辛劳令我终生难忘!亲爱的,辛苦了!

"路漫漫其修远兮,吾将上下而求索"。我会继续潜心于科研事业,以回报所有关心与支持我的亲朋好友!

陈 俭

2016年7月1日于信阳南湾